Muzikale st

CW01669415

£34,95

Enkele andere boeken van Uitgeverij Nieuwezijds

COPLAND Waar je naar moet luisteren in muziek
HARDY Apologie van een wiskundige
STRAVINSKY Muzikale poëtica
VERMIJ De geest uit de fles

Muzikale stijlgeschiedenis

De evolutie van stijlkenmerken in de westerse klassieke muziek

volledig herziene, uitgebreide tweede editie

Wouter Steffelaar

UITGEVERIJ NIEUWEZIJDS

De luistervoorbeelden op de twee cd's bij dit boek zijn ook als mp3 te downloaden op www.nieuwezijds.nl/downloads.

Eerste oplage juli 2007
Tweede oplage november 2008
Derde oplage juli 2011
Vierde oplage april 2014

Alle afbeeldingen zijn met toestemming overgenomen uit twee cursussen van de Open Universiteit Nederland: Dr. H.C. van Nederveen Meerkerk e.a., *Muziekwetenschappen*, Heerlen 1989, en Drs W. Steffelaar e.a., *Thema's en genres in de muziekgeschiedenis. Muziek beluisteren en begrijpen*, Heerlen 1998.
De uitgever heeft de rechthebbenden van de illustraties voor zover bekend verzocht om toestemming tot publicatie. Wie meent rechten te kunnen doen gelden op afbeeldingen uit dit boek wordt verzocht contact op te nemen met Uitgeverij Nieuwezijds.

Afbeelding omslag: Karikatuur van Hector Berlioz als dirigent

Uitgegeven door: Uitgeverij Nieuwezijds, Amsterdam
Omslagontwerp: Marjo Starink, Amsterdam
Zetwerk: Holland Graphics, Amsterdam

ISBN 978 90 5712 248 4
NUR 660

Woord vooraf

Toen in 1999 de eerste editie van *Muzikale stijlgeschiedenis* verscheen, had ik geen welbepaalde verwachting omtrent de ontvangst van dit boek. Een boek over klassieke muziek is immers een ongewisse onderneming op de Nederlandse markt. Eerlijk gezegd speelden marktoverwegingen bij mij echter geen rol. Muziek is een passie. Muziek beluisteren, bestuderen, uitvoeren en over muziek schrijven, het zijn allemaal uitdrukkingsvormen van die grote passie.

Na vier oplagen en een ruimhartig aantal (ik zeg het met schroom: zonder uitzondering positieve) reacties van lezers leek de tijd mij rijp voor een uitgebreide editie. De aard van die uitbreiding ligt voor de hand, want diverse lezers vroegen mij in alle vriendelijkheid om méér luistervoorbeelden op te nemen. Ik heb het aantal besproken en te beluisteren muziekvoorbeelden dan ook verdubbeld. Daardoor behoren bij het boek nu twee cd's (waarvan de muziek ook te downloaden is op www.nieuwezijds.nl/downloads). De nadruk ligt bij deze uitbreiding vrij sterk op luistervoorbeelden van twintigste-eeuwse muziek. Zo heb ik de enigszins stiefmoederlijke behandeling van relatief recente muziek, hoe onvermijdelijk ook in de gekozen formule van de eerste editie van het boek, dankbaar kunnen verzachten. In de tekst heb ik waar nodig kleine aanvullingen of verduidelijkingen aangebracht. Discografie en bibliografie zijn vanzelfsprekend geactualiseerd en het glossarium is aangevuld. Het compacte concept van het boek heb ik gehandhaafd, omdat dat de lezers – blijkens hun reacties – tevreden stemde.

Aan een vogelvluchtbehandeling van de muzikale stijlgeschiedenis als apart fenomeen, los van een veelheid aan andere componenten die de muziekgeschiedenis bepalen, kleven bezwaren en beperkingen. Die bezwaren zet ik in het eerste hoofdstuk uiteen, maar zij hebben mij er niet van weerhouden zo'n 'geïsoleerde' stijlgeschiedenis te schrijven. Mijn motief is daarbij in eerste instantie praktisch. Dit boek beoogt de lezer te helpen om composities 'in de tijd' en in de bijbehorende stijlperioden te lokaliseren op basis van een degelijke kennis van de evolutie van muzikale stijlkenmerken. Het primaire doel is echter niet de lokalisatie als zodanig (die is niet zo interessant), maar de verwoording van het *waarom* van die lokalisatie. De lezer wordt, anders gezegd, uitgenodigd te *verklaren* waarom de beluistering van specifieke stijlkenmerken haar of hem aanleiding geeft het werk met een stijlperiode te associëren. Het is duidelijk dat kennis van de stijlgeschiedenis en luistervaardigheid hierbij hand in hand gaan. Het uiteindelijke doel is dan ook vergroting van de luistervaardigheid. Dat die toegenomen bekwaamheid om een compositie op het gehoor te 'ontleden' een enorme stimulans voor ons luisterplezier betekent, is een ervaring die ik graag met de lezer wil delen.

Het concept van dit boek is aanvankelijk ontsproten aan de vraag van studenten Muziekwetenschap naar een handzaam overzicht van de muzikale stijlgeschiedenis. De eerste editie heeft echter geleerd dat het boek tegemoetkomt aan de wens van een veel grotere groep lezers. Ik ben hen ook nu bij voorbaat dankbaar voor reacties, commentaren en suggesties voor verbeteringen.

Wouter Steffelaar

Inhoud

Voor Alissa en Robin

I

Een autonome muzikale stijlgeschiedenis

Pluriformiteit in de muziekgeschiedschrijving

Je neemt in een bibliotheek of uit je eigen boekenkast een aantal muziekgeschiedenissen in handen. Kalm bladerend ontdek je al snel dat die boeken weliswaar onder de gemeenschappelijke noemer van 'muziekgeschiedenis' bij elkaar geplaatst zijn, maar dat ze onderling behoorlijk kunnen verschillen. Wellicht valt je ook op dat in elke afzonderlijke geschiedenis een nogal bonte parade van 'verhaalelementen' voorbijtrekt. Eenheid én verscheidenheid.

Inderdaad bestaan vrijwel alle muziekgeschiedenissen uit een groot aantal componenten die in meer of mindere mate met elkaar in verband zijn gebracht. Ik noem: biografische schetsen van componisten, oeuvrebesprekingen, analyses van composities, de evolutie van de muziektheorie, de ontwikkeling van de muzieknotatie, de wording en evolutie van genres, de opeenvolgende stijlperioden en hun stijlkenmerken, de oorsprong en ontwikkeling van muziekinstrumenten, aspecten van de vormleer, relaties met andere kunstvormen, muzieksociologische perspectieven, algemeen-historische en cultuurhistorische achtergronden, maar de opsomming is niet uitputtend. Deze bonte verscheidenheid ligt ook voor de hand, omdat de genoemde componenten de ontwikkelingsgang van de muziekgeschiedenis immers gezamenlijk bepalen.

Auteurs van muziekgeschiedenissen kunnen echter zeer uiteenlopende uitgangspunten en doelstellingen hebben, waardoor die componenten in onderling zeer verschillende verhoudingen en met zeer diverse accentueringen gepresenteerd zijn. Er bestaan enerzijds sterk muziekimmanente geschiedenissen, waarin de bestudering van de muziek zelf centraal staat zonder dat er veel aandacht aan contextuele zaken (van welke aard dan ook) besteed wordt. Anderzijds zijn er sterk historisch georiënteerde muziekgeschiedenissen waarin auteurs zich niet lijken te willen branden aan de bestudering van de muziek zelf. Deze grove tweedeling is natuurlijk slechts bedoeld om uitersten aan te geven. In de praktijk bewegen de meeste geschiedschrijvers zich tussen de uiterste polen van een denkbeeldige schaal waarop de verhouding van 'muziek' en 'geschiedenis' af te lezen is.

De pluriformiteit in de muziekgeschiedschrijving is in elk geval groot en het resultaat is een heterogeen corpus van boeken en artikelen. Deze pluriformiteit is inherent aan de muziekwetenschap en heeft de aantrekkelijke eigenschap dat de geïnteresseerde lezer een rijke, caleidoscopische blik op de benaderingen binnen het vakgebied geboden wordt. Omdat aan vrijwel elk van de genoemde componenten bovendien meer of minder specifieke studies zijn gewijd, lijkt een hoorn des overvloeds voorhanden.

Een praktische lacune

Een hoorn des overvloeds? Niet echt, want het is een misvatting te denken dat er geen lacunes meer zouden bestaan. Integendeel, het wetenschappelijk onderzoek levert voortdurend nieuw studiemateriaal op, inzichten veranderen, smeulende kwesties houden discussies gaande, veel terreinen liggen nog braak en op basis van de huidige verworvenheden van de muziekwetenschap kunnen pasklare oplossingen voor nieuwe probleemstellingen niet zonder meer gegarandeerd worden. Zo zijn er vrijwel geen publicaties die de muzikale stijlgeschiedenis als apart fenomeen behandelen, terwijl je tegelijkertijd gemakkelijk kunt constateren dat in grote muziekgeschiedenissen tussen alle mogelijke andere componenten een (weliswaar zeer gefragmenteerde) stijlgeschiedenis verweven is. Juist omdat de muziekgeschiedenis nu eenmaal een ingewikkeld samenstel van tot op zekere hoogte onlosmakelijk met elkaar verbonden elementen is, schrikt de muziekhistoricus kennelijk terug voor een geïsoleerde behandeling van de stijlgeschiedenis. Dat deze begrijpelijke huiver tot een duidelijke lacune kan leiden, heb ik in de praktijk van het muziekonderwijs (maar ook daarbuiten) vaak kunnen constateren.

Dit boek behandelt een probleem dat zich bij veel luisteraars manifesteert en dat hoofdzakelijk terug te brengen is tot de noodzakelijke relatie tussen kennis van de stijlgeschiedenis en luistervaardigheid. Het is opvallend dat zelfs ervaren beluisteraars van klassieke muziek, die een compositie op het gehoor ('intuïtief') in een bepaalde stijlperiode kunnen lokaliseren ('O ja, dat is typisch Barokmuziek'), soms in grote verlegenheid gebracht worden door de eenvoudige vraag: 'Leg mij eens uit waarom dat zo is?' Het auditieve referentiekader van deze luisteraars is veelal ontwikkeld door veelvuldig naar muziek uit diverse stijlperioden te luisteren. Zij kunnen zich gevoelsmatig vaak goed oriënteren als het op de aanduiding van een stijlperiode aankomt. Maar om een treffend antwoord op de zojuist gestelde vraag te formuleren, is dat referentiekader alléén niet voldoende. Hoewel het in het algemeen niet gemakkelijk is om de indrukken die een vluchtig medium als muziek op de luisteraar maakt te verwoorden, kan de luisteraar met een degelijke kennis van de aard en de ontwikkeling van stijlkenmerken een heel eind komen. Maar die kennis moet dan wel gepaard gaan met een ruime luisterervaring.

Een muzikale stijlgeschiedenis in grote lijnen

Ik ga dus in hoofdzaak in op de 'pure' muzikale stijlgeschiedenis. Luisteraars die het lastig vinden om de vraag 'Leg mij eens uit waarom die compositie uit die stijlperiode stamt?' adequaat te beantwoorden, wil ik de helpende hand reiken door de evolutie van muzikale stijlkenmerken te schetsen. Ik realiseer mij dat aan zo'n (van andere componenten van de muziekgeschiedenis grotendeels afgezonderde) vogelvluchtbehandeling bezwaren en beperkingen kleven. Een aantal opmerkingen vooraf is dan ook gewenst.

1. De traditionele indeling in stijlperioden staat ter discussie. Dat komt onder andere omdat de neiging bestaat scherpe scheidslijnen (periodebakens) te hanteren en de aandacht eenzijdig te vestigen op nieuwe of vernieuwende tendensen. Maar in het praktische muziekleven floreren vaak nog zeer belangrijke tradities, die lange tijd kunnen voortbestaan. Met de vaststelling dat periodegrenzen zelden scherp te trekken en bovendien veelal discutabel zijn, laat ik die discussie verder buiten beschouwing. De traditionele periodebegrenzingen worden hier neutraal gebruikt, als een didactisch verantwoord en goed hanteerbaar ordeningskader.

   De opeenvolgende stijlperioden zijn: Vroege Middeleeuwen, Ars antiqua, Ars nova, Renaissance, Barok, Klassieke periode, Romantiek, Impressionisme en Twintigste eeuw. De aanduiding 'Twintigste eeuw' staat vanzelfsprekend niet voor een welbepaalde stijlperiode. Deze eeuw heeft zo'n grote verscheidenheid aan stijlen, trends en technieken opgeleverd, dat allesomvattende en aanvaardbare generalisaties vooralsnog uitgebleven zijn. Een algemene beschouwing over de muzikale vernieuwingen van de twintigste eeuw vormt daarom het kernbestanddeel van hoofdstuk 8. Het Expressionisme en het Neoclassicisme zullen als welonderscheiden stromingen de revue passeren, maar andere twintigste-eeuwse stijlbewegingen, trends en technieken worden globaler aangeduid.

2. Om een stijlgeschiedenis in grote, redelijk overzichtelijke lijnen te kunnen schrijven, moet ik voorbijgaan aan nuanceringen, hoezeer die in elke

stijlperiode ook aangebracht kunnen worden. Het is bijvoorbeeld niet moeilijk aan te tonen dat tussen de muziek van Dufay, Des Prez en Palestrina, die allen als 'Renaissancecomponist' te boek staan, talloze grotere en kleinere verschillen bestaan. Dat neemt niet weg dat hun muziek heel goed onder de grootste gemene deler van de Renaissancestijlkenmerken te begrijpen is. Een soortgelijke overweging maak ik bijvoorbeeld als de muziek van de Klassieke periode (circa 1775-1815) als 'overwegend homofoon' getypeerd wordt. Dat betekent natuurlijk allerminst dat de polyfonie in die periode geen rol meer speelde, maar wel dat er in vergelijking met de late Barok een duidelijke verandering in de stemvoering heeft plaatsgevonden.

Het gaat mij dus om de algemene evolutie van stijlkenmerken, waarbij omwille van het beoogde overzicht voorbijgegaan wordt aan uitzonderingen en subtiele nuanceringen. Overigens is het materiaal ook na deze afslanking nog zo overvloedig dat de informatiedichtheid van de tekst in het gegeven bestek aan de hoge kant moet zijn. Omdat niet alle termen en begrippen ter plaatse uitgelegd kunnen worden, is achterin het boek een verklarende woordenlijst opgenomen. De cursief gedrukte termen in de tekst worden in alfabetische volgorde in deze woordenlijst toegelicht.

3. De diverse stijlperioden toets ik steeds aan een vaste reeks stijlkenmerken:
   1. stemvoering
   2. toonomvang
   3. toonstelsel
   4. melodievorming
   5. ritmiek
   6. harmonie
   7. structuur
   8. verhouding van tekst en muziek
   9. genres en vormen
   10. betekenis

In de volgende paragraaf worden de begrippen van dit analysekader uitgelegd. Wellicht merk je op dat deze reeks van tien stijlkenmerken niet 'volledig' is. Dat is juist, stijlkenmerken als dynamiek, klankkleur en de toepassing van chromatiek zijn bijvoorbeeld niet als vaste ijkpunten genomen, maar in de tekst wordt aan deze parameters aandacht besteed als daar aanleiding toe is. Na toetsing van elke stijlperiode aan de tien vaste stijlkenmerken wordt voor elke stijlperiode een schematisch overzicht gepresenteerd.

4. Eerder stelde ik al dat kennis van stijlkenmerken alléén niet voldoende is. Zonder directe referentie aan klinkende muziek is elke stijlgeschiedenis gedoemd een abstracte verhandeling te blijven. De twee cd's bij dit boek bevatten samen 76 korte luistervoorbeelden, die exemplarisch zijn voor de muziek van de opeenvolgende stijlperioden. Ze zijn essentieel om de besproken stijlontwikkelingen op het gehoor te kunnen signaleren en vervolgens te kunnen begrijpen. Overbodig te zeggen dat het nadrukkelijk aanbeveling verdient je kennis en luistervaardigheid te verdiepen door complete werken te beluisteren! Alle uitvoeringen die ik bij de samenstelling van de discografie heb gekozen, kan ik van harte aanbevelen.

5. Het laatste hoofdstuk van dit boek bevat een totaalschema waarin de evolutie van stijlkenmerken uiterst compact is samengevat. Daarbij gelden de hierboven aangehaalde beperkingen van de vogelvluchtbehandeling in optima forma. Mag je een ingewikkeld proces als de evolutie van stijlkenmerken over vele eeuwen in zo'n 'ongenuanceerd' schema samenbrengen? Ik meen van wel, omdat het schema voor studenten Muziekwetenschap in de praktijk een zeer welkome geheugensteun bij de bestudering van de muziekgeschiedenis blijkt te zijn.

De tien stijlkenmerken van het analysekader

1. De term *stemvoering* wordt gebruikt voor de voortschrijding van de diverse stemmen in een meerstemmige compositie. Hier geef ik het begrip de wat ruimere betekenis van de voortgang en de aard van de stem of stemmen en de onderlinge verhouding van de stemmen. Deze omschrijving omvat dan ook de *eenstemmige* muziek; het gregoriaans bijvoorbeeld kenmerkt zich door een *monofone* stemvoering. Voor de wijze waarop de stemmen in hun onderlinge verhouding in een compositie gezet zijn, is ook de term 'textuur' gangbaar.

2. De *toonomvang* heeft niet zozeer betrekking op het toonbereik van vocale stemmen of instrumenten (ook wel 'tessituur' genaamd) als wel op het toonbereik van de melodieën in de gehele compositie. In het gregoriaans bijvoorbeeld is de toonomvang van de gezangen doorgaans beperkt tot ongeveer een octaaf, maar in moderne elektronische muziek kan de toonomvang in principe zo goed als onbegrensd zijn, van vrijwel onhoorbaar lage tonen tot extreem hoge frequenties.

3. Het *toonstelsel* (of *toonsysteem*) is de systematische indeling van het gebruikte klankgebied. Toonstelsels berusten op een bepaalde indeling van

het octaaf. Door de *stamtonen* van het octaaf naar toonhoogte te rangschikken ontstaan *toonladders* en *toonsoorten*. In de West-Europese muziekgeschiedenis verdrongen *de grote- en kleinetertstoonladders* (de klassieke toonsoorten) in de loop van de zeventiende eeuw de eeuwenoude *kerktoonladders* (*kerktoonsoorten*). In het begin van de twintigste eeuw stond de klassieke tonaliteit zodanig onder druk dat de weg vrijkwam voor geheel nieuwe behandelingen van het toonmateriaal: *atonaliteit* en *dodecafonie*.

4. *Melodievorming* is de wijze waarop tonen met een bepaalde toonhoogte in een geordende opeenvolging gepresenteerd worden.

5. *Ritme* is de ordening van muziek in de tijd door de duur van de tonen te variëren. Door de afwisseling van tonen van verschillende lengte (al dan niet binnen een steeds terugkerende *maatsoort*) ontstaat een voortdurende beweging, die gelijkmatig maar ook zeer grillig kan zijn.

6. De *harmonie* heeft zowel betrekking op de samenklank en de opeenvolging van samenklanken in het algemeen als (in specifieke zin) op de verbinding van gelijktijdig klinkende tonen volgens de regels van de harmonieleer. Terwijl de melodievorming een 'horizontaal' principe is, behelst de harmonie een 'verticaal' principe.

7. *Structuur* is de algemene aanduiding voor bijzonderheden in de opbouw van composities – het resultaat van de vormgevingsprincipes in de diverse stijlperioden.

8. De *verhouding van tekst en muziek* is een steeds terugkerend aspect in de muziekgeschiedenis en zeker niet alleen in de geschiedenis van de opera (waarin die kwestie zich altijd sterk aandient) maar ook in het gregoriaans, het motet, het Lied en andere vocale genres. Omdat dit een gecompliceerd stijlkenmerk is en binnen één stijlperiode grote verschillen tussen composities en componisten kunnen bestaan, zal ik mij beperken tot enkele tendensen.

9. Hoewel *genres en vormen* als zodanig geen stijlkenmerken zijn, is het duidelijk dat de stilistische ontwikkelingen binnen de stijlperioden van aanzienlijke invloed waren op de genres en vormen waarin de componisten zich uitdrukten.

10. Het laatste element, *betekenis*, is evenmin een stijlkenmerk, maar het is toegevoegd om het belang van een bepaalde stijlperiode voor de ontwikkelingsgang van de muziekgeschiedenis in enkele woorden te typeren.

Luisteraanwijzingen

Ik ga de komende hoofdstukken de opeenvolgende stijlperioden bespreken. Daarbij beluisteren we 76 muziekvoorbeelden die karakteristiek zijn voor de diverse tijdvakken. Als je direct je luistervaardigheid wilt aanscherpen en de effecten van mijn behandeling van de stijlgeschiedenis op je luisterervaring wilt peilen, dan zijn enkele luisteraanwijzingen vooraf waarschijnlijk nuttig.

1. Luister eerst zo onbevangen mogelijk naar het muziekvoorbeeld. Registreer spontaan muzikale eigenschappen die je opvallen.

2. Beluister het voorbeeld nog eens aandachtig, zo vaak als je wilt. Probeer voor jezelf vast te stellen welke 'typische' stijlkenmerken je hoort. Raadpleeg het periodeoverzicht en vergelijk daarmee je eigen luisterindrukken.

3. Lees de toelichting bij het muziekvoorbeeld. Luister opnieuw naar het voorbeeld, zo vaak als je nodig vindt. Probeer je bevindingen (eventueel met behulp van het periodeoverzicht en de toelichting) zo concreet mogelijk te verwoorden.

4. Als je het hele boek bestudeerd hebt, kun je overwegen de muziekvoorbeelden nog eens te beluisteren. Het doel blijft hetzelfde: probeer je luisterervaringen zo helder mogelijk en toegespitst op stijlkenmerken te formuleren. Het totaalschema kun je eventueel als geheugensteun gebruiken.

5. De ultieme proef is de communicatie van je luisterervaringen naar iemand (geliefde, vriendin of vriend, ouder of kind, of wie dan ook) met wie je een muziekstuk beluisterd hebt. Als het je lukt om eenduidig uit te leggen waarom de beluisterde muziek exemplarisch is voor een bepaalde stijlperiode, dan beschik je zowel over de nodige kennis als over voldoende luisterervaring. Je bent waarschijnlijk iemand die met aandacht en plezier naar muziek luistert.

2

De Middeleeuwen: 600-1400

Periodisering

In deze muzikale stijlgeschiedenis beslaan de Middeleeuwen het tijdvak tussen ongeveer 600 en 1400. In de eerste eeuwen na Christus raakte het Romeinse Rijk in verval en in de vijfde eeuw stortte het uiteindelijk ineen. In die periode werd het christendom de belangrijkste stabiliserende factor in West-Europa en daarna domineerde de christelijke kerk veel aspecten van het leven. De politiek en het sociaal-economische systeem werden weliswaar door het feodalisme van de standenmaatschappij bepaald, maar de kerk was daarin een zeer belangrijke machtsfactor. De kerk vormde bovendien het centrum van de kunsten. Denk alleen maar aan de verbluffende architectuur van de romaanse en gotische kathedralen, die bovendien een schat aan beeldhouw- en schilderkunst bevatten.

Ook de muziek functioneerde in dit tijdvak aanvankelijk vooral in de context van de erediensten in kathedralen, kerken en kloosters. De muziek veranderde gedurende die lange periode van de Middeleeuwen echter ingrijpend. Daarom behandel ik de muzikale ontwikkelingen in drie tijdvakken:

1. Vroege Middeleeuwen, 600-1150
2. Ars antiqua, 1150-1300
3. Ars nova, 1300-1400

De vroege Middeleeuwen 600-1150

De muziek van de christelijke kerk kwam rond 600 niet plotseling uit de lucht vallen. In diverse gedaanten en in velerlei lokale varianten bestond zij al veel langer. Zij had kenmerken van de muziek van de oosters-hellinistische culturen rond het oostelijke deel van de Middellandse Zee (Syrië, Byzantium, Palestina) overgenomen en had vooral wortels in de Joodse synagogale traditie en de Griekse muziektheorie. Uit de Joodse muziek stamden bijvoorbeeld twee belangrijke elementen van het christelijke kerkgezang: de *psalmodie* (het reciterend zingen door de voorganger) en het responsoriaal zingen (de wisselzang van voorganger en koor). Daarnaast waren de gezangen rond 600 nog verwant aan volksmuziek uit vroeger tijden. Over die volksmuziek en over de wereldlijke muziek in het algemeen weten wij echter bitter weinig, omdat die eenvoudigweg nauwelijks overgeleverd is.

Ooit waren de christelijke kerkgezangen door individuen gecomponeerd, maar door de mondelinge overlevering en de grillige verspreiding ondergingen de gezangen in de loop van de tijd allerlei veranderingen. Omdat zich in de christelijke kerken in verschillende delen van Europa bovendien uiteenlopende *liturgieën* ontwikkeld hadden, was de diversiteit in de kerkmuziek groot.

Een goede reden om het jaar 600 als vertrekpunt van de West-Europese muzikale stijlgeschiedenis te nemen, is de veronderstelling dat het bestaande repertoire onder Paus Gregorius I (590-604) bijeengebracht en geordend werd. Daardoor kreeg de liturgie van de christelijke kerk een vaste structuur. Omdat de muziek voor de eredienst onder Gregorius' supervisie gecodificeerd zou zijn, kreeg zij later de benaming 'gregoriaans'.

HET GREGORIAANS

Het gregoriaanse repertoire bestaat uit ruim 3000 overgeleverde melodieën. De gezangen hebben nooit als pure 'luistermuziek' gediend, maar waren bedoeld om de viering van de eredienst 'op te luisteren'. De belangrijkste functie van het gregoriaans was de geloofsgemeenschap in een stemming van vroomheid te brengen. De muziek stond dus volledig in dienst van het geloof.

De toonomvang is in het algemeen beperkt tot een octaaf of zelfs nog minder. De gezangen werden vrijwel zonder *dynamische contrasten* gezongen en hebben Latijnse teksten. Door de eeuwen heen werd het Latijn strikt gehandhaafd; pas sinds het Tweede Vaticaanse Concilie (1962-1965) is het bij kerkelijke verordening toegestaan gregoriaanse gezangen te vertalen.

De teksten van de gezangen kunnen op diverse manieren getoonzet zijn. Als elke lettergreep van de tekst correspondeert met één toon van de melodie, spreken wij van een *syllabisch* gezang. Wanneer meerdere tonen per lettergreep gezongen worden, hebben wij te maken met een *melismatische* toonzetting. Beide vormen kunnen samenkomen in één gezang, dat dan *neumatisch* genoemd wordt. In de praktijk is de afwisseling van gedeelten in syl-

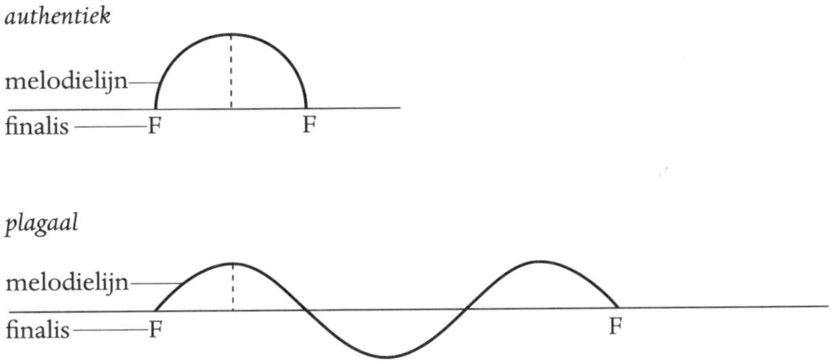

Afbeelding 1. Melodisch verloop in de authentieke en plagale modus.

labische zetting met melismatische passages vaak toegepast om melodische variatie aan te brengen.

Het gregoriaanse gezang is monofoon en wordt door mannenstemmen gezongen. Het etherische, 'zwevende' karakter is vooral toe te schrijven aan het vrije, niet aan een maatsoort gebonden ritme. Daarbij stijgt en daalt de melodie veelal op karakteristieke wijze in een golvende beweging (zie afbeelding 1) met een tussentijdse concentratie op de *dominant* of repercussa, de toon waarop gereciteerd wordt.

Gregoriaanse muziek staat noch in majeur noch in mineur (hoewel zij met beide toongeslachten wel verwant is) maar is *modaal*. Een *modus* is een *diatonische toonladder* in een bepaalde toonsoort. In de Middeleeuwen werden acht van deze toonladders (modi, ook kerktoonsoorten genoemd) gebruikt (afbeelding 2). Die zijn te onderscheiden in vier *authentieke* en vier *plagale* modi. Een melodie die in een authentieke modus is geschreven, beweegt zich uitsluitend boven de *grondtoon* (finalis). Een melodie in een plagale modus daarentegen beweegt zich zowel boven als onder de grondtoon. Gregoriaanse melodieën verschillen dus in hun melodische contouren ten opzichte van de grondtoon. Elke authentieke modus correspondeert wel met een plagale modus, omdat de beide modi van zo'n paar dezelfde grondtoon hebben.

Gregoriaanse gezangen kunnen op drie manieren uitgevoerd worden: direct (dat wil zeggen solo door een voorzanger, gewoonlijk de priester), responsoriaal (als een wisselzang tussen voorzanger en koor) of *antifonaal* (door twee koren in afwisseling).

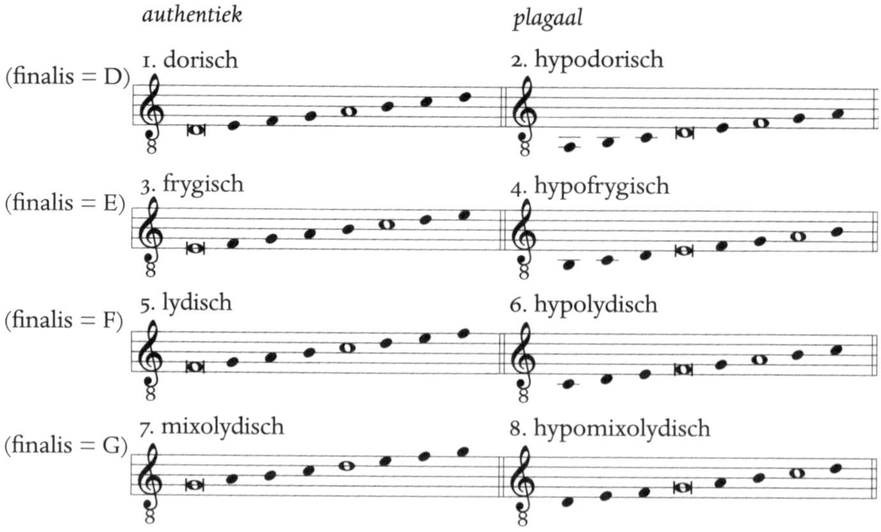

Afbeelding 2. De acht kerktoonsoorten.

MIS EN OFFICIE

In de christelijke kerk werden gregoriaanse gezangen in de eerste plaats gezongen bij de viering van de mis. De benaming 'mis' stamt van 'Ite, missa est' (letterlijk: 'Gaat, dit is de wegzending'), de slotformule waarmee de dienst eindigde en waarna de geloofsgemeenschap huiswaarts keerde. In de katholieke liturgie maken wij onderscheid tussen het Ordinarium missae en het Proprium missae.

Het Ordinarium heeft enkele standaardonderdelen met onveranderlijke teksten: Kyrie eleison (Heer ontferm u over ons), Gloria in excelsis Deo (Ere zij God in den hoge), Credo (Ik geloof), Sanctus (Heilig) en Agnus Dei (Lam Gods). De inhoud van het Proprium missae van de mis daarentegen is afhankelijk van de kerkelijke kalender. Omdat de Vastentijd – de veertig dagen voor Pasen – een periode van boetedoening is, zijn tekst en muziek aangepast aan deze specifieke fase in het kerkelijk jaar. Maar omdat Pasen zelf uiteindelijk een vreugdevolle aangelegenheid is, zijn tekst en muziek van het Proprium in die tijd afgestemd op een passende paasviering. De onderdelen van het Proprium zijn: Introïtus, Graduale, Alleluia (of Tractus in perioden van boetedoening), Sequentia, Offertorium en Communio. De structuur van de mis is weergegeven in afbeelding 3. Het epistel en het evangelie zijn bijbellezingen uit respectievelijk de Brieven van de apostelen en de evangeliën.

In gedeelten van de mis met weinig tekst (bijvoorbeeld Kyrie en Alle-

Proprium	*Ordinarium*
Introitus	
	Kyrie
	Gloria
Epistel	
Graduale	
Alleluia / Tractus	
Sequentia	
Evangelie	
	Credo
Offertorium	
	Sanctus
	Agnus Dei
Communio	
	Ite missa est

Afbeelding 3. Structuur van de mis.

luia) of in gedeelten die geschikter zijn voor solozang dan voor samenzang is de melismatische zetting gebruikelijk. Omgekeerd treft men in gedeelten met een uitvoerige tekst (bijvoorbeeld het Credo) of in gedeelten waarin het koor of de kerkgemeenschap participeert meestal de syllabische zetting aan. De muziek van de mis is vastgelegd in een liturgisch boek, het Graduale.

Gregoriaanse gezangen werden ook gezongen in het officie, dat dag en nacht gevierd werd door geestelijken en monniken in kapittelkerken en kloosters. Het officie bestaat uit acht gebedsuren:

- Metten (vóór zonsopgang)
- Lauden (bij zonsopgang)
- Prime (om 6 uur 's morgens)
- Terts (om 9 uur 's morgens)
- Sext (om 12 uur)
- None (om 15 uur)
- Vespers (bij zonsondergang)
- Completen (om 21 uur, meestal direct na de Vespers)

De 150 *psalmen* vormen de kern van het officie. Ze werden elke week, gespreid over de zeven dagen en de gebedsuren, in hun geheel gezongen. Ook de muziek van het officie is bijeengebracht in een liturgisch boek, het Antifonale.

Luistervoorbeeld 1 (cd 1 track 1)

Tenebrae factae sunt, responsorium uit de Metten van Goede Vrijdag, gregoriaans gezang

Dit responsorium, een wisselzang tussen solist(en) en koor, handelt over het sterven van Jezus. De tekst is samengesteld uit passages uit de evangeliën en psalmcitaten.

Tenebrae factae sunt,	Duisternis is ontstaan,
dum crucifixissent Jesum Judaei:	toen de joden Jezus kruisigden:
et circa horam nonam exclamavit	en rond het negende uur riep
Jesus voce magna:	Jezus met luide stem:
Deus meus,	Mijn God,
ut quid me dereliquisti?	waarom hebt Gij mij verlaten?
Et inclinato capite,	En met geneigd hoofd
emisit spiritum.	gaf hij de geest.
Exclamans Jesus voce magna, ait:	Met luide stem uitroepend zei hij:
Pater, in manus tuas commendo	Vader, in uw handen beveel ik
spiritum meum.	mijn geest.
Et inclinato capite...	En met geneigd hoofd...

Het begin van de tekst werd oorspronkelijk door solisten gezongen, bij 'Et inclinato...' (regel 7) viel het koor in, vanaf 'Exclamans' (regel 9) zongen de solisten weer en ten slotte werd het koorgedeelte herhaald. In het luisterfragment (dat begint bij 'exclamavit Jesus...' en eindigt bij '... voce magna, ait') wordt alleen de passage vanaf 'Exclamans...' door de solist gezongen.

Vrijwel alle lettergrepen zijn rijkelijk van melismen voorzien, zodat wij met een melismatisch gezang te maken hebben. De toonsoort is *Mixolydisch* (zie afbeelding 2), die zeer geschikt is voor een expressieve tekstweergave. Zo klinkt de noodkreet 'Mijn God, waarom hebt Gij mij verlaten?' in de hoogste regionen van de stem, maar bevindt de melodie zich bij 'En met geneigd hoofd' in een laag *register*. Dit contrast van verstilde, laagklinkende passages met expressieve uitroepen in het hoogste stemregister is opvallend.

TROPEN EN SEQUENTIAE

Gaandeweg treden vanaf de negende eeuw veranderingen in het gregoriaans op. Zo was het gewoonte geworden om woorden aan de standaardteksten van gregoriaanse gezangen toe te voegen. Die aanvullingen, *tropen* genaamd, werden meestal bij belangrijke tekstpassages geplaatst. Zo'n toevoeging kon uit enkele woorden bestaan maar ook uit een omvangrijk gedicht. Tropering is dus het uitbreiden van het gregoriaanse gezang met de bedoeling om de bestaande tekst en muziek aan te vullen of te intensiveren. Een *sequentie* is een specifieke trope aan het slot van een gregoriaans gezang, die met name aan het Alleluia (een bij uitstek melismatisch gezang) toegevoegd werd.

Afbeelding 4. Hildegard von Bingen met haar secretaris. Miniatuur in haar visioenboek Scivias.

De toevoeging van woorden aan melismatische passages kan in een syllabische zetting resulteren en het is aannemelijk dat tropen en sequentiae niet alleen aangebracht werden om de tekst uit te breiden of nader toe te lichten, maar ook om het zingen van lange, melismatische passages te vereenvoudigen. Omdat tropering vooral in het Ordinarium van de mis toegepast werd, kan echter ook de wens om meer variatie in de standaarddelen aan te brengen aan dit verschijnsel ten grondslag liggen. Op den duur maakte de sequentie zich los van het liturgisch gezang en kwam zij eveneens tot bloei als onafhankelijke compositievorm.

Luistervoorbeeld 2 (cd 1 track 2)

Hildegard von Bingen, *O successores* (ca. 1150-1160), geestelijk lied

Verdere ontwikkeling van het gregoriaans horen wij bijvoorbeeld in de expressieve spirituele muziek van de veelzijdige Hildegard von Bingen (1098-1179) (afbeelding 4). Zij was abdis in een benedictijner klooster, mystica, componiste, maar ook dichteres en schrijfster van wetenschappelijke verhandelingen en het eerste geestelijke toneelspel, dat zij ook op muziek zette. Befaamd om haar mystieke ervaringen en de verwoording van haar visioenen wordt zij sinds de vijftiende eeuw als heilige vereerd.

Hildegard schreef 77 gezangen, die zij in een liturgische cyclus bijeenbracht onder de titel *Symphonia armonie celestium revelationum*, ofwel *Symfonie van de harmonie van de hemelse openbaringen*. De term 'symphonia' verwijst in Hildegards denken niet alleen naar de harmonie van tonen van menselijke stemmen en instrumenten, maar vooral naar de hemelse harmonie en de innerlijke harmonie van de menselijke ziel.

Hildegards gezangen zijn in een aantal opzichten vernieuwend ten opzichte van het oudere gregoriaans. Hildegard gebruikt een beperkt aantal toonsoorten, maar (heel opmerkelijk) niet de gebruikelijke kerktoonsoorten maar voornamelijk 'moderne' majeur- en mineurtoonladders. Verder beluisteren wij een ruimere toonomvang, grotere *intervallen*, een voorkeur voor expressieve, veelal blijmoedige melismen, beweeglijke melodieën en een goed ontwikkeld vermogen om motieven te variëren. Dit laatste was nodig omdat Hildegard geen strofische en rijmende teksten toonzette maar nogal onregelmatige rijmloze teksten. Door motieven te herhalen en te variëren gaf zij muzikale stabiliteit aan haar gezangen en vermeed zij een 'vrije stijl'.

Hildegard componeerde de meeste van haar composities voor liturgisch gebruik in haar eigen klooster. Wij kunnen ons gemakkelijk voorstellen hoe *O successores* door de nonnen gezongen werd op aanwijzingen van hun vermaarde abdis.

O successores	U volgelingen
O successores fortissimi leonis	U volgelingen van de machtigste Leeuw
inter templum et altare-	tussen de tempel en het altaar-
dominantes in ministratione eius-	u de meesters van Zijn huishouding-
sicut angeli sonant in laudibus,	die als engelen hun lof uitzingen,
et sicut adsunt populis in adiutorio,	en hier zijn om de volkeren te helpen,
vos estis inter illos,	u bent onder degenen,
qui haec faciunt,	die dit volbrengen,
semper curam habentes	altijd hun zorg betonen
in officio agni.	in de dienst van het Lam.

In deze antifoon zijn de genoemde karakteristieken van Hildegards muziek goed te beluisteren: de vrije prozaïsche verzen, de grote toonomvang (een octaaf en een sext), flinke intervalsprongen, het gematigde melismatische karakter (één tot vier tonen per lettergreep met alleen een uitgebreid melisme op de laatste lettergreep van het slotwoord 'agni') en de beweeglijke melodiefrasen. De melodie geeft een gevoel van voortgang en expansie, omdat zij zich na enige tijd voortdurend verbreedt. Aanvankelijk wordt in een laag register en met kleine intervallen gezongen, maar vanaf het woord 'sicut' (in regel 4) horen wij diverse intervalsprongen (bijvoorbeeld bij de beginwoorden van de regels 5 t/m 8 steeds een kwintsprong). De climax volgt in het slotvers bij 'officio', waarna de melodie geleidelijk afdaalt naar het oorspronkelijke lage register.

In het overgeleverde manuscript is *O successores* als één melodische lijn genoteerd. Het staat ter discussie of deze monofone liederen in de middeleeuwse praktijk begeleid werden. In onze opname hoor je een vedel die lang aangehouden begeleidingstonen speelt.

Overzicht stijlkenmerken van het gregoriaans

1.	Stemvoering	Monofoon, eenstemmig vocaal.
2.	Toonomvang	In het algemeen niet meer dan een octaaf.
3.	Toonstelsel	Kerkmodi (kerktoonsoorten).
4.	Melodievorming	Karakteristiek melodisch verloop: stijgend en dalend in een golvende beweging met tussentijdse concentratie op de reciteertoon (de dominant). In authentieke modi verloopt de melodie steeds boven de finalis, in plagale modi boven en onder de finalis. De melodie volgt in grote lijnen de accenten van de Latijnse tekst (meer of hogere tonen op beklemtoonde lettergrepen). De melodieën zijn louter diatonisch en schrijden voort in kleine intervallen.
5.	Ritmiek	Vrije ritmiek, niet aan een maatsoort gebonden.
6.	Harmonie	Niet van toepassing.
7.	Structuur	De muzikale bouw wordt voornamelijk bepaald door de tekst. Aanpassing van de muziek aan de dictie en prosodie (versleer) van het Latijn; de muzikale frasering correspondeert met de zinsbouw van de tekst.
8.	Verhouding tekst-muziek	Syllabische (één toon per lettergreep), melismatische (meerdere tonen per lettergreep) of neumatische (gemengd syllabische en melismatische) zetting. De weergave van de tekst staat voorop, niet de muzikalisering van de tekst. Tekstillustratie, de illustratie van tekstpassages of afzonderlijke woorden door toonschildering, komt in bescheiden mate voor.
9.	Genres en vormen	Delen van mis en officie (onder andere psalmen, antifonen en responsoria), tropen, sequentiae.
10.	Betekenis	Fundament van de westerse klassieke muziek.

Vroege meerstemmigheid: het organum

De belangrijkste verandering in de muziek van deze periode was de opkomst van het *organum* in de negende eeuw. In zijn vroegste verschijningsvorm behelst de term 'organum' de toevoeging van een tweede stem. Die nieuwe stem volgt de originele stem (vox principalis) met een *interval* van een kwart onder de eerste stem of een kwint boven de eerste stem. Zo ontstond een eenvoudige vorm van *meerstemmigheid* (*polyfonie*), waarin de tweede stem (vox organalis) parallel loopt aan de oorspronkelijke melodie. Deze vorm heet dan ook parallel organum (afbeelding 5).

Afbeelding 5. Schematische weergave van het parallel organum.

Er is nogal wat discussie gevoerd over de vraag hoe het organum is ontstaan, want het gebruik van kwarten en kwinten als parallelle intervallen is niet zonder meer te verklaren. Omdat die intervallen overeenstemmen met het natuurlijke hoogteverschil tussen een bas en een tenor (en globaal genomen ook tussen een mannen- en jongensstem), zongen bassen en tenoren de melodie wellicht in de voor hen geëigende ligging. Maar het is ook mogelijk dat vroege gezangen antifonaal gezongen werden, waarbij het koor de melodie van de voorzanger een kwint hoger herhaalde. Als men deze partijen gelijktijdig zingt, is het resultaat immers een parallel organum. Hoe dit ook zij, de kwart- en kwintintervallen brengen samenklanken teweeg die imposant klinken in gebouwen waarin de klanken vrijelijk kunnen weergalmen, zoals in de middeleeuwse kathedraal.

Luistervoorbeeld 3 (cd 1 track 3)

Nos qui vivimus, parallel organum

Deze compositie stamt niet uit de verhandeling *Musica Enchiriadis* (circa 850-900), die de vroegste voorbeelden van meerstemmigheid bevat en de toenmalige muzikale praktijk beschrijft, maar uit de wat latere *Schola Enchiriadis* (vroege tiende eeuw). Je hoort twee stemmen dezelfde melodie zingen op een steeds gelijkblijvend interval van elkaar, namelijk een kwart. In deze uitvoering hoor je echter geen 'puur' parallel organum, want er is een derde stem toegevoegd, die lange tonen onder de melodie van het tweetal zingt. Het organum heeft een Latijnse tekst en wordt louter vocaal (zonder instrumentale begeleiding) uitgevoerd.

VERDERE ONTWIKKELING VAN HET ORGANUM

Het organum ontwikkelde zich gaandeweg verder. Eerst zien wij dat de strikt parallelle beweging van beide stemmen afgewisseld of vervangen wordt door tegenbewegingen. Dat wil zeggen dat de melodie van de bovenstem daalde als de onderstem steeg, en omgekeerd (zie afbeelding 6a). Een andere variant is dat de stemmen in unisono (op dezelfde toon) beginnen, de vox organalis zich vervolgens tot een kwart of kwint van de vox principalis verwijdert en de beide stemmen aan het eind van het gezang weer in éénklank samenkomen. Deze vorm wordt het aangepast organum genoemd (afbeelding 6b).

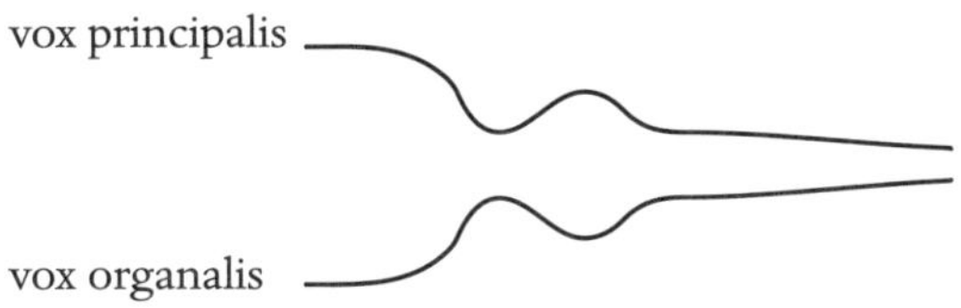

Afbeelding 6a. Principe van de tegenbeweging.

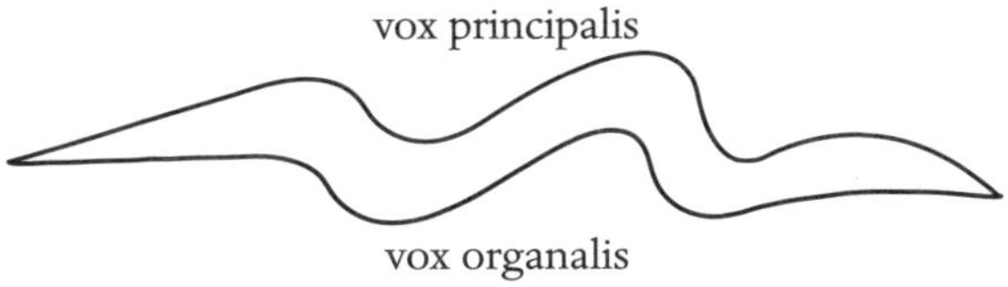

Afbeelding 6b. Schematische weergave van het aangepast organum.

Vervolgens begon de tweede stem zich ritmisch en melodisch vrijer ten opzichte van de vox principalis te bewegen. Hij werd melismatisch gezet en lag steeds boven de vox principalis, waarin de tonen lang aangehouden werden. De vox principalis ging daarom 'tenor' heten. Die term stamt van het Latijnse 'tenere', wat 'vasthouden' betekent.

In de twaalfde eeuw bevrijdde de bovenstem zich door een vrij ritme en een sterk melismatische zetting nog meer van de tenor. Om die reden spreken wij van melismatisch of vrij organum. In de tenor klinkt de gregoriaanse melodie in lange tonen, terwijl de bovenstem in een versierde stijl voortgaat. Ook *stemkruising* kwam toen vrij vaak voor. Om de zeer lange tonen aan te kunnen houden, werd de tenor in sommige gevallen waarschijnlijk instrumentaal uitgevoerd.

De hier beschreven ontwikkeling heeft betrekking op het vasteland van West-Europa. Merkwaardig is dat een twaalfde-eeuwse kroniek melding maakt van een ouder tweestemmig parallel zingen in Noord-Engeland. Daar zong men niet in parallelle kwarten en kwinten maar in parallelle tertsen en (soms) sexten, intervallen die op het vasteland als onvolmaakte *consonanten* beschouwd werden. Deze Engelse vorm van parallel zingen wordt 'gymel' genoemd.

Overzicht stijlkenmerken vroege meerstemmigheid

1.	Stemvoering	Tweestemmig polyfoon, aanvankelijk in parallelle kwarten en kwinten, daarna beginnen tegenbewegingen op te komen en weer later komt de vox organalis ritmisch en melodisch geheel los van de vox principalis. Stemkruising komt dan ook voor.
2.	Toonomvang	Ongeveer een octaaf.
3.	Toonstelsel	Kerkmodi.
4.	Melodievorming	De parallelle beweging wordt op den duur vervangen door tegenbewegingen. Later begint ook stemkruising op te treden. De vox organalis beweegt zich melodisch steeds vrijer boven de vox principalis.
5.	Ritmiek	In het parallelle organum lag de ritmische verhouding van beide stemmen vast. In de vrije of melismatische vorm staat een snelle beweging in de bovenstem tegenover de langzame voortgang in de tenor, die in grote notenwaarden is gezet.
6.	Harmonie	Samenklanken op basis van kwarten, kwinten en octaven. De samenklanken lijken nogal toevallig, want van een uitgewerkt harmonisch systeem is nog geen sprake.
7.	Structuur	Van de eenvoudige parallelle opbouw naar een sterk contrast tussen de stabiele onderstem en de beweeglijke bovenstem.
8.	Verhouding tekst-muziek	De vox organalis wordt steeds melismatischer gezet; de bovenstem krijgt dus steeds omvangrijkere melismen.
9.	Genres en vormen	Parallel, aangepast en vrij of melismatisch organum.
10.	Betekenis	Begin van de ontwikkeling van de meerstemmigheid, een zeer belangrijk fenomeen van de westerse muziek.

Ars antiqua: 1150-1300

In deze periode, die zijn naam met terugwerkende kracht ontleent aan de volgende periode, die Ars nova genoemd wordt, zien wij twee belangrijke ontwikkelingen: de verdere evolutie van de meerstemmigheid in de Notre Dame-school en een sterke 'opkomst' van het wereldlijke repertoire. Natuurlijk is het niet zo dat vóór 1150 geen wereldlijke muziek geklonken heeft, maar daarover weten wij weinig omdat de bronnen uiterst schaars zijn.

DE NOTRE DAME-SCHOOL

De vroegste ontwikkeling van de meerstemmigheid in het tweestemmige organum ging vooraf aan de muzikale activiteiten van de Notre Dame-school in Parijs. Die bracht de eerste twee bij naam bekende West-Europese componisten voort: Leoninus en Perotinus. Leoninus (ca. 1159-ca. 1201) verzamelde in zijn boek *Magnus liber organi* organa voor de mis en het officie, die hij waarschijnlijk grotendeels zelf componeerde. Perotinus (ca. 1160-1220) herzag dit boek, gaf de vox organalis (duplum) van het organum een regelmatige metrische voortgang en voegde in vele gezangen een derde stem (triplum) en soms zelfs een vierde (quadruplum) toe. Bij hem komt stemkruising veelvuldig voor.

Luistervoorbeeld 4 (cd 1 track 4)

Perotinus, *Viderunt omnes*, vierstemmig organum

Met enige verbeeldingskracht kunnen wij ons voorstellen dat deze muziek goed past bij de gotische architectuur van de Notre Dame. Zowel de kathedraal als de muziek zijn immers 'naar de hemel gericht', indrukwekkend en monumentaal.

Dit organum is vermoedelijk voor de kerstviering in het jaar 1198 geschreven. Het werk heeft door de vierstemmigheid een rijke klank. Terwijl de bovenstemmen in een snelle beweging van korte tonen in een levendig ritme voortgaan, speelt het orgel de lang aangehouden tonen van de gregoriaanse melodie. De zangstemmen bewegen zich veelal in parallelle kwarten voort.

De tekstbehandeling is opvallend, want elke lettergreep is van uitvoerige melismen voorzien. Dat blijkt direct uit de toonzetting van de eerste drie lettergrepen 'Vi-de-runt', die sterk melismatisch zijn gezet en door korte pauzes van elkaar zijn gescheiden.

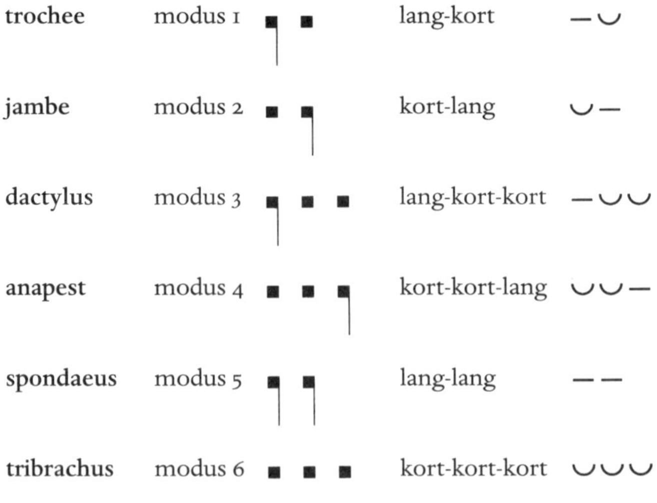

Afbeelding 7. De ritmische modi.

De ontwikkeling van de meerstemmigheid in de Middeleeuwen was een belangrijke stap in de westerse muziekgeschiedenis, omdat de harmonie op den duur een zeer vitaal muzikaal element werd. De vroegste samenklanken klinken wellicht wat onwennig in de oren van de hedendaagse luisteraar. Dat komt omdat de belangrijkste intervallen (kwarten en kwinten) niet dezelfde zijn als de meest voorkomende intervallen in het ons vertrouwde harmonische systeem. Het hedendaagse oor is gewend vooral tertsen en sexten te horen, maar in de vroege Middeleeuwen beschouwde men de kwarten en kwinten samen met de octaven als de meest *consonante intervallen*.

RITMISCHE MODI

In de twaalfde eeuw raakten de ritmische modi in zwang. Die werden gebruikt om de duur van de tonen (en daarmee het ritme) eenduidiger te kunnen bepalen. Daardoor kon het ritme ook duidelijker dan voorheen in de toenmalige muzieknotatie vastgelegd worden. Deze modi (niet te verwarren met de kerkmodi, de kerktoonsoorten) stemmen overeen met Griekse literaire metra en Latijnse versvoeten. Zij geven ritmische patronen in een driedelig metrum weer (afbeelding 7).

Twee of drie onafhankelijke melodieën van een compositie konden gezamenlijk uitgevoerd worden door de modus voor elke stem aan te geven en het aantal keren dat die modus herhaald moest worden. Op deze wijze kon de lengte van de afzonderlijke muzikale zinnen (frasen) en de totale compositie vastgelegd worden. De tenor bewoog zich gewoonlijk in de derde of vijfde modus, terwijl duplum en triplum in de eerste, tweede of zesde modus gezet waren. De vierde modus werd zelden gebruikt. Dit systeem leidde tot een aanzienlijke verbetering van de muzieknotatie, omdat het een oplossing bood voor de dringende wens om meerstemmige muziek ritmisch nauwkeuriger te noteren.

Of het gebruik van ritmische modi ook kenmerkend was voor de wereldlijke muziek van de Middeleeuwen, is een twistpunt. Sommige muziekwetenschappers zijn van oordeel dat de modale ritmiek inderdaad bepalend was, anderen menen dat een vrije, maatloze uitvoering gebruikelijk moet zijn geweest. Uit de overgeleverde muzieknotaties is de juistheid van noch het ene noch het andere standpunt eenduidig vast te stellen.

WERELDLIJKE MUZIEK

Tussen de tiende en dertiende eeuw werd door rondtrekkende muzikanten een grote hoeveelheid wereldlijke muziek geschreven en uitgevoerd. Maar door de gebrekkige overlevering weten wij daar veel minder van dan van de religieuze muziek, die onder de hoede van de kerk aanzienlijk beter bewaard is gebleven.

Sommige muzikanten verdienden hun brood door aan hoven en in steden op te treden. Deze rondtrekkende 'professionals' heetten jongleurs (zie afbeelding 8). Zij waren allround entertainers die hun publiek niet alleen met liederen vermaakten maar ook met goochelen, jongleren, acrobatiek of toneelspelen. Jongleurs zongen veelal over de liefde, maar hun belangrijkste genre was wellicht het chanson de geste (heldenlied), een epische muzikale kroniek over het leven van historische of legendarische figuren als Karel de Grote en Roland. De korte melodieën van deze liederen werden, al dan niet met kleine variaties, voortdurend herhaald. Van het chanson de geste is echter heel weinig overgeleverd.

Naast de jongleurs waren er rondreizende studenten en lage geestelijken die vaganten genoemd werden. De teksten van hun anoniem overgeleverde liederen (vooral drink- en liefdesliederen) zijn grotendeels in het Latijn. Zij zongen ook satirische liederen over actuele gebeurtenissen, want vaganten gingen een scherpe maatschappijkritische houding niet uit de weg.

Een verfijndere vorm van wereldlijke muziek werd voortgebracht door de troubadours in Zuid-Frankrijk, de trouvères in Noord-Frankrijk en de Minnesänger in Duitsland. Zij bewogen zich in hogere sociale milieus, respectievelijk bij de Provençaalse, Noord-Franse en Duitse adel. De troubadours waren zelf vaak edelmannen die hoofse teksten, waarin zij vooral de volmaaktheid en onbereikbaarheid van schone vrouwen bezongen, dichtten en op muziek zetten. Soms voerden zij hun creaties zelf uit, maar de uitvoering werd ook wel aan jongleurs overgelaten. Diverse componisten van

Afbeelding 8. Jongleurs. Miniatuur uit het troparium van St. Martial.

de overgeleverde muziek kennen wij bij naam, bijvoorbeeld de troubadour Bernart de Ventadorn, de trouvère Adam de la Halle en de Minnesanger Walther von der Vogelweyde.

WERELDLIJKE LIEDEREN

De wereldlijke liederen werden monofoon (eenstemmig vocaal) of met begeleiding van een luit, vedel of harp uitgevoerd. Ondanks hun monofone karakter wijken deze liederen sterk af van gregoriaanse gezangen. Dat is voorspelbaar, want het ligt voor de hand dat er belangrijke verschillen tussen de geestelijke en wereldlijke muziek bestonden. De wereldlijke muziek is lyrischer van toon, zwieriger van ritme en avontuurlijker van expressie, heeft meestal een wat ruimere toonomvang en kent grotere dynamische verschillen. Als de ritmische modi gevolgd worden, ontstaat een regelmatige en duidelijke muzikale zinsbouw. De tekstzetting is in hoge mate syllabisch; melismen vinden wij hooguit aan het eind van een lied. De teksten zijn met uitzondering van de Latijnse liederen van de vaganten in de volkstaal geschreven. *Refreinvormen* zijn zeer gebruikelijk, waarschijnlijk omdat die tot samenzang en dans aanzetten. *Balladen* uit die tijd hebben vaak een *strofische vorm*. Het belangrijkste genre bij de troubadours was het canso (het hoofse liefdeslied). De trouvères schreven voornamelijk chansons, een verzamelnaam voor liederen van diverse aard.

Luistervoorbeeld 5 (cd 1 track 5)

Bernart de Ventadorn, *Can vei la lauzeta mover*, canso (troubadourslied)

Bernart de Ventadorn (ca. 1125- ca. 1190) moet een productieve troubadour zijn geweest. Wij kennen van hem 45 teksten, waarvan er 20 met de genoteerde muziek zijn overgeleverd. Van Bernart wordt gezegd dat hij verliefd werd op de vrouw van zijn broodheer, de burggraaf van Ventadorn. Maar de romance werd ontdekt, Bernart verbannen en zijn geliefde opgesloten. De troubadour begaf zich toen naar het hof van Eleonora van Aquitanië (ca. 1122-1204). Daar ontspon zich een liefdesrelatie met Eleonora, die echter ten einde kwam door haar huwelijk met de Engelse koning in 1152. Bernart was dus bepaald een ervaringsdeskundige toen hij dit canso schreef. Toch ging het in dit genre niet zozeer om strikt individuele liefdesontboezemingen, maar om het ideaal van de hoofse liefde, de fin'amor.

Can vei la lauzeta mover bevat zeven strofen en een tornada (een kortere strofe aan het eind). Op het luistervoorbeeld hoor je de eerste twee strofen.

Can vei la lauzeta mover	Wanneer ik zie dat de leeuwerik uit vreugde
De joi sas alas contral rai	zijn vleugels beweegt tegen de zonnestralen,
Que s'oblida'es laissa chazer	zich vergeet en zich laat vallen
Per la doussor c'al cor li vai,	door de zoetheid die zijn hart binnendringt,

Ai! tan grans enveya m'en vé	ach, hoezeer benijd ik dan allen
De cui qu'eu veya jauzion!	waarvan ik zie dat zij blij zijn!
Meravilhas ai, car dessé	Het verbaast me dat mijn hart
Lo cor de dezirer nom fon.	niet direct van verlangen smelt.
Ailas! tan cuidava saber,	Helaas! Hoeveel dacht ik te weten
D'amore e tan petit en sai,	van liefde en hoe weinig weet ik ervan
Car eu d'amar nom posc tener	want ik kan het niet laten die te beminnen
Celeis don ja pro non aurai.	van wie ik nooit een gunst zal verkrijgen.
Tout m'a mo cor, e tot m'a mé	Heel mijn hart en heel mijzelf heeft ze genomen
E se mezeis e tot lo mon;	en zichzelf en heel de wereld,
E can sem tolc, nom laisset ré	en toen zij mij ontweek, liet ze me niets
Mas dezirer e cor violon.	dan verlangen en een smachtend hart.

De Natureingang (vs. 1-4) brengt de 'ik' geen vreugde, maar slechts jaloezie (vs. 5-6). Hij hoeft van zijn geliefde niets te verwachten (vs. 12), want zij heeft hem van alles beroofd (vs. 13-14) behalve van zijn verlangen naar haar (vs. 15-16).

Opvallend is de hechte structuur van het lied. Elke strofe heeft een identieke vorm: acht verzen, hetzelfde aantal lettergrepen per vers, een steeds terugkerend rijmschema (ababcdcd) en zelfs dezelfde rijmklanken. Het canso is doorgecomponeerd, dat wil zeggen dat geen enkele melodiezin herhaald wordt. De muziek is dus aangepast aan de tekst. Zo wordt het stijgen en vallen van de leeuwerik (vs. 1-4) in de melodie tot uitdrukking gebracht.

Omdat de handschriften geen aanwijzingen voor het ritme geven, moet de zanger een belangrijke keuze maken: zing ik de melodie in een bepaalde maat of volgens de declamatie van de tekst? In ons luistervoorbeeld is gekozen voor een driedelige maat. De uitvoering klinkt goed, maar doet strikt genomen geen recht aan de accentuering van de tekst. De correcte declamatie van 'lauzeta' is bijvoorbeeld niet 'láuzetá' maar 'lauzéta'.

Dit canso moet erg populair geweest zijn, want het is overgeleverd in tientallen handschriften. Een voorbeeld van zo'n handschrift (een verfranste versie van het lied) zie je in afbeelding 9.

Luistervoorbeeld 6 (cd 1 track 6)

Guiot de Dijon, *Chanterai por mon corage*, trouvèrelied

Dit lied stamt vermoedelijk uit de tijd van de Derde Kruistocht (rond 1189). Het brengt de diepe ongerustheid van een vrouw – van wie de geliefde op kruistocht gegaan is – tot uitdrukking. Zij weet dat maar weinigen daarvan terugkeren. De tekst bestaat uit drie strofen met refrein, waarvan je de eerste strofe op het luistervoorbeeld hoort.

Chanterai por mon corage	Ik zal zingen om mijn geest te sterken
Que je vueil reconforter,	die ik troosten wil,
Qu'avecques mon grant domage	zodat ik in mijn grote treurnis
Ne quier morir ne foler.	niet zal sterven of gek zal worden.
Quant de la terre sauvage	Uit dat vreselijke land

Ne voi mes nul retorner,	zie ik niemand terugkeren,
Ou cil est qui rassoage	waar hij is, die mijn hart streelt,
Mes maus quant g'en oi parler.	als ik mensen over hem hoor spreken.
Dex, quant criëront 'Outree',	O God, als zij roepen 'Outree',
Sire, aidiés au pelerin	God, help de pelgrim
Par cui sui espaventee,	om wie ik zo in angst zit,
Car felon sont Sarazin.	want de Saracenen zijn duivels.

De melodie in de sopraan wordt door een ensemble van fluit, luit, bas-*rebec* en harp omspeeld, zonder dat er sprake is van een daadwerkelijke harmonische ondersteuning. De fluit speelt (begeleid door de luit en de rebec) eerst het refrein. Dan zingt de sopraan de eerste strofe, waarin de melodie van de fluit terugkeert. Vervolgens speelt de fluit het refrein opnieuw.

Afbeelding 9. Handschrift Can vei la lauzeta mover *in een verfranste versie.*

MOTET EN CONDUCTUS

In de dertiende eeuw ontwikkelden zich twee belangrijke genres: het motet en de conductus. Vooral het motet bleek duurzaam. Het is een nogal complex genre dat in de loop van de muziekgeschiedenis meermalen van karakter veranderde. Het dertiende-eeuwse motet is in weerwil van zijn liturgische oorsprong eerder als een wereldlijk genre te beschouwen. Dit motet ontwikkelde zich vanuit het organum toen nieuwe tekst – meestal in het Frans in plaats van in het Latijn – aan het duplum werd gegeven. Het duplum werd motetus genoemd, waarschijnlijk naar het Franse 'mot', dat 'woord' betekent. Vervolgens werd de afgekorte term 'motet' gebruikt als genre-aanduiding voor de gehele compositie. Volgens hetzelfde principe werd zeer vaak ook de derde stem van een nieuwe tekst voorzien.

Motetten waren in de dertiende eeuw erg populair. De bovenstemmen werden soms nog in het Latijn maar vaker in het Frans gezet, terwijl de tenor zijn Latijnse tekst behield. Dit verschijnsel, polytekstualiteit, is kenmerkend voor het motet. Vaak werden in dezelfde compositie tegelijkertijd wereldlijke en geestelijke teksten gebruikt, waardoor het motet zijn kerkelijke karakter verloor. Bovendien kon de geestelijke tekst van de tenor verdwijnen, omdat voor de langzaam voortschrijdende tenorpartij in de praktijk vermoedelijk vaak een instrument werd gebruikt. In het motet zijn de verschillende stemmen melodisch en ritmisch onafhankelijk van elkaar.

Luistervoorbeeld 7 (cd 1 track 7)

Anoniem, *Hé Dieus, de si haut si bas – Maubatus – Cumque*, motet

In dit driestemmige motet hebben de twee bovenstemmen elk een eigen Franse tekst. De tenor heeft alleen een tekstbegin in het Latijn en wordt vervolgens tekstloos uitgevoerd. De bovenstemmen staan in de tweede modus (zie afbeelding 6).

In de tekst van het triplum beklaagt een ik-persoon zich er bij God over dat zijn geliefde hem ongelukkig maakt omdat zij onbereikbaar is. Maar hij besluit met de verzuchting dat hij niet mag klagen, omdat het zijn eigen schuld is dat hij de vrouw niet op de juiste wijze weet te benaderen. De tekst van het duplum is algemener van aard, maar heeft dezelfde strekking: hoezeer de liefde mij ook getroffen heeft, ik mag niet klagen.

Het incipit (tekstbegin) van de tenor verwijst naar de tekst van Genesis 28,16: 'Cumque evigilasset Iacob de gravi sompnio'. Daarin wordt verteld hoe Jacob ontwaakt uit een diepe slaap, waarin hij gedroomd heeft over een op de aarde opgerichte ladder die tot aan de hemel reikt en waarlangs engelen opklimmen en afdalen.

Overzicht stijlkenmerken Ars antiqua (1150-1300)

In dit overzicht hebben de gegevens onder a. betrekking op de Notre Dame-school, die onder b. op de muziek van troubadours en trouvères.

1.	Stemvoering	a.	Verdere ontwikkeling van de polyfonie (drie- en soms zelfs vierstemmigheid). 'Lineaire' polyfonie (zie onder 6. Harmonie).
		b.	Eenstemmig vocaal (soms begeleid door een snaarinstrument, bijvoorbeeld luit, vedel of harp).
2.	Toonomvang	a.	Beperkt (een octaaf of iets meer), maar in drie- en vierstemmige composities neemt de toonomvang van de totale zetting natuurlijk wel flink toe.
		b.	In het algemeen niet veel ruimer dan een octaaf, soms enkele tonen meer.
3.	Toonstelsel		Kerkmodi, maar in de wereldlijke muziek is een welbepaalde modus lang niet altijd vast te stellen.
4.	Melodievorming	a.	Veelal regelmatige en symmetrische melodieën (mede als gevolg van het gebruik van ritmische modi)
		b.	Zwieriger, lyrischer en minder voorspelbaar dan in de geestelijke muziek. De frasering is in het algemeen onregelmatiger dan in de geestelijke muziek en de intervallen zijn wat groter.
5.	Ritmiek	a.	Bij Leoninus vermoedelijk nog vaak een vrij ritme (niet aan een bepaald metrum gebonden), maar bij Perotinus strenge ritmische indeling op modale grondslag.
		b.	Twistpunt: een vrij, maatloos ritme of modale ritmiek. (De keuze van een ritmische modus is mede afhankelijk van de aard van de tekst.)
6.	Harmonie	a.	Talrijke kwarten- en kwintenintervallen, maar nog geen uitgewerkte harmonische grondslag. Er wordt nog sterk in horizontale melodielijnen gedacht; er is veel minder aandacht voor de verticale samenklank. Men spreekt daarom wel van 'lineaire polyfonie'.
7.	Structuur	a.	Bij Perotinus uitbreiding van stemmen, maar ook meer melodische en metrische regelmaat, waardoor de gehele opbouw veranderde.
		b.	Vaak refreinvormen, maar ook strofische vormen.
8.	Verhouding tekst-muziek	a.	Afwisseling van de syllabische en melismatische zetting.
		b.	Syllabische zetting (met hooguit een melisme aan het slot).
		a. en b.	De muzikale frasering stemt ruwweg overeen met de zins- of versbouw van de tekst.
9.	Genres en vormen	a.	Drie- en (soms) vierstemmig organum, motet, conductus.
		b.	Canso, kruistochtlied, dageraadslied en andere soorten chansons, dansliederen, rondellus, instrumentale dansen (met name de estampie).
10.	Betekenis		Verdere ontwikkeling van de meerstemmigheid. 'Opkomst' van de wereldlijke muziek.

Componisten ontleenden in deze periode vrijmoedig elementen aan bestaande composities. Zij maakten van een bestaand werk een 'nieuwe' compositie door teksten en stemmen toe te voegen of weg te laten. Zo kon een componist de tenor en de motetus van het werk van een ander overnemen en er een eigen triplum aan toevoegen. Tot op zekere hoogte was componeren op die manier een collectieve bezigheid, ook al werkten de componisten nooit daadwerkelijk samen.

Omdat de componisten nog sterk in horizontale melodische lijnen dachten en veel minder in verticale samenklanken, was de harmonie nog onderontwikkeld. De resulterende samenklanken zijn in onze oren niet altijd welluidend, maar ze weerspiegelen dan ook de muzikale praktijk van een middeleeuwse schrijfwijze.

De conductus werd gebouwd op een nieuw gecomponeerde tenor, dus niet meer op een bestaande gregoriaanse melodie. Het genre heeft meestal een geestelijke, maar niet-liturgische tekst in metrische Latijnse verzen. In tegenstelling tot het motet met zijn lang aangehouden tenortonen was de conductus gezet in *noot-tegen-nootstijl* (contrapunt). Duplum en triplum kregen dezelfde tekst en hetzelfde ritme, waardoor het genre een grotere eenheid vertoont dan het motet uit die tijd. De conductus was van oorsprong waarschijnlijk een begeleidingsgezang bij een liturgische handeling of plechtigheid waarvoor geen officiële liturgische tekst en muziek bestond.

Een veel beoefend wereldlijk genre was de rondellus (rondeel), een strofisch lied waarvan elke strofe uit vier verzen bestond. Het tweede en vierde vers functioneerden als refrein.

Ars nova: 1300-1400

De veertiende eeuw wordt in de muziekgeschiedenis met Ars nova aangeduid. In deze eeuw traden nieuwe opvattingen op velerlei terrein aan het daglicht. Het gezag van de paus werd in twijfel getrokken, de feodale verhoudingen werden aangetast, de menselijke rede emancipeerde en er trad een sterke secularisatie op. Nieuwe denkbeelden manifesteerden zich in de literatuur bij Dante (1265-1321), Petrarca (1304-1374), Boccaccio (1313-1375) en Chaucer (circa 1340-1400), en in de schilderkunst bij Giotto (circa 1266-1337).

Deze algemene vernieuwingsdrang was ook van invloed op de toonkunst. In de muziek zien wij een nadrukkelijk streven naar eenheid in de compositie (onder andere met behulp van de imitatietechniek), ingrijpende ritmische vernieuwingen (als gevolg van het gebruik van kleinere *notenwaarden* en de toepassing van isoritmiek), nieuwe genres en een toenemend gebruik van muziekinstrumenten.

STREVEN NAAR EENHEID EN RITMISCHE VERFIJNING

Tot de muzikale vernieuwingen in de veertiende eeuw behoorde de invoering van het principe van de imitatie. Door dezelfde melodie kort na elkaar in de diverse stemmen te laten klinken, ontstond een grotere muzikale eenheid dan in vroegere composities met hun onafhankelijke melodische lijnen. Omdat in de stemmen ook ritmische patronen geïmiteerd werden, kon die eenheid nog aanzienlijk versterkt worden.

In de ritmiek begon de tweedelige maatsoort (het binaire metrum) te concurreren met de driedelige maatsoort (het ternaire metrum), die de muziek tot dan toe volledig had gedomineerd. Van groot belang was de uitbouw van het ritmisch systeem met kleinere notenwaarden. In de veertiende eeuw zien wij dan ook een enorme verfijning op ritmisch terrein optreden. De ritmiek werd zelfs zo subtiel dat de muziek van de laatste twee decennia van de eeuw (toen het ritmische raffinement tot zeer complexe structuren leidde) wel met 'Ars subtilior' aangeduid wordt.

In de harmonie werden tertsen en sexten gebruikelijker, zodat de Ars nova-muziek ons vertrouwder in de oren klinkt dan die van de Ars antiqua. Aan de oude praktijk van het 'collectief componeren' kwam langzamerhand een eind. Voortaan schreef de componist zelfstandig complete nieuwe werken. Dit komt ook tot uiting in het feit dat de Ars nova de eerste periode in de muziekgeschiedenis is waarin componisten in het algemeen goed te identificeren zijn. Philippe de Vitry (circa 1291-1361), die met zijn verhandeling *Ars Nova* (rond 1322-1323) de naam voor de muziek van de veertiende eeuw aanreikte, Guillaume de Machaut (circa 1300-1377) en Francesco Landini (circa 1325-1397) waren de belangrijkste componisten.

ISORITMIEK

In de veertiende eeuw werden veel motetten gecomponeerd. Ook daarin zochten componisten naar methoden om eenheid te scheppen. De tenor, nu cantus firmus ('standvastig gezang') genoemd, werd nog steeds ontleend aan gregoriaanse gezangen. Maar voor de bovenstemmen begon men langere melodieën te schrijven, die in de plaats kwamen van de steeds terugkerende, korte melodische lijnen in de Ars antiqua-muziek. Ook ritmische patronen kregen een grotere lengte. Deze uitgebreide ritmische en melodische patronen konden bijdragen aan een hechtere structuur, omdat zij binnen de compositie als herhalingseenheden begonnen te functioneren. Herhalingen van ritmische patronen en specifieke melodische intervallen in de tenor schiepen al een zekere eenheid, maar omdat die patronen ook in het duplum en triplum gebruikt werden, won de gehele compositie sterk aan samenhang. Een motet dat op deze manier gecomponeerd is, wordt isoritmisch genoemd.

Afbeelding 10. Natuur stelt haar drie kinderen Gevoel, Retorica en Muziek voor aan Guillaume de Machaut. Miniatuur, circa 1370.

De Machaut (afbeelding 10) is de eerste componist die het principe van de isoritmiek hanteerde om het hele Ordinarium van de mis te toonzetten. Zijn *Messe de Nostre Dame* is voor vier stemmen gezet, een schrijfwijze die pas in de Renaissance gemeengoed werd. Deze mis vertoont een voor die tijd bijzonder hechte eenheid, maar omdat de delen nog in verschillende polyfone technieken uitgewerkt zijn, is het stadium van de ware eenheidsmis nog niet bereikt. De zogenaamde 'unitaire mis' ontstond in de vijftiende eeuw bij Dufay.

Luistervoorbeeld 8 (cd 1 track 8)

Guillaume de Machaut, *Agnus Dei* uit *Messe de Nostre Dame*, mis

Dit Agnus Dei heeft een isoritmische structuur. Het bestaat uit drie delen waarvan de aanhef steeds gevolgd wordt door twee isoritmische perioden. Je hoort het eerste deel, Agnus 1. Niet alleen in de tenor maar ook in het triplum en de *contratenor* worden ritmische patronen (geheel of gedeeltelijk) herhaald. Na de aanhef 'Agnus Dei' wordt de tekst 'qui tolis peccata mundi, dona nobis pacem' door de verschillende stemmen in elkaar overlappende frasen gezongen.

Over de precieze aanleiding voor het componeren van de *Messe* weten wij niets met zekerheid, maar het lijdt geen twijfel dat dit werk voor een plechtige en luisterrijke gebeurtenis geschreven moet zijn.

WERELDLIJKE MUZIEK

Componisten van de Ars nova schreven veel wereldlijke muziek. In Frankrijk werden vooral balladen, *rondeaus*, *virelais* en *lais* geschreven. In Italië waren het madrigaal, de caccia en de ballata de voornaamste wereldlijke genres.

Het madrigaal van de veertiende eeuw is van een andere aard dan het latere Renaissance-genre met dezelfde naam. Het is in de volkstaal geschreven en heeft twee stemmen: een versierde bovenstem en een lagere stem in grote notenwaarden. De veertiende-eeuwse madrigalen hebben twee tot vier strofen van drie verzen en een afsluitend *ritornello* van twee verzen.

De caccia (meervoud 'cacce') is een 'jacht'compositie voor drie stemmen met een tekst in de landstaal. De laagste stem, die zich weer in langzame notenwaarden voortbeweegt, werd gewoonlijk op een instrument uitgevoerd. De twee bovenstemmen zijn in *canon* gezet, wat het 'jacht'karakter van het genre benadrukt, omdat de ene stem de andere voortdurend 'achtervolgt'. De tekst hoeft echter niet noodzakelijk een jachtpartij te beschrijven; hij kan ook een ander druk, levendig tafereel als onderwerp hebben: een marktplein, een slagveld, enzovoort. Toonschildering speelt in dit genre een prominente rol. Cacce waren rond het midden van de veertiende eeuw zowel in Italië als in Frankrijk (waar ze chace genoemd werden) populair.

De ballata was in de dertiende eeuw in Italië een populair danslied, dat bestond uit enkele strofen die door een solist gezongen werden en een refrein dat steeds meerstemmig werd uitgevoerd. In de veertiende eeuw is de ballata een twee- of driestemmige (één zangstem met één of twee instrumentale stemmen) lyrische en gestileerde compositie, die op de Franse virelai lijkt. Het aantal strofen is niet vastgelegd.

Luistervoorbeeld 9 (cd 1 track 9)

Francesco Landini, *Ecco la primavera*, ballata

Van de blinde organist Landini (ca. 1325/1335-1397) zijn zo'n 40 ballate overgeleverd, maar hij heeft er waarschijnlijk aanzienlijk meer geschreven. Het vormschema van de ballata is AbbaA, waarbij A staat voor het refrein, b voor nieuwe muziek en tekst, a voor de muziek van het refrein met nieuwe tekst.

A	*Ecco la primavera,* *Che'l cor fa rallegrare;* *Temp'è d'annamorare* *E star con lieta cera.*	Zie de lente komt, die het hart met vreugde vervult; Nu is het de tijd om verliefd te worden en een blij gezicht te tonen.
b	*No' vegiam l'aria e'l tempo* *Che pur chiam'allegreça.*	We zien hoe de lucht en het mooie weer tot blijheid oproepen.
b	*In questo vago tempo* *Ogni cosa à vagheça.*	In deze prachtige tijd is alles zo mooi.
a	*L'erbe con gran frescheça* *E fior coprono i prati* *E gli albori adornati* *Sono in simil manera.*	Het gras, van een grote frisheid, en bloemen bedekken de velden en de bomen zijn rijk versierd op eenzelfde wijze.
A	*Ecco la primavera,* *Che'l cor fa rallegrare;* *Temp'è d'annamorare* *E star con lieta cera.*	Zie de lente komt, die het hart met vreugde vervult; Nu is het de tijd om verliefd te worden en een blij gezicht te tonen.

Deze ballata is veel minder complex dan de muziek van De Machaut in het vorige luistervoorbeeld. In dit tweestemmige lentelied ontlopen de beide stemmen elkaar qua toonomvang niet ver. De tekst is vrijwel geheel syllabisch gezet en is daardoor zeer verstaanbaar. Ieder vers krijgt ook een duidelijke afsluiting. Deze ongecompliceerde en toegankelijke zetting is geheel in overeenstemming met de tekst, die immers niets anders dan blijde lentegevoelens uitdrukt.

MUZIEKINSTRUMENTEN

De muziek van de late Middeleeuwen werd afhankelijk van de beschikbaarheid van musici en instrumenten zowel vocaal als instrumentaal en vocaal-instrumentaal uitgevoerd. De oudste middeleeuwse instrumenten zijn de harp, vedel en luit. Onder de blaasinstrumenten vinden wij de zink (een rechte of gebogen hoorn), de trombone, de schalmei of pommer (de voorloper van de hobo), de blokfluit en de dwarsfluit. Het kleine, draagbare portatieforgeltje, dat met één hand bespeeld werd terwijl de andere hand de balgen met lucht vulde, werd ook vaak gebruikt. In de volksmuziek werden de draailier en de doedelzak veelvuldig bespeeld. Als slaginstrumenten waren onder andere trommels, bekkens en de tamboerijn in gebruik. In polyfone composities gaven de musici vermoedelijk de voorkeur aan contrasterende instrumentale en vocale klankkleuren, zodat elke melodische lijn duidelijk geprofileerd klonk. Op afbeelding 11 zie je enkele instrumenten uit de Ars nova-tijd.

Overzicht stijlkenmerken Ars nova (1300-1400)

1. Stemvoering	Verdere ontwikkeling van de polyfonie (enkele vierstemmige werken). De polyfonie is in het algemeen nog 'lineair', maar het harmonisch inzicht groeit (vooral bij De Machaut). Toepassing van de imitatietechniek komt op. In Italië bestond meer neiging naar homofonie.
2. Toonomvang	Ruim een octaaf, soms aanzienlijk ruimer, uitbreiding vooral in de hoge registers.
3. Toonstelsel	Kerkmodi. Een beperkt gebruik van chromatiek (verhogingen en verlagingen van de stamtonen van een toonladder) wordt hoorbaar. Men noemde muziek met chromatische verhogingen en verlagingen in die tijd 'musica falsa', dit in tegenstelling tot de 'musica vera', de zuivere diatoniek.
4. Melodievorming	Asymmetrische melodieën (frasen van ongelijke lengte). Eerste voorbeelden van expressieve chromatiek.
5. Ritmiek	Vrijmaking van het muzikale ritme, los van de literaire modi. Uitbouw van het ritmisch systeem met kleinere notenwaarden. Opkomst binaire maatsoort. Isoritmiek. In het algemeen een complexe, verfijnde ritmiek.
6. Harmonie	Begin ontwikkeling van het harmonisch gevoel. Krachtige akkoordstijl bij De Machaut. Neiging naar volle, sonore samenklanken (parallelle kwarten en kwinten worden nu vermeden, tertsen en sexten worden gebruikelijker).
7. Structuur	In Frankrijk: complexe structuren en compositietechnieken. In Italië: voorkeur voor een duidelijke, evenwichtige vormgeving. In het algemeen nog weinig thematische of motivische eenheid in de composities.
8. Verhouding tekst-muziek	In het motet vaak nog polytekstualiteit (teksten in meerdere talen en geestelijke en wereldlijke teksten in één compositie).
9. Genres en vormen	Frankrijk: meerstemmige mis, isoritmisch motet, rondeaus, balladen, virelais, lais, chace. Italië: madrigaal, caccia, ballata, instrumentale dansen.
10. Betekenis	Enorme ritmische verfijning. Harmonie wordt belangrijker. Eerste volledige polyfoon gezette mis (De Machaut). Verschuiving van geestelijke naar wereldlijke muziek.

Afbeelding 11. Instrumenten uit de Ars Nova-periode, afgebeeld in een veertiende-eeuws handschrift.

3

De Renaissance: 1400-1600

Overgang naar een nieuwe tijd

De term Renaissance betekent letterlijk 'wedergeboorte'. In de vijftiende en zestiende eeuw vonden veel filosofen, wetenschappers en kunstenaars de klassieke Griekse en Romeinse wereld het summum van cultuur. Zij beschouwden de Middeleeuwen daarentegen als een duistere periode, die – vooral vanwege de dwingende macht van de conservatieve kerk – van beschaving en vernieuwing gespeend was. Met de herontdekking van het klassieke erfgoed vond inderdaad een soort wedergeboorte plaats.

In de filosofie van het humanisme werd nadrukkelijk bepleit dat de mens zeer wel in staat is om op basis van het eigen oordeelsvermogen zijn levensbestemming mede te bepalen. Die gedachte won steeds meer terrein en wordt weerspiegeld in wetenschappen en kunsten. Het begrip Renaissance staat dan ook voor de herleving van de menselijke waarden, want humanisten achtten de mens niet alleen onderworpen aan spirituele waarden.

In de kunst van de Renaissance zien wij in het algemeen een voorkeur voor 'stoffelijke' schoonheid, eenvoud en planmatigheid. In tegenstelling tot de gemeenschapskunst van de Middeleeuwen volgde de kunstenaar in eerste instantie zijn individuele ingevingen en idealen.

De muziek deelde tijdens de Renaissance volop in de gezamenlijke opbloei van de kunsten. Vooral de vocale geestelijke muziek bleef belangrijk. Zij werd zeer evenwichtig van bouw en welluidend van klank, mede omdat muziek voor het eerst in haar westerse geschiedenis om haar puur esthetische kwaliteiten genoten mocht worden. De stijl van een compositie wordt vaak belangrijker gevonden dan de functie, het doel waarvoor het werk geschreven is. De wereldlijke muziek won aan betekenis en manifesteerde zich in een grote diversiteit aan genres en vormen. De instrumentale muziek kreeg voor het eerst zelfstandige betekenis. Instrumentalisten behielden weliswaar hun traditionele dienstbare taak als begeleiders van vocale muziek en dansen, maar daarnaast begon zich een autonome instrumentale muziek af te tekenen.

Dat de Renaissance een nieuwe, modernere tijd inluidde, blijkt onder andere uit het feit dat de muziek uit die periode hedendaagse luisteraars in het algemeen meer aanspreekt dan de middeleeuwse. Omdat 'oude muziek' en het streven naar 'authentieke' uitvoeringen de laatste decennia sterk in de belangstelling staan, is Renaissancemuziek tegenwoordig regelmatig op concerten te beluisteren. Deze herwaardering is ook mogelijk door de omvangrijke overlevering van die muziek. Als gevolg van de uitvinding van de muziekdruk zijn vanaf het begin van de zestiende eeuw zeer veel composities gedrukt. Omdat die in het algemeen goed bewaard zijn gebleven, staan hedendaagse uitvoerders talrijke authentieke uitgaven ter beschikking.

De overgang van de middeleeuwse muziek naar de Renaissancemuziek vond geleidelijk plaats in de eerste helft van de vijftiende eeuw, in eerste instantie in Engeland en aan het hof van Bourgondië.

Engelse stijlkenmerken

De Engelse muziek verschilde in de veertiende eeuw al in diverse opzichten van de continentale muziek. Zij was minder modaal georiënteerd, want zij had veelal een majeurkarakter. Bovendien neigde de Engelse muziek meer naar een volle, homofone textuur en gebruikte zij tertsen en sexten aanzienlijk vrijer dan op het vasteland. De Engelse stijlkenmerken raakten daar bekend omdat in het begin van de vijftiende eeuw nogal wat Engelse composities in continentale handschriften opgenomen werden. De belangrijkste componist was John Dunstable (circa 1385-1453), die lang in Frankrijk verbleef en wiens briljante en welluidende werken (motetten, misdelen en chansons) veel indruk op continentale componisten maakten.

Luistervoorbeeld 10 (cd 1 track 10)

John Dunstable, *Quam pulchra es*, motet

In dit driestemmige motet (uitgevoerd door countertenor, tenor en bariton) kun je de ongedwongen en welluidende stijl van Dunstable (de correcte spelling is eigenlijk Dunstaple) goed beluisteren. Opmerkelijk genoeg hoor je het gebruik van een majeurtoonladder in plaats van een modale toonsoort, terts- en sextintervallen, een dominante bovenstem, drie stemmen die zich meestal in hetzelfde ritme voortbewegen en een klare harmonie van sonore *drieklanken*. De rustige parallelle beweging van stemmen die steeds in drieklankakkoorden samenkomen, was destijds ongewoon. Door deze stemvoering is de presentatie van de tekst heel duidelijk. De muziek van het motet is nieuw, dus niet gebaseerd op een bestaande (gregoriaanse) melodie.

Quam pulchra es et quam decora,	Hoe mooi en bekoorlijk ben je,
carissima in deliciis.	lieveling, in jouw verrukkingen.
Statura tua assimilata est palme,	Je figuur lijkt op een palmboom
et ubera tua botris.	en je borsten op vruchten.
Caput tuum ut carmelus,	Je hoofd is dat van een jonge bruid
collum tuum sicut turris eburnea.	en je hals is een zuil van ivoor.
Veni dilecte mi;	Kom, mijn lief,
egrediamur in agrum et videamus	laten wij naar de velden gaan en zien
si flores fructus parturierunt,	of de bloesems vruchten hebben gebracht
si floruerunt mala punica.	en of de granaatappelen bloeien.
Ibi dabo tibi ubera mea.	Daar zal ik mijn borst tegen de jouwe drukken.
Alleluia.	Alleluia.

De oeroude berg Carmel met zijn altijd groene flanken verheft zijn majestueuze top schoon en lieflijk 'als een jonge bruid' boven de Middellandse Zee. In het voorjaar is de lucht rondom de berg vol balsem- en mirregeur, die als een dampige wierook de omgeving vervult. De schoonheid en vruchtbaarheid van de berg zijn spreekwoordelijk. In het Hooglied zingt de bruidegom zijn liefste toe: "Caput tuum ut Carmelus" ("Uw hoofd is als de Carmel", vergelijk regel 5 van het motet). Dunstable ontleende zijn tekst dus aan dit Bijbelboek en die is daarom niet uitsluitend te beschouwen als sensuele liefdespoëzie uit de vroege Renaissance. De erotische strekking is ook op te vatten als metafoor van de liefde van Christus en de kerk.

Impulsen van het Bourgondische hof

Het hertogdom Bourgondië omvatte het noordoosten van Frankrijk en de Nederlanden. Dijon was de hoofdstad, maar de hertogen verplaatsten hun hofhouding regelmatig, met name naar steden in de Nederlanden (Brussel, Gent, Brugge). Daardoor werden voor de hofkapel veel Vlaamse musici aangetrokken. De artistieke bloeiperiode van het Bourgondische rijk besloeg zowel de tweede helft van de veertiende als een groot deel van de vijftiende eeuw, vooral toen de kunsten – en bovenal de muziek – onder de regeringen van Filips de Goede (1419-1467) en Karel de Stoute (1467-1477) floreerden.

Omdat de werkomstandigheden en financiële beloningen er zeer gunstig waren, traden componisten uit de Nederlanden, Engeland en Italië graag in dienst van het Bourgondische hof. Zij werden aan het hof aangesteld om amusements- en kerkmuziek te schrijven. Onder hen bevond zich Gilles Binchois (circa 1400-1460), die het hof dertig jaar diende. En ook de bereisde

Guillaume Dufay (circa 1400-1474), die aan de Pauselijke kapellen in Rome en Florence verbonden was, wordt geassocieerd met de Bourgondische stijl. Maar of hij daadwerkelijk in Bourgondische dienst was, is niet bekend. Misschien componeerde hij niet voor het hof, maar de invloed van zijn muzikale ideeën op de muziek aan het Bourgondische hof is niettemin duidelijk.

DE BOURGONDISCHE STIJL

In de Bourgondische stijl kwam het gebruik van tertsen en sexten volop in zwang, waardoor de muziek melodisch en harmonisch op *drieklanken* kwam te berusten. De driestemmige polyfone schrijfwijze bleef in principe gehandhaafd, maar de bovenstem kreeg veruit de belangrijkste partij. Dit concept werd in de verdere muziekgeschiedenis gemeengoed; wij vinden het heel gewoon dat de hoogste stem de melodie voert. De driedelige maatsoort domineert nog, maar in langere werken wordt zij met het tweedelige metrum afgewisseld om variatie en contrast in het ritme aan te brengen.

Twee typisch Bourgondische kenmerken zijn de toepassing van fauxbourdon en de 7-6-1 *cadens*. Fauxbourdon, wat 'valse bas' betekent, wil zeggen dat *drieklanken in omkering* onder de melodie in de bovenstem gebruikt worden. De bas loopt daardoor met een interval van een sext parallel aan de bovenstem.

Het tweede kenmerk, de 7-6-1 cadens, houdt in dat de *leidtoon* (7, de zevende toon van een toonladder) niet onmiddellijk oplost in de grondtoon (1) of het octaaf (8), maar dat die oplossing uitgesteld wordt door naar de zesde toon (6) te dalen vóórdat de grondtoon of het octaaf klinkt.

Vocale composities aan het Bourgondische hof waren niet langer polytekstueel (meertalig en 'meertekstig', zoals de motetten in de Middeleeuwen) maar hadden één tekst in één taal. Hoewel oudere compositietechnieken en genres bleven bestaan (bijvoorbeeld de isoritmiek en de conductus), was er een duidelijke trend om tekst en muziek hechter in de compositie te integreren en om een nieuwe klank hoorbaar te maken.

GENRES

Het belangrijkste genre was het chanson, een verzamelnaam voor alle polyfone zettingen van liederen op wereldlijke Franse gedichten. De teksten handelden vaak over de liefde. De meeste chansons zijn voor drie stemmen geschreven en werden óf door drie zangstemmen óf door een solostem met twee begeleidende instrumenten uitgevoerd.

Luistervoorbeeld 11 (cd 1 track 11)

Guillaume Dufay, *J'atendray tant qu'il vous playra*, chanson

Vergeleken met de uiterst complexe ritmiek van Ars subtilior-composities is dit vroege chanson van Dufay in ritmisch opzicht relatief eenvoudig. De twee lage stemmen ontvouwen zich grotendeels in hetzelfde tempo als de bovenstem. Ook melodisch en harmonisch is dit werk ongecompliceerd. Bovendien is *J'atendray tant* grotendeels syllabisch gezet, zodat de tekst gemakkelijk te volgen is.

J'atendray tant qu'il vous playra *A vous declarer ma pensee,* *Ma tres chiere dame honnouree.* *Je ne say s'il m'en desplayra.*	Ik zal zo lang wachten als U wenst alvorens mijn gedachten aan U kenbaar te maken, mijn dierbare en geëerde vrouwe. Ik weet niet of dat me slecht zal bevallen.
Mais toutes foys pour complaire a *Vostre personne desiree* *J'atendray tant qu'il vous playra* *A vous declarer ma pensee.*	Desalniettemin, teneinde U, beminde persoon, te bevallen: Ik zal zo lang wachten als U wenst alvorens mijn gedachten aan U kenbaar te maken.
Car j'ay espoir quant avendra *Qu'a ce vous seres acordee,* *Que ma doulour sera cesee.* *Je le vous ay dit long temps a.*	Want ik hoop dat wanneer de tijd daar is dat U hiermee in kunt stemmen, dat er een eind zal komen aan mijn lijden. Ik heb U dit reeds lang geleden gezegd.
J'atendray tant qu'il vous playra *A vous declarer ma pensee,* *Ma tres chiere dame honnouree.* *Je ne say s'il m'en desplayra.*	Ik zal zo lang wachten als U wenst alvorens mijn gedachten aan U kenbaar te maken, mijn dierbare en geëerde vrouwe. Ik weet niet of dat me slecht zal bevallen.

De thematiek van deze tekst sluit aan bij de middeleeuwse traditie van de hoofse liefde. De minnaar legt zijn lot in handen van zijn geliefde en schikt zich in de onvervulbaarheid van zijn liefde.

Het melodische materiaal van de compositie keert verschillende keren geheel of gedeeltelijk terug en omdat ook tekstregels herhaald worden, is een refreinvorm ontstaan. In feite heeft Dufay alleen de eerste strofe op muziek gezet, want voor de andere strofen worden steeds dezelfde vier muzikale frasen gebruikt. Wat de stemvoering betreft, valt op dat de boven- en onderstem (*superius* en tenor) een hecht duo vormen. De contratenor heeft als derde stem een eigen functie; hij zorgt voor een aanvullende ritmische beweging en completeert de samenklanken.

Bourgondische componisten schreven hun missen nog steeds met een gregoriaanse melodie als cantus firmus in de tenor. Maar in tegenstelling tot vroegere componisten neigden zij ertoe dezelfde melodie in alle delen van het misordinarium te gebruiken. Zo'n cyclische mis wordt *cantus firmus-mis* genoemd. De tenor voerde daarin niet langer de laagste stem, omdat onder de tenor een echte baslijn werd gezet. Zo ontstond de vierstemmige zetting die in de Renaissance gebruikelijk werd. De toonomvang van de composities als geheel werd daardoor ruimer dan voorheen. De imitatietechniek werd regelmatig toegepast.

De Bourgondische componisten schreven ook motetten waarin de bovenstem (net als bij de chansons) de dominante stem is. De vocale partijen werden vaak verdubbeld door instrumenten, onder andere trombones, kromhoorns, vedels en portatieforgeltjes.

Samengevat ontwikkelden de Bourgondische componisten een stijl die ons vertrouwd in de oren klinkt vanwege de zetting (vierstemmig met de melodie in de hoogste stem en met melodische en ritmische congruentie tussen de diverse polyfone stemmen) en een harmonie die gebaseerd is op drieklanken. De samenklanken met hun opeenvolgingen van tertsen en sexten zijn overwegend consonant; *dissonanten* werden in beperkte mate toegepast. Deze vernieuwde harmonische oriëntatie luidt een belangrijk stijlkenmerk van de Renaissance in: men dacht niet langer louter in horizontale melodische lijnen, maar besteedde integendeel veel aandacht aan de verticale samenklanken. Anders gezegd: de 'lineaire' polyfonie wijkt voor de 'harmonische' polyfonie.

De muziek die onder de impulsen van het Bourgondische hof geschreven werd, vormt een mooie overgang van de stijl van de late Middeleeuwen naar die van de rijpere Renaissance.

Franco-Vlaamse school

Een aantal eminente componisten uit de Zuidelijke Nederlanden en Noord-Frankrijk ontwikkelde tussen ongeveer 1450 en 1550 een invloedrijke, sterk internationaal georiënteerde stijl. Deze zogenaamde Franco-Vlaamse school werd vroeger vaak aangeduid met de 'Nederlandse scholen', die drie generaties componisten omvatten. Tegenwoordig spreken wij ook wel eenvoudig van de 'Componisten van de Lage Landen'. De eerste generatie componisten zette de vernieuwingen van de Bourgondiërs krachtig voort. Omdat de betrokken meesters muzikale posten in alle delen van Europa bekleedden, kan de Franco-Vlaamse school zeker niet als een lokale stroming beschouwd worden.

FRANCO-VLAAMSE STIJL

In de geestelijke muziek bleven de Franco-Vlaamse componisten missen en motetten schrijven. Hoewel hun muziek in eerste instantie niet principieel afweek van die van de Bourgondische componisten, werden nieuwe tendensen voortvarend doorgevoerd en met verve vervolmaakt.

Zo streefde men met succes naar een grotere gelijkwaardigheid van de partijen in het polyfone stemmenweefsel. Die werd onder andere bereikt door een consequente imitatie in de stemmen, wat tot de befaamde *doorimiterende stijl* leidde. Verder door de virtuoze toepassing van *contrapuntische* technieken als vergroting (augmentatie), verkleining (diminutie), omkering en kreeftengang. Bij augmentatie wordt de waarde van elke noot verlengd (meestal verdubbeld), het tegenovergestelde gebeurt bij diminutie (de waarde van elke noot wordt verkleind, meestal gehalveerd). Omkering betekent dat de oorspronkelijke melodie in omgekeerde richting gespeeld wordt: stijgende intervallen worden dalend, dalende intervallen stijgend. In de kreeftengang ten slotte wordt de melodie van achteren naar voren gespeeld. Combinaties van deze vier basistechnieken kwamen ook zeer regelmatig voor.

De grote Franco-Vlaamse componisten beheersten deze technieken perfect en wisten ze met grote uitdrukkingskracht toe te passen. Soms werd slechts één thema als uitgangsmateriaal voor een hele compositie genomen, omdat de componist er genoegen in schiep met de diverse contrapuntische technieken vanuit dat beperkte toonmateriaal een compleet, niet zelden grootschalig werk te scheppen. Deze werkwijze, die ongetwijfeld ook gemotiveerd werd door het streven naar eenheid in de compositie, leidde tot een snelle ontplooiing van de variatietechniek en het vermogen om thema's en motieven voortdurend verder te ontwikkelen en uit te werken. In de Renaissance werd zo de basis gelegd voor wat later (met een ingeburgerde Duitse term) *thematische Arbeit* genoemd wordt. Vooral in de Klassieke periode zou dit principe tot grote compositorische en artistieke hoogten gevoerd worden.

In het algemeen schreven de Franco-Vlaamse componisten vierstemmig polyfone werken van een rijke welluidendheid. Zij gebruikten in principe eenvoudige *drieklanken in de grondligging* als bouwstenen voor hun muziek. Daardoor werd de klank 'moderner' dan die van de fauxbourdon-composities van Bourgondische componisten, ook al bleven de kerkmodi nog altijd in gebruik. Enerzijds streefden de Franco-Vlaamse meesters naar een hechte eenheid in hun werken, anderzijds slaagden zij er glansrijk in variatie in hun missen en motetten aan te brengen door imitatieve gedeelten te laten contrasteren met homofone gedeelten en door vierstemmige passages af te wisselen met duetten en trio's, waarbij stemmen in *unisono* met andere stemmen samengaan of zwijgen. Deze componisten hadden een sterke voorkeur voor onbegeleide (*a capella*) koorzang (afbeelding 12).

Afbeelding 12. Op deze miniatuur is de componist Johannes Ockeghem (met bril) als koordirigent afgebeeld.

GENRES

Om de delen van de mis samen te smeden, gebruikten de Bourgondiërs een bestaande melodie, maar de Franco-Vlaamse componisten adapteerden hele delen van eerder gecomponeerde geestelijke of wereldlijke werken om een 'nieuw' werk te scheppen. Het resultaat van deze ontleningsstrategie wordt de parodiemis genoemd. De term 'parodie' verwijst hier neutraal naar het hergebruik van eerder gecomponeerde bestanddelen en heeft niet de satirische of komische connotatie die wij tegenwoordig aan dat woord hechten. Motieven, thema's, hele passages en complete stemvoeringen uit andere composities konden zo in de mis geïncorporeerd worden. De parodiemis verving geleidelijkaan de oudere cantus firmus-mis.

Omdat het motet in tegenstelling tot de mis geen standaardteksten heeft, leende het zich in deze periode beter voor experimenten. Het motet veranderde als gevolg daarvan nogal drastisch. Het werd vooral evenwichtiger dan voorheen omdat frasen regelmatig herhaald werden en de delen duidelijker geleed door een vaste maatsoort en duidelijke *cadensen* (afsluitingen).

Wereldlijke vormen waarin de Franco-Vlaamse componisten zich uitdrukten, waren vooral het chanson en het polyfone lied, de contrapuntische zetting van een volkslied.

FRANCO-VLAAMSE MEESTERS

Een aantal grote componisten gaf allure aan de muziek van deze periode. Van Johannes Ockeghem (circa 1420-1497) (afbeelding 12) zijn missen, motetten en chansons overgeleverd. Hij zette de laagste vocale stem (in navolging van componisten van de Bourgondische stijl) als een echte baspartij. Ockeghem componeerde lang uitgesponnen frasen, die alleen aan het eind nadrukkelijke cadensen kregen. Wij vinden bij hem weinig imitatief contrapunt in de stemmen; hij had een sterke voorkeur voor *canonische* stemvoeringen. Daarnaast leverde hij een belangrijke bijdrage aan de ontwikkeling van de variatietechniek.

Jacob Obrecht (circa 1450-1505) schreef missen in de oude cantus firmusstijl, maar hij experimenteerde daarmee door de cantus firmus ook in andere stemmen dan de tenor te leggen. De frasestructuur van zijn muziek is helder en symmetrisch. Andere Franco-Vlaamse componisten van betekenis waren Heinrich Isaac (circa 1450-1517) en Pierre de la Rue (circa 1460-1518).

De grootmeester van de Franco-Vlaamse stijl is echter Josquin des Prez (circa 1440-1521) (afbeelding 13). Hij werd geboren in de grensstreek van de Zuidelijke Nederlanden en Frankrijk, maar diende diverse Italiaanse hoven (waaronder het Vaticaan) gedurende vele jaren. Ook Josquin schreef vooral missen, motetten en chansons. Zijn missen, veelal parodiemissen, hebben

Afbeelding 13. Portret van Josquin des Prez in houtsnede.

vaak een wereldlijke cantus firmus. Josquin stapelde de stemmen in zijn polyfone texturen niet in lagen op elkaar, maar paste systematische imitatie in alle stemmen toe. Vooral zijn motetten bevatten originele vernieuwingen; ze zijn zowel in overwegend homofone texturen als in de doorimiterende stijl geschreven. Tekst en muziek zijn bij Josquin altijd zorgvuldig op elkaar afgestemd. Hij vervolmaakte de karakteristieke kalme en ingetogen vocale stijl van de Renaissance.

Luistervoorbeeld 12 (cd 1 track 12)

Josquin des Prez, *Ave Maria*, motet

Dit motet is karakteristiek voor de groeiende aandacht van componisten voor de declamatie van de tekst. Josquin zorgde ervoor dat de woorden in alle helderheid gehoord en verstaan konden worden. De tekst wordt vrijwel syllabisch voorgedragen en is ondanks de polyfone structuur uitstekend te verstaan. Beklemtoonde lettergrepen krijgen doorgaans langere of meer noten dan de onbeklemtoonde en melodische accenten zijn ter ondersteuning van het woordaccent aangebracht.

Ave Maria, gratia plena	Wees gegroet Maria, vol van genade
Dominus tecum, virgo serena	de Heer is met U, zuivere maagd.
Ave cujus conceptio	Wees gegroet wier ontvangenis
Solemni plena gaudio	vol van plechtige vreugde,
Caelestia terrestria	hemel en aarde
Nova replet laetitia	met een nieuwe blijdschap vervult.
Ave cujus nativitas	Wees gegroet, wier geboorte
Nostra fuit solemnitas	voor ons een feest werd,

Ut lucifer lux oriens	omdat Gij als de aanlichtende morgenster
Verum solem praeveniens	de ware zon voorafgaat.
Ave pia humilitas	Wees gegroet, vrome nederigheid,
Sine viro faecunditas	vruchtbaarheid zonder man,
Cujus annunciatio	omdat de Boodschap aan U
Nostra fuit salvatio	ons heil inhield.
Ave vera virginitas	Wees gegroet, waarachtige maagdelijkheid,
Immaculata castitas	onbevlekte kuisheid,
Cujus purificatio	wier reiniging [in de tempel]
Nostra fuit purgatio	onze zuivering werd.
Ave praeclara omnibus	Wees gegroet, Gij die
Angelicus virtutibus	uitmunt boven alle scharen der engelen,
Cujus fuit assumptio	omdat Uw opneming ten hemel
Nostra glorificatio	onze verheerlijking is geworden.
O Mater Dei	O Moeder van God,
Memento mei	wil aan mij denken.
Amen	Amen.

Het motet begint met de groet van de engel Gabriel ('Ave Maria… serena', regel 1-2). De vijf berijmde strofen die daarop volgen, zijn elk aan een belangrijke gebeurtenis in het leven van Maria gewijd: de onbevlekte ontvangenis, Maria's geboorte, de aankondiging van de geboorte van Christus, de reiniging in de tempel en Maria's tenhemelopneming. Ter afsluiting volgt dan nog een directe bede tot Maria. De groet van Gabriel is in vier frasen onderverdeeld (Ave Maria / gratia plena / Dominus tecum / virgo serena), die alle in imitatieve polyfonie worden gepresenteerd. Deze frasen zijn van een grote helderheid en de polyfone voortgang is op subtiele wijze verzekerd door een nieuwe frase in te zetten als de vorige nog door de laatste imiterende stem wordt voltooid.

Met de inzet van de eerste strofe ('Ave cujus conceptio', regel 3) verandert de structuur. De eerste regel wordt eerst in duetvorm gezongen door de superius en de contratenor en vervolgens wordt dit korte duo noot voor noot herhaald door de tenor en de bassus. Deze eenvoudige structuur ontstaat door de toepassing van de zogenaamde '*stempaartechniek*', die Josquin uitstekend beheerste. De tweede regel ('Solemni plena gaudio', regel 4) wordt weer op een andere wijze verklankt, want de tekst wordt door alle stemmen tegelijkertijd homofoon gedeclameerd. De twee laatste regels van de strofe leiden met een voortstuwende herhaling van het uit vier stijgende noten bestaande motief naar een sterke slotcadens.

De overige strofen (op het luistervoorbeeld niet meer te horen) zijn op soortgelijke wijze door de componist behandeld. De doorzichtige structuur van dit evenwichtige motet wordt dus gekenmerkt door een afwisseling van componeertechnieken: doorimitatie, stempaartechniek, homofonie en vierstemmige polyfonie. De zevendelige structuur van dit motet berust niet op toeval; zeven is bij uitstek 'het Maria-getal'. Maria kende tijdens haar leven immers zeven vreugden en zeven smarten.

Afbeelding 14. Palestrina, ets van F. Bottcher naar een portret in de bibliotheek van het Vaticaan.

De zestiende eeuw

De zestiende eeuw wordt wel de Gouden Eeuw van de polyfonie genoemd. In de eerste helft van de eeuw vierden de polyfone compositietechnieken van de Franco-Vlaamse meesters hoogtij, in de tweede helft bekroonden de componisten Palestrina (in Italië) en Orlando di Lasso (voornamelijk in Duitsland) de evolutie van de meerstemmigheid. De muzikale vernieuwingen van de Renaissance waren toen in heel Europa te horen.

Maar als gevolg van de Reformatie ontstond ook een nieuw soort kerkmuziek, waarin de protestantse geloofsgemeenschap participeerde. De wereldlijke muziek, in het bijzonder het madrigaal, deed niet langer onder voor de geestelijke muziek en de instrumentale muziek ontwikkelde zich los van de vocale muziek als een zelfstandig genre.

Stijl van de katholieke kerkmuziek

Stijlperioden in de kunsten ontluiken doorgaans als gevolg van geslaagde experimenten en eindigen meestal in een evenwichtige synthese. Dat geldt ook voor de muziek van de Renaissance. De vernieuwingen van de Bourgondische en eerste Franco-Vlaamse meesters werden in de eerste helft van de zestiende eeuw verder uitgebouwd, waarna de polyfone stijl in de tweede helft van de eeuw geperfectioneerd werd. Met name de muziek van Palestrina kan als een synthese én de bekroning van een eeuwenlange ontwikkeling van de meerstemmigheid beschouwd worden.

De mis en het motet bleven de belangrijkste genres in de katholieke kerkmuziek. De componisten hadden de contrapuntische stijl in de tweede helft van de zestiende eeuw volledig onder de knie en componeerden uitgebalanceerde muziek van grote schoonheid. Zij schreven vaak voor vijf of zes vocale partijen, waardoor het stemmenweefsel nog dichter en de klank nog voller en welluidender werd dan bij de vierstemmige zetting van hun Franco-Vlaamse voorlopers. De a capella-stijl bleef de ideale aanpak voor polyfone geestelijke werken.

Palestrina en Di Lasso

De grootmeester van de polyfone kerkmuziek in de tweede helft van de zestiende eeuw was de Italiaanse componist Giovanni Pierluigi da Palestrina (circa 1525-1594) (afbeelding 14). Hij bracht zijn hele leven in Italië door en diende de laatste twee decennia daarvan het Vaticaan. Hij schreef ruim honderd missen, ongeveer 450 motetten en circa vijftig geestelijke madrigalen. Hoewel Palestrina in enkele werken gregoriaanse melodieën gebruikte, componeerde hij in de regel nieuwe melodieën voor zijn composities. Zijn muziek is enerzijds een voortzetting van het Franco-Vlaamse contrapunt, anderzijds een sublieme climax van de doorimiterende stijl. De melodische lijnen zijn vloeiend en diatonisch; chromatiek wordt vrijwel volledig vermeden. Dissonanten worden zorgvuldig behandeld en dat geldt voor de harmonie in het algemeen; die is zeer zuiver en sonoor. Palestrina's composities laten bovendien altijd een hechte relatie tussen tekst en muziek beluisteren, omdat elke nieuwe tekstfrase in principe een nieuwe melodie krijgt.

Hoewel Palestrina's stijl in vergelijking met die van Orlando di Lasso betrekkelijk conservatief is, kan zijn evenwichtige en ingetogen stijl als de vervolmaking van de religieuze koormuziek van de Renaissance beschouwd worden. Tijdens het Concilie van Trente, dat van 1545 tot 1563 gehouden werd om misstanden in de katholieke kerk een halt toe te roepen, overwogen de kerkvaders alle polyfonie uit de katholieke liturgie te bannen. De dichte polyfone stemmenweefsels maakten het immers vrijwel onmogelijk de religieuze tekst te verstaan, laat staan te begrijpen. Palestrina demonstreerde echter met grote vaardigheid hoe men muziek kon schrijven waarin tekst en muziek zowel liturgische als muzikale doelen dienen en 'redde' daarmee de polyfone kerkstijl.

Luistervoorbeeld 13 (cd 1 track 13)

Palestrina, *Kyrie* uit de *Missa brevis*, 1570, mis

Deze korte vierstemmige mis is een schoolvoorbeeld van Renaissancepolyfonie. Het Kyrie bestaat uit drie delen: Kyrie eleison, Christe eleison en opnieuw Kyrie eleison. Daarvan hoor je het eerste en tweede deel, die louter op de tekst 'Kyrie eleison' en 'Christe eleison' in imitatie worden gezongen. De countertenor zet in en wordt achtereenvolgens geïmiteerd door bas, sopraan en tenor. Soms wordt het thema in diminutie (in kleinere notenwaarden) gezongen.

Orlando di Lasso (circa 1532-1594) (afbeelding 15), die een enorm oeuvre van meer dan tweeduizend composities (waaronder veel motetten en chansons) naliet, was in zekere zin de tegenpool van Palestrina. Vergeleken met de beheerste stijl van Palestrina is die van Di Lasso dynamischer, bewogener, emotioneler en soms zelfs impulsief te noemen. Ook de behandeling van de tekst is nogal verschillend, omdat Di Lasso een retorische en dramatische muzikalisering van de tekst voorstond. Die zou in de oren van de Italiaanse hoge geestelijkheid waar Palestrina mee te maken had zeker geen genade gevonden hebben. Di Lasso, die veel gereisd had en lang in Italië verbleef, componeerde in een kosmopolitische stijl, waarin hij velerlei invloeden samensmeedde tot een krachtig eigen idioom. Op een andere wijze dan Palestrina is Di Lasso evenzeer een bekroner van de evolutie van de polyfonie.

Luistervoorbeeld 14 (cd 1 track 14)

Orlando di Lasso, *Fleur de quinze ans, chanson*

Fleur de quinze ans, si Dieu vous sauve et gard,	Bloem van vijftien jaar, als God je beschermt en bewaakt,
J'ay en amour trouvé cinq points exprès.	Ik heb vijf specifieke punten in de liefde ontdekt.
Premièrement il y a le regard,	Ten eerste is er de blik,
Puis le devis et le baiser apres,	Dan de bewondering en de kussen daarna,
L'atouchement suit le baiser de pres.	De aanraking volgt meteen na de kussen.
Et tous ceux la tendent au dernier point,	En dat leidt allemaal naar het laatste punt,
Qui est – je ne le diray point.	Dat is – ik zal je er niets over zeggen.
Mais s'il vous plait en ma chambre vous rendre,	Maar als je zo vriendelijk wilt zijn om mee te gaan naar mijn kamer,
Je me mettray volontiers en pourpoint,	Dan zal ik graag in mijn wambuis verschijnen,
Voir tout nud pour vous faire apprendre.	Nee, helemaal naakt, om je te leren hoe het moet.

Dit ondeugende vierstemmige chanson (uitgevoerd door countertenor, twee tenoren en bariton) is helemaal in de a capella-stijl van de Renaissance. Orlando di Lasso excelleerde zowel bij het motet als bij het chanson omdat beide genres hem volop de gelegenheid gaven om de beelden en de stemmingen van de tekst te muzikaliseren.

Voor zijn chansons maakte Di Lasso graag gebruik van de teksten van eminente Franse dichters als Pierre de Ronsard en Joachim du Bellay. De tekst van *Fleur de quinze ans* is echter van Clément Marot, een voorganger van de Pléiade-dichters. Ronsard bracht in zijn voorwoord van een bundel chansons uit 1572 grote hulde aan de componist: 'De meer dan goddelijke Orlande, die als een bij de prachtigste bloemen van de oude componisten heeft uitgekozen en bovendien in zijn eentje de harmonie uit de hemel gestolen schijnt te hebben om ons daarmee op aarde te verrukken, heeft de oude componisten overtroffen, wat hem het enige wonderkind van onze tijd maakt.'

Andere belangrijke componisten uit de zestiende eeuw zijn Nicolaas Gombert (circa 1495-circa 1560), Jacobus Clemens non Papa (circa 1510-circa 1556), Tomás Luis de Victoria (circa 1549-1611), Thomas Tallis (ca. 1505/1510-1585) en William Byrd (1543-1623). Tallis en Byrd schreven zowel anglicaanse als katholieke kerkmuziek.

Luistervoorbeeld 15 (cd 1 track 15)

Thomas Tallis, *If ye love me*, anthem

If ye love me, keep my commandments	Als je van mij houdt, volg dan mijn geboden
And I will pray the Father,	En ik zal tot de Vader bidden,
And he shall give you another comforter	En Hij zal je een andere trooster geven,
That he may bide with you for ever,	Die voor altijd bij je zal blijven,
Ev'n the spirit of truth.	Altijd in de geest van de Waarheid.

De anglicaanse kerk mocht zich gelukkig prijzen met Thomas Tallis, een componist van formaat die precies wist hoe hij de kerk met zijn muziek moest dienen. De geestelijkheid wenste een dienst, inclusief de muziek, die voor de kerkgemeenschap zo begrijpelijk en direct mogelijk was. Tallis' anthems beantwoorden daar volledig aan: verstaanbaarheid en helderheid in de toonzetting van de Engelse tekst en een eenvoudige muzikale stijl. Tallis was in staat om zeer complexe muziek te componeren, maar ondanks de opgelegde beperkingen ten aanzien van de muzikale uitwerking behielden zijn anthems een hoog artistiek niveau.

If ye love me heeft als vele van de Engelstalige anthems de ABB-vorm. Dat wil zeggen dat de binaire vorm AB uitgebreid is met een exacte herhaling van het B-deel (*That he may bide with you for ever, Ev'n the spirit of truth* wordt twee keer gezongen). Een mogelijke verklaring daarvan is dat Tallis de tekst door herhaling wilde benadrukken, zoals de voorganger dat in zijn preek soms ook deed. Bovendien gaf de herhaling hem de mogelijkheid om in de dynamiek te variëren, waardoor de structuur heel bevredigend is. *If ye love me* is gezet voor vier stemmen: twee countertenoren, tenor en bas. Ondanks de eenvoud is dit schitterende muziek.

Afbeelding 15. Portret van Orlando di Lasso, boekillustratie uit circa 1571 van Hans Mielich.

De Venetiaanse school

In de late Renaissance was de muziek van de zogenaamde Venetiaanse school eveneens van groot belang. In Venetië werd zowel in de muziek als in de schilderkunst een krachtige impuls gegeven voor de ontwikkeling van de latere Barokstijl. De aartsvader van deze school was de Vlaming Adriaen Willaert (circa 1490-1562), een muzikale pionier die vooral met chromatiek en ritmiek experimenteerde. Maar zijn stijl wordt ook gekenmerkt door een nauwkeurige toonzetting volgens de accentuering en interpunctie van de tekst, waardoor 'ongemotiveerde' cadensen in Willaerts muziek vermeden zijn.

Kenmerkend voor zijn belangrijkste opvolgers in Venetië, de componisten Andrea Gabrieli (1510-1586) en diens neef Giovanni Gabrieli (1557-1612), is het gelijktijdige gebruik van twee of meer koren. Muziek voor twee of meer vocale of instrumentale ensembles in antifonale stijl wordt 'meerkorig' genoemd. Door deze koren en instrumentale ensembles op verschillende plaatsen in de uitvoeringsruimte te positioneren (cori spezzati, 'gedeelde koren'), waren bijzondere echo-effecten te horen. Bovendien ontstond een soort spannende wedijver tussen de verschillende groeperingen, omdat die als het ware tegen elkaar op boksten. Deze meerkorigheid en de bijbehorende wedijver zou een belangrijk kenmerk van de Barokmuziek worden (zie in hoofdstuk 4, de concertatostijl).

De Venetianen braken door het inzetten van instrumenten (naast of in plaats van zangstemmen) met de a capella-traditie van de Renaissance. Daardoor ontstond een veelkleurige klank; de Venetiaanse stijl heeft een rijke, meer homofone dan contrapuntische textuur met massieve harmonieën.

Luistervoorbeeld 16 (cd 1 track 16)

Giovanni Gabrieli, *Canzon XIII* uit *Sacrae symphoniae*, 1597, canzona

Deze *canzona* is karakteristiek voor de Venetiaanse voorkeur voor antifonale, meerkorige muziek. De drie uitvoerende ensembles (twee van cornetten en trombones, één van strijkers en een voorloper van de fagot) worden contrasterend gebruikt en zijn gescheiden opgesteld, waardoor echo-effecten ontstaan.

Het stuk begint met alle instrumenten tezamen, maar het bestaat daarna grotendeels uit een driespraak tussen de ensembles. Soms laat de ene partij slechts een echo van de muziek van een andere partij horen, maar vaker is een echte dialoog tussen de ensembles gaande. Ten slotte voegen alle stemmen zich soms samen in rijke, welluidende imitatieve passages.

Stijl van de protestantse kerkmuziek

De Reformatie begon in 1517 toen Maarten Luther zijn befaamde 95 stellingen op de deur van de slotkapel in Wittenberg spijkerde. Hoewel de misstanden in de kerk, die de aanleiding tot deze historische daad vormden, al veel langer bestonden, markeerde deze aanklacht het officiële begin van de Reformatie. Daarna was de christelijke kerk gespleten in een katholiek en een protestants segment.

De muziek van de Reformatie, die vooral voortkwam uit Luthers wens om de geloofsgemeenschap te laten participeren in een vereenvoudigde liturgie, wijkt sterk af van de katholieke kerkmuziek. In de eerste plaats is protestantse muziek in de volkstaal gezet, in Luthers geval dus in het Duits. Voor de gemeenschap koos Luther (deels door hemzelf gecomponeerde) melodieën, die unisono gezongen werden. Die melodieën, koralen genaamd, hebben een regelmatig ritme, korte en symmetrische frasen en zijn gemodelleerd naar teksten in een strofische vorm.

Vroege protestantse koralen kregen soms bestaande gregoriaanse of wereldlijke melodieën, maar met een nieuwe tekst in de volkstaal. (Een compositie van een bestaande melodie met een nieuwe tekst heet een contrafact, een fenomeen dat in de hele westerse muziekgeschiedenis waarneembaar is.) Andere koralen werden nieuw gecomponeerd. In de Barok werden de koraalmelodieën polyfoon (meestal voor vier stemmen) gezet, omdat protestantse componisten het koraal in omvangrijke koorcomposities (zoals de cantate) begonnen te incorporeren. Zo'n polyfoon koraal kon dan niet meer door de geloofsgemeenschap gezongen worden; daar was een geoefend koor voor nodig. De gemeenschap mocht dezelfde melodie wel zingen als het koor uitgezongen was, maar dan uiteraard unisono.

Het koraalmotet kwam aan het eind van de zestiende eeuw naar voren. Dat is een vocale compositie waarin de koraalmelodie eveneens polyfoon gezet is, ongeveer zoals cantus firmus- en parodietechnieken voorheen in de mis gebruikt werden. Zo werd het koraal een belangrijke eenheid scheppende factor in de protestantse kerkmuziek van de Barok.

Wereldlijke muziek

Een van de consequenties van het humanistisch denken was dat men in de zestiende eeuw meer belang begon te hechten aan wereldlijke aangelegenheden. De muziek bleef liturgische doelen dienen, maar de wereldlijke muziek was sterk in opkomst. Omdat zij in tegenstelling tot de kerkmuziek niet aan gevestigde tradities gebonden was, leende de wereldlijke muziek zich ook beter voor experimenten. Die leidden tot stilistische veranderingen die op den duur vervolgens weer van invloed op de kerkmuziek waren. De wereldlijke muziek van de zestiende eeuw, met het madrigaal als hoofdgenre, verschilt niettemin aanzienlijk van de kerkmuziek. In de madrigalen werden niet alleen wereldlijke teksten gebruikt maar ook krachtige en levendige ritmen, die in een religieuze context misplaatst zouden zijn. De teksten waren satirisch, amoureus of pastoraal van aard. Madrigalen werden meestal nieuw gecomponeerd en aanvankelijk veelal homofoon gezet.

Het madrigaal in Italië en Engeland

In Italië was het madrigaal zeer populair. De vroegste componisten waren Adriaan Willaert, Jacques Arcadelt (circa 1505-circa 1568) en Cipriano de Rore (1516-1565). Hun madrigalen zijn nog in de geest van de polyfone kerkmuziek gecomponeerd: kalm en nadenkend, met een klare melodie in de sopraan, die begeleid werd door twee of drie stemmen. Deze madrigalen waren vaak ernstig en verheven van toon en getoonzet op gedichten van eminente dichters als Petrarca, Tasso en Guarini. Halverwege de eeuw werd de vijfstemmigheid (onder andere bij Di Lasso) gebruikelijk en kregen madrigalen vaker een polyfone zetting. Toonschildering raakte in dit genre meer en meer in zwang. Het madrigaal werd bij Carlo Gesualdo (circa 1560-1613), Luca Marenzio (1553-1599) en Claudio Monteverdi (1567-1643) vervolgens een proeftuin voor experimenten. Vooral de veelvuldige aanwending van chromatiek, expressieve harmonieën en dissonanten, een nauwgezette muzikale uitbeelding van de tekst en de conceptie van meer of minder experimentele zangpartijen voor solostemmen speelden daarbij een hoofdrol.

Hoewel Monteverdi's muziek eigenlijk tot de vroege Barok behoort, bespreken wij hier een van zijn madrigalen, omdat dat genre in het volgende hoofdstuk niet meer aan de orde komt.

Luistervoorbeeld 17 (cd 1 track 17)

Claudio Monteverdi, *Sfogava con le stelle*, 1603, madrigaal

Dit madrigaal uit Monteverdi's *Vierde madrigaalboek* (1603) is voor vijf stemmen (*cantus*, *quintus*, altus, tenor, bassus) en een instrumentale baspartij gezet. De tekst luidt als volgt:

Sfogava con le stelle	Hij luchtte zijn gemoed tegen de sterren
un inferno d'amore	over een helse brand van liefde,
sotto notturno ciel il suo dolore.	onder de nachtelijke hemel, en over zijn verdriet.
E dicea fisso in loro:	En hij sprak, zijn ogen strak op hen gericht:
O immagini belle	'O, prachtige beelden
dell' idol mio ch' adoro,	van mijn aanbeden idool,

si come a me mostrate,	zoals ge aan mij toont,
mentre così splendete,	wanneer gij zo stralend daar staat,
la sua rara beltate,	haar uitgelezen schoonheid,
così mostraste a lei,	zo zoudt gij ook aan haar,
mentre cotanto ardete,	terwijl ge zo vlamt,
i vivi ardori miei.	mijn levendige vlammen kunnen tonen.
La fareste co'l vostro aureo sembiante	Met uw gouden schijn zoudt ge haar zeker
pietosa sí, come me fate amante.	genadig stemmen, zoals ge mij tot minnaar maakt.

Opmerkelijk aan deze tekst is de voortdurende wisseling van perspectief, want de verzen handelen ofwel over de bewegingloze sterrenhemel ofwel over de minnaar met zijn heftige gemoedsuitdrukking. Het eerste vers wordt op één toonhoogte gereciteerd, maar op het woord 'stelle' klinkt in de cantus een stijgend figuurtje dat het opkijken naar de sterren verbeeldt. Het tweede vers 'un inferno d'amore' vertoont meer melodische en ritmische beweging. De tenor zet in en de andere vier stemmen sluiten zich aan in een vrijwel homofone voordracht. Aan het begin van het derde vers ('sotto notturno ciel') wordt de recitatie hernomen, terwijl de tweede helft van het vers ('il suo dolore') weer een iets polyfonere zetting krijgt. De tendens is duidelijk: als er sprake is van de sterrenhemel is de declamatie 'bewegingloos', als de minnaar wordt beschreven ontstaat meer melodische en ritmische beweging.

Opvallend is verder de subtiele klankschildering: het woord 'fisso' ('strak naar hen kijkend', vers 4) wordt uitgebeeld door de lange toon in alle stemmen; het motiefje dat in vers 1 op 'stelle' klonk, wordt in de drie bovenstemmen hernomen en in imitatie doorgevoerd naar steeds hoger sferen; in het vers 'mentre cosí splendete' (vers 8) wisselen de verschillende stemregisters elkaar af en de figuren in achtste noten op 'i vivi ardori miei' (vers 12) illustreren de vlammende gevoelens van de minnaar. (Het laatste kun je overigens niet horen, omdat het luistervoorbeeld tot vers 10 gaat.) Zo kleurt Monteverdi op effectieve wijze een emotionele en dramatische scène.

Het Engelse madrigaal is afgeleid van het Italiaanse. In 1588 werd een verzameling Italiaanse madrigalen in het Engels vertaald (onder de Latijnse titel *Musica Transalpina*), waarna Engelse componisten zelf madrigalen begonnen te componeren. De Engelse madrigalen hebben een duidelijke structuur en vaak een strofische vorm. Zij werden uitgevoerd door vier tot zes stemmen; de stemvoering is veelal homofoon. Belangrijke componisten van deze madrigalen zijn onder andere Thomas Morley (circa 1557-1602), Thomas Weelkes (circa 1576-1623), Orlando Gibbons (1583-1625) en John Wilbye (1574-1638).

Instrumentale muziek

Vóór 1500 werden instrumenten voornamelijk gebruikt om vocale partijen te begeleiden, te vervangen of te verdubbelen. Er bestond weinig idiomatische instrumentale muziek, dat wil zeggen muziek die de bijzondere eigenschappen van de verschillende instrumenten aanwendt om specifieke klanken en klankkleuren voort te brengen. In de zestiende eeuw kregen componisten niet alleen meer oor voor de idiomatische klankmogelijkheden van de instrumenten, zij werden er zich ook van bewust dat instrumenten technische hoogstandjes kunnen spelen die vocale stemmen niet of nauwelijks kunnen zingen: melodieën met een zeer grote toonomvang en forse *intervalsprongen*, zeer lange tonen, snelle *toonladderfiguren* en *arpeggio's*, een zeer snelle herhaling van tonen of motiefjes, enzovoort. Mede vanuit dit inzicht won de zelfstandige instrumentale muziek snel aan betekenis.

MUZIEKINSTRUMENTEN

Vooral toetsinstrumenten werden in de zestiende eeuw populair, onder andere omdat die de partijen van een vocaal werk gemakkelijk in een instrumentale versie konden voordragen. Het orgel leek rond 1500 al erg op het huidige instrument. Het portatieforgeltje werd niet veel meer gebruikt, omdat daarvoor een ander klein en draagbaar orgel, het regaal, in de plaats was gekomen. Het clavichord en vroege vormen van het klavecimbel bestonden in het begin van de zestiende eeuw ook al. Het virginaal, een klein klavecimbel dat op tafel geplaatst werd, en het spinet, een klein, vijfhoekig klavecimbel met één *manuaal*, waren geliefde toetsinstrumenten.

De populairste blaasinstrumenten van de Renaissance stamden al uit de Middeleeuwen: de schalmei, de blokfluit en de trombone. Daarnaast kwamen de cornet, een recht instrument van hout of ivoor met een bekervormig mondstuk, en de kromhoorn, een dubbelrietinstrument met een gebogen vorm, veel voor.

De familie van de gamba's vormde de belangrijkste groep onder de snaarinstrumenten. In tegenstelling tot de instrumenten van de vioolfamilie, die de gambafamilie in de zeventiende eeuw zou verdringen, hebben gamba's een platte achterkant, afhangende schouders en C-vormige openingen aan de voorzijde. Zij hebben zes snaren en *frets* op de hals. Gamba's werden tussen de benen van de uitvoerder geplaatst en niet onder de kin. De belangrijkste formaten binnen de familie zijn de sopraan, tenor en bas; de laatste is de viola da gamba, het begeleidingsinstrument dat in de zeventiende eeuw door de cello vervangen werd.

De zestiende-eeuwse componisten van instrumentale muziek hadden een welbepaald klankideaal: de klankkleuren moesten van laag tot hoog gelijkmatig samenvloeien. Om deze homogeniteit van klankkleur te verkrijgen, werden de instrumenten in families (consortia, in het Engels: consorts) gebouwd. Zo kennen wij naast de al genoemde gambafamilie onder andere een familie van blokfluiten en van kromhoorns. Hoewel heterogeen samengestelde ensembles (waarin een bepaalde familie incompleet was of waarin instrumenten uit andere families meespeelden) voorkwamen, gaf men in het algemeen de voorkeur aan voltallige instrumentenfamilies.

Luistervoorbeeld 18 (cd 1 track 18)

William Byrd, *Fantasia a 4*, consortmuziek

Byrd componeerde deze fantasia rond 1590 in de traditionele polyfone stijl. Je hoort een consort van vier Renaissanceblokfluiten, die een buitengewoon homogeen klankbeeld voortbrengen.

Een van de belangrijkste solo-instrumenten was de luit (afbeelding 16), die ook populair was als begeleidingsinstrument bij zangstukken. Luiten hebben een platte hals met frets en zijn in de vorm van een halve peer gebouwd. De zestiende-eeuwse luit had elf snaren, verdeeld in zes toonhoogten. Op de luit zijn snelle passages, brede akkoorden en polyfoon spel mogelijk. In de Renaissance werd een goed uitgewerkte notatiewijze, de *tabulatuur,* gebruikt om composities voor luit te noteren. In deze notatie worden niet de toonhoogten maar de vingerzettingen op de frets afgebeeld.

GENRES IN DE INSTRUMENTALE MUZIEK

Bij instrumentale muziek vergt de vormgeving altijd bijzondere aandacht, omdat vocale muziek door haar tekst al een zekere structuur en eenheid heeft. Om de aandacht van de luisteraar vast te houden, moet instrumentale muziek dus een doorzichtige structuur hebben.

In de Renaissance gebruikten de componisten aanvankelijk vocale vormen en genres als modellen voor hun instrumentale composities. De canzona bijvoorbeeld is een levendige instrumentale versie van het chanson. Zij bestaat gewoonlijk uit meerdere delen, die qua thema en stemvoering onderling contrasteren. En de *ricercare*, in het algemeen een langzamer en ernstiger genre dan de canzona, is in feite een instrumentaal motet.

De *variatievorm* werd vooral populair omdat meestal een alom bekende melodie als thematisch uitgangspunt voor de compositie genomen werd. In dit genre neemt het aantal noten bij elke volgende variatie van de melodie vaak toe. Vooral in de werken van de Engelse virginalisten (William Byrd,

Afbeelding 16. Luit.

John Bull [1563-1628], Orlando Gibbons en anderen) kwam de variatievorm tot grote bloei. Afbeelding 18 laat de titelpagina van een virginaalboek met muziek van Byrd, Bull en Gibbons zien. Ook Jan Pietersz Sweelinck (1562-1621) (afbeelding 17) schreef mooie variatiereeksen.

Luistervoorbeeld 19 (cd 1 track 19)

Jan Pietersz Sweelinck, *Est-ce Mars*, variatiereeks

Van de handschriften van Sweelincks klaviermuziek is niets bewaard gebleven. Dat wij toch over die muziek beschikken, is te danken aan het feit dat zijn leerlingen en hun afstammelingen kopieën van zijn composities gemaakt hebben. Sweelinck was niet alleen een befaamde componist maar ook een gewilde leraar, die een grote schare leerlingen in zijn Amsterdamse woning ontving. Daaronder bevonden zich prominente Duitse componisten als Scheidemann, Scheidt en Praetorius.

Als voorbeeld van Sweelincks prachtige variatiewerken neem ik *Est-ce Mars*. De melodie, waarop Sweelinck zeven variaties schreef, stamt uit een air de cour van de Franse hofcomponist Pierre Guédron (ca. 1565-1621). De melodie werd zeer populair en door veel dichters van eèn tekst voorzien. Een negentiende-eeuwse versie met de schone tekst 'Wie gaat mee over zee? Houd het roer recht!' wordt nu nog wel eens gezongen. Op hèt luistervoorbeeld hoor je Sweelincks zetting voor klavecimbel. Na de presentatie van de lieve, naïeve melodie hoor je meteen de eerste variatie en vervolgens de tweede en derde van de zeven variaties.

Afbeelding 17. Jan Pietersz. Sweelinck, portret door G.P. Sweelinck, 1606.

Gewild waren eveneens de gepaarde dansen met hun opeenvolging van een langzame en een snelle dans, bijvoorbeeld de *pavane* (langzaam) en de *galliarde* (snel) (afbeelding 19). Ten slotte werden veel vrije, quasi-geïmproviseerde composities voor solo-instrumenten geschreven (de *fantasia*, de *prelude* en de *toccata*).

Luistervoorbeeld 20 (cd 1 track 20)

John Dowland, *The most sacred Queene Elizabeth, her galliard, 1610,* galliarde

Dowland (ca. 1563-1626) schreef deze dans voor luit solo oorspronkelijk niet voor de geliefde Queen Elizabeth, maar hij veranderde de titel en publiceerde de galliarde als een postume hulde zeven jaar na haar dood in 1603. De levendige dans in driekwartsmaat heeft een AA'BB'-vorm. A: De enigszins statige eerste melodie wordt met begeleidingsakkoorden voorgedragen. A': De melodie wordt versierd in snelle noten gespeeld en leidt naar een korte pauze. B: De tweede melodie klinkt met speelse sprongetjes en een zangerig lang-kort ritme. B': De melodie wordt in snellere noten met een gepuncteerd ritme en syncopen herhaald.

Afbeelding 18. Titelpagina van het virginaalboek Parthenia or the Maydenhead of the first musicke that ever was printed for the virginalis, *circa 1611.*

Muziektheoretische verhandelingen

In de Renaissance begonnen wetenschappers gegevens op allerlei terreinen te classificeren en te systematiseren. Ook de muziek werd in vele traktaten doorgelicht. Daarbij stond de beschrijving en analyse van polyfone technieken centraal. De muziektheoreticus Tinctoris (1435-1511) analyseerde bijvoorbeeld hoe dissonanten in de praktijk behandeld konden worden, terwijl Glareanus (1488-1563) het systeem van de majeur- en mineurtoonladders (dat in de muzikale praktijk meer en meer naar voren trad) beschreef. Mersenne (1588-1648) ten slotte stelde een catalogus van muziekinstrumenten samen, die muziekhistorici nog steeds raadplegen.

Afbeelding 19. Een vroege afbeelding van de gaillarde. Middenstuk uit het schilderij van de Meester van de Stratonische Panelen, vijftiende eeuw.

Overzicht stijlkenmerken Renaissance (1400-1600)

1.	Stemvoering	Polyfoon. Doorimiterende stijl. Dichte stemmenweefsels (in de regel vierstemmigheid, in de tweede helft van de zestiende eeuw ook vijf- en zesstemmigheid). Harmonische polyfonie in plaats van lineaire polyfonie.
2.	Toonomvang	In vocale muziek ongeveer dezelfde als in de Ars nova (ruim een octaaf), in instrumentale muziek kon de toonomvang echter aanzienlijk ruimer zijn.
3.	Toonstelsel	De kerkmodi waren nog altijd in gebruik, maar een geleidelijke ontwikkeling naar de grote- en kleinetertstoonsoorten wordt zichtbaar.
4.	Melodievorming	Eenvoudige en evenwichtige structuren. Melodische frasen vloeien ineen en zijn meestal symmetrisch van bouw.
5.	Ritmiek	Rustig en regelmatig. Doorgaans worden relatief eenvoudige, enkelvoudige maatsoorten (2⁄4 of 3⁄4) gebruikt.
6.	Harmonie	Veel aandacht voor de samenklank, voor het harmonische stemmenweefsel. Volle, welluidende akkoorden.
7.	Structuur	De opbouw is in het algemeen duidelijk en evenwichtig. Vooral in de mis en het motet bestaat een nadrukkelijk streven naar thematische eenheid. Krachtige ontwikkeling van de variatietechniek, die een specifieke structurerende werking heeft. Daarmee wordt de grondslag voor de latere 'thematische Arbeit' gelegd.
8.	Verhouding tekst-muziek	Aanpassing van de melodie aan de betekenis en het ritme van de tekst (bijvoorbeeld bij Des Prez). Soms nauwkeurige tekstillustratie (bijvoorbeeld bij Di Lasso). Een zeer hechte relatie tussen tekst en muziek met name bij Palestrina.
9.	Genres en vormen	Mis, motet, chanson, madrigaal, polyfoon lied, koraal. Instrumentaal: ricercare, canzona, dansvormen.
10.	Betekenis	Muziek mag voor het eerst louter om haar esthetische kwaliteiten genoten worden; muziek heeft een zelfstandige, esthetische waarde. Evolutie van de lineaire naar de harmonische polyfonie. Ontwikkeling van de eenheidsmis (unitaire mis). De kerkmuziek valt uiteen in katholieke en protestantse muziek. Bloeiperiode van de wereldlijke vocale muziek. Gelijkwaardigheid van wereldlijke en geestelijke muziek. Begin verzelfstandiging van de instrumentale muziek.

4

De Barok: 1600-1750

Muzikale stijlen veranderen niet van de ene dag op de andere. Dat geldt ook voor de geleidelijke overgang van Renaissance naar Barok in de late zestiende en vroege zeventiende eeuw. Veranderingen traden het eerst op in Italië en verspreidden zich daarna langzaam door heel Europa. Hoewel het jaar 1600 een aanvaardbare periodebaken is, bestonden de Renaissance- en Barokstijl een tijdlang naast elkaar. De oudere stijl, die in Italië als 'stile antico' getypeerd werd, bleef nadrukkelijk aanwezig in de traditionele kerkmuziek. De nieuwe stijl, de 'stile moderne', manifesteerde zich vooral in de wereldlijke muziek, in het bijzonder in de muziek voor het theater. Dat had alles te maken met het ontstaan van een nieuw genre: de opera.

Merkwaardig is dat in de Barok enerzijds nationale stijlen te onderscheiden zijn (de Italiaanse, Duitse, Franse en Engelse stijl), maar dat er anderzijds in heel Europa grensoverschrijdende, internationale tendensen zichtbaar werden. De Italiaan Lully schiep de Franse tragédie lyrique. De Duitser Händel schreef Italiaanse opera's en maakte in Engeland furore met oratoria op Engelse tekst. Bach schreef Franse en Engelse suites voor klavecimbel. In de praktijk konden de sensuele schoonheid van de Italiaanse melodie, de markante precisie van het Franse ritme, de weelderige Duitse polyfonie en de ontwapenende frisheid van de Engelse stijl goed samengaan. Dat was bijvoorbeeld hoorbaar in het populaire genre van de suite, waarin een internationale parade van dansvormen samenkwam: o.a. de Duitse allemande, de Franse courante, de Engelse jig (gigue) en de Spaanse sarabande.

Het theatrale karakter van de Barokmuziek

De rijpe Barokstijl wijkt uiteindelijk in veel opzichten af van die van de Renaissance. Barokmuziek is theatraler van aard, grootser van opzet en dramatischer van expressie. Muziek werd door Barokcomponisten in de eerste plaats gebruikt om gevoelens, hartstochten en gemoedstoestanden (*affecten*, zoals liefdesgevoel, geluk, smart, woede, vrolijkheid of berusting) zo treffend mogelijk weer te geven. In elk deel van een omvangrijk werk moest een bepaalde gemoedstoestand domineren en omdat de gevoelsuitdrukking herhaaldelijk veranderde, konden dramatische tegenstellingen ontstaan. Deze theatrale benadering staat natuurlijk in scherp contrast met de veelal serene stemming van de kerkmuziek van de Renaissance. In de muziek van de Renaissance ligt de nadruk op evenwicht, soberheid, rust en klankschoonheid, maar in de Barok op een dynamische en dramatische expressie.

CONCERTATOSTIJL EN BASSO CONTINUO

Wij zagen al dat vernieuwingen het eerst te horen waren in Venetië, waar de meerkorige stijl van wedijverende koren en/of instrumentale ensembles zich in de late zestiende eeuw ontwikkelde. Deze stijl werd zeer karakteristiek voor de Barokmuziek en wordt 'concertatostijl' genoemd. Die stijl kan men in alle mogelijke composities beluisteren: koren, instrumentale groeperingen, vocale solisten, solo-instrumenten en zelfs de twee handen op een klavier bonden 'de strijd' met elkaar aan.

Contrastwerking is een dominant stijlkenmerk van Barokmuziek. In de Renaissance waren alle stemmen in principe gelijkwaardig, maar in de Barokmuziek domineren de sopraan en de bas en zijn de middenstemmen minder belangrijk. De typische textuur van de Barok is dan ook een rijk versierde sopraanpartij boven een consequent doorgevoerde, strenge bas. In het overgrote deel van de Barokmuziek is die bas als een specifieke partij, die 'basso continuo' genoemd wordt, aanwezig. De basso continuo wordt in het algemeen gespeeld door het klavecimbel en de viola da gamba (die in de loop van de zeventiende eeuw echter verdrongen werd door de cello) en voorziet de melodie van een stevig harmonisch fundament. Het akkoordinstrument in het continuo kon ook een orgel, luit of *chitarrone* zijn. De uitvoerders van het continuo speelden de 'becijferde bas' uit de partituur. Die wordt zo genoemd omdat voor de baspartij alleen cijfers, die corresponderen met bepaalde begeleidingsakkoorden, genoteerd stonden. Tijdens een uitvoering 'improviseerde' de klavecinist of de bespeler van een ander akkoordinstrument met grote vaardigheid de gewenste akkoorden. De kunst van het spelen van de becijferde bas ging na de Barok verloren, omdat de muziekuitgevers hun partituren van geheel uitgeschreven baspartijen voorzagen.

Luistervoorbeeld 21 (cd 1 track 21)

Antonio Vivaldi, *Concert voor fluit, twee violen en basso continuo* in a klein, concert

In deze compositie is de functie van de basso continuo vanwege de kleine bezetting goed te volgen. De beide continuo-instrumenten (klavecimbel en cello) leggen een stevige harmonische basis onder het spel van de solist (de fluit) en de violen. Een verschil is wel dat het klavecimbel met zijn bescheiden geluid voornamelijk ondersteunende akkoorden speelt, terwijl de cello soms volwaardige melodische lijnen in contrapunt met de dominerende instrumenten laat horen.

Daarnaast is het opvallend dat de concertatostijl ook in composities voor zo'n kleine bezetting sterk naar voren komt. Je hoort niet alleen een sterk contrast tussen de fluit als primaire solist enerzijds en violen en continuo anderzijds, ook tussen fluit en beide violen is onmiskenbaar wedijver te beluisteren.

KLANKKLEUR EN DYNAMIEK

In Barokmuziek zijn door de heterogene samenstelling van de ensembles en de daaruit voortvloeiende verschillen in klankkleur ook andere contrasten te horen. De homogene klank van instrumenten uit dezelfde familie vormde het ideale geluid in de Renaissance, maar Barokcomponisten gaven juist de voorkeur aan heterogeniteit, bijvoorbeeld een ensemble van viool, hobo en blokfluit, instrumenten met heel verschillende klankkleuren. Dit principe werd vooral uitgebuit in het *concerto* grosso, waarin de klank van een kleine groep instrumentalisten (het concertino) contrasteerde met het geluid van een geheel orkest (het ripieno).

Een wezenskenmerk van de concertatostijl is dat het tegenover elkaar plaatsen en afwisselen van groepen van verschillende grootte ook een contrast in geluidssterkte (dynamiek) veroorzaakte. Het principe van plotselinge veranderingen van luid naar zacht (en omgekeerd) wordt terrassendynamiek genoemd. Hoewel dit verschijnsel in orkestwerken evident is, kan het bijvoorbeeld ook optreden in een solo-uitvoering voor orgel. De organist kan een abrupte verandering van geluidssterkte teweegbrengen door meer of minder pijpen (of complete *registers*) tot klinken te brengen.

Luistervoorbeeld 22 (cd 1 track 22)

Johann Sebastian Bach, eerste deel (allegro) uit *Brandenburgs concert nr. 4* in G, BWV 1049, 1721, concerto grosso

Dit concert is eigenlijk een concerto grosso, want een concertino van soloviool en twee blokfluiten staat tegenover het ripieno van eerste en tweede viool, altviool, cello, contrabas en klavecimbel. Het werk bestaat uit een voortdurende afwisseling van een ritornello (R) met sologedeelten van de viool (V) en/of de blokfluiten (B):

R – (V) – R – (B + V) – R – (V + B) – R – (B + V) – R – R

Het ritornello wordt veelal *tutti* (door het gehele orkest) gespeeld; in de sologedeelten blijft de basso continuo voortdurend aanwezig. Diverse toonsoorten worden daarbij doorlopen; in hoofdzaak achtereenvolgens G – D – e – C – G – b – G, maar in de solopassages is nog een aantal uitstapjes naar andere toonsoorten te horen. Op het luistervoorbeeld hoor je de onderdelen:

(V + B) – R – (B + V)

De concertatostijl is evident en door de frequente wisselingen van groeperingen van verschillende grootte ontstaan vrij plotselinge dynamische contrasten, zodat ook het principe van de terrassendynamiek op het luistervoorbeeld te horen is.

RITME EN TEMPO

Barokmuziek heeft een veelal energieke motoriek en vaak ook een onverbiddelijk vast ritme, waarbij versnellingen of vertragingen binnen de afzonderlijke delen van een werk nauwelijks voorkomen. Maar omdat elk deel een vast ritme en tempo heeft, ontstaan weer contrasten tussen de delen onderling, want een langzaam deel wordt gewoonlijk door een snel(ler) deel gevolgd. In sommige composities wordt een deel met een strak ritme echter gevolgd door een deel zonder welbepaald ritme. Dat wordt aangeduid met 'senza battuta', dat wil zeggen 'zonder maatslag'. Dit verschijnsel is goed te horen in vocale muziek waarin *aria's* en *recitatieven* elkaar afwisselen. De aria is immers onderworpen aan een stabiel ritme, terwijl het recitatief senza battuta uitgevoerd wordt. Maar ook in een compositie voor bijvoorbeeld een toetsinstrument kan een *fuga* met zijn zeer strenge ritme volgen op een deel in vrij ritme.

STEMVOERING EN HARMONIE

Polyfone en homofone stemvoeringen komen in de Barokperiode beide voor. Binnen één compositie werd de dualiteit van deze texturen aangewend als middel om (wederom!) contrast aan te brengen. In de vroege Barok zien wij de opkomst van de *monodische* stijl, maar over de gehele periode (en zeker in de laatste decennia van de periode) is Barokmuziek toch sterk polyfoon van inslag.

Componisten dachten ook zeer consequent in verticale samenklanken. Melodieën werden zo geschreven dat ze met andere melodische lijnen en begeleidingspartijen opeenvolgingen van passende akkoorden (akkoordprogressies) opleverden. Die akkoorden klinken in onze oren zeer bekend, omdat de oude kerkmodi snel terrein verloren op het ons vertrouwde systeem van majeur- en mineurtoonladders. Deze evolutie kwam in de zestiende eeuw al voorzichtig op gang, zette na 1600 duidelijk door en nog vóór 1700 had de moderne tonaliteit de modaliteit verdreven. Jean-Philippe Rameau (1683-1764) (afbeelding 20) beschreef deze overgang naar de moderne tonaliteit en de daaruit voortvloeiende harmonieleer uitvoerig in zijn *Traité de l'harmonie* van 1722, zodat wij goed op de hoogte zijn van dit veranderingsproces.

Het gebruik van de majeur- en mineurtoonladders en de bijbehorende harmonische progressies werd standaard in de muziek van de achttiende eeuw en in het overgrote deel van de muziek van de negentiende eeuw. En ondanks de ingrijpende vernieuwingen van de tonaliteit in de twintigste-eeuwse 'kunstmuziek' bleven de beginselen van de klassieke tonaliteit tot op de dag van vandaag springlevend (in traditionele klassieke muziek, maar ook in jazz, pop- en volksmuziek).

In de Barok worden de majeur- en mineurtoonladders met de stapeling van drieklanken op elke toontrap de basis voor de harmonie. In beide toongeslachten zijn de *drieklanken in grondligging* op de eerste, vierde en vijfde trap (respectievelijk de grondtoon, de subdominant en de dominant) de basale samenklanken. Hoewel met het oog op contrastwerking ook *drieklanken in omkering* gebruikt worden, zijn de drieklanken in grondligging bepalend voor de toonsoort en de harmonie. Daardoor namen de akkoordprogressies in de Barokmuziek het karakter van standaardpatronen aan, waarbij modulaties (veranderingen van toonsoort) in de regel naar *verwante toonsoorten* plaatsvonden. Ondanks deze stereotiepe progressies werd door de voortdurende afwisseling van akkoorden de indruk van een snel harmonisch ritme gewekt. De polyfone schrijfwijze werd aangepast aan deze harmonische opvatting; de melodieën waren gebaseerd op primaire drieklanken, hoezeer die soms ook gemaskeerd zijn door versieringen. Een kenmerk van de Barokmuziek is immers ook haar versierkunst, die overigens berustte op een reeks vaste, eveneens nogal stereotiepe versieringen, die in zogenaamde 'versieringstabellen' vastgelegd waren.

De gelijkzwevende stemming

Zeer belangrijk is dat in de Barokperiode een nieuw *stemmingsstelsel* ontwikkeld werd: de gelijkzwevende stemming. Oudere stemmingen hadden als groot nadeel dat niet in alle toonsoorten zuiver gespeeld kon worden, zodat veranderingen van toonsoort beperkt waren. Maar het nieuwe stelsel stelde de componisten in staat veel vrijer te moduleren, omdat in alle toonsoorten gemusiceerd kon worden. In de gelijkzwevende stemming is het octaaf het

Afbeelding 20. Jean-Philippe Rameau.

enige interval dat volkomen zuiver is, alle andere intervallen zijn in feite enigszins (maar nauwelijks hoorbaar) 'vals'. Dat komt omdat het octaaf in deze stemming in twaalf identieke halvetoonschreden is verdeeld. Verhogingen en verlagingen worden daardoor *enharmonisch* gelijk. Op de piano worden bijvoorbeeld de tonen 'cis' (de verhoogde c) en 'des' (de verlaagde d) met dezelfde toets tot klinken gebracht. De discrepantie die in oudere stemmingen tussen *niet-verwante toonsoorten* (bijvoorbeeld C majeur en Fis majeur) bestond, werd daardoor weggenomen.

De gelijkzwevende stemming werd vroeg in de zestiende eeuw al in theorie 'uitgevonden', maar zij raakte in de muzikale praktijk pas in de late Barok definitief gevestigd. Bach demonstreerde met zijn twee cycli van *Das Wohltemperierte Klavier* dat het in de nieuwe stemming mogelijk is om in alle 24 toonsoorten te musiceren. Beide cycli bevatten voor iedere majeur- en mineurtoonsoort een prelude gevolgd door een fuga, in totaal dus 48 stukken.

Vocale muziek

OPERA

De componeertechniek en stijl die in Italië ontwikkeld werden in het nieuwe genre dat bekend zou worden als de opera, waren van aanzienlijke invloed op alle vroege vocale Barokmuziek. De opera ontstond rond 1600 in Florence, waar Italiaanse wetenschappers en kunstenaars fragmenten van muziek uit drama's van de oude Grieken bestudeerden. Zij kwamen tot de conclusie dat die muziek *monodisch* geweest moest zijn. Dat wil zeggen dat de melodie door een solostem gezongen werd met een bescheiden instrumentale begeleiding in akkoorden. Op die manier kon de expressieve lading van de tekst krachtig tot uitdrukking gebracht worden zonder dat die door muzikale middelen versluierd werd. Precies om die reden wezen de Florentijnse onderzoekers de polyfonie af, want door de dichte stemmenweefsels van de Renaissancemuziek kon de luisteraar de tekst nauwelijks volgen en dus ook niet begrijpen.

De componisten in het gezelschap begonnen werken in de (voor de hedendaagse luisteraar nogal kale) monodische stijl te schrijven. Dat was weliswaar niet de eerste poging om drama en muziek in balans te brengen (in de Renaissance was dat in madrigaalcycli al geprobeerd), maar de muziek die uit de studie van het Griekse drama voortkwam, resulteerde in een geheel nieuwe vorm van dramatische recitatie. Deze voordrachtswijze wordt dan ook *recitatief* genoemd. Dit recitatief wordt 'zingend gesproken', waarbij de woorden meer nadruk krijgen dan de melodie. Het wordt in de Barokopera meestal begeleid door een luit of klavecimbel.

In 1601 werd de nieuwe stijl door de componist Giulio Caccini (circa 1550-1618) in zijn boek *Le Nuove Musiche* (*Nieuwe muziekwerken*) gepresenteerd. Dat bevat een reeks sololiederen met basso continuo-begeleiding die Caccini volgens het principe van de monodie componeerde.

Luistervoorbeeld 23 (cd 1 track 23)

Giulio Caccini, *Amarilli mia bella,* monodisch lied

Amarilli, mia bella,	Amarilli, mijn schoonheid,
Non credi, o del mio cor dolce desio,	Geloof je niet, o zoet verlangen van mijn hart,
D'esser tu l'amor mio?	Dat je mijn lieveling bent?
Credilo pur, e se timor t'assale,	Geloof het toch, en als je door vrees bevangen wordt,
Prendi questo mio strale,	Neem dan deze pijl van mij,
Aprimi il petto: e vedrai scritto in core:	Open mijn borst en zie wat er op mijn hart gegrift staat:
Amarilli, Amarilli, Amarilli, è il mio amore.	Amarilli, Amarilli, Amarilli, je bent mijn lieveling.

Amarilli mia bella is een van de bekendste monodische liederen van Caccini. Je kunt goed horen wat de intentie van de componist is geweest: een emotionele, dramatische voordracht die de luisteraar in beroering moet brengen. Door de glasheldere declamatie en de bescheiden luitbegeleiding komt de tekst direct en indringend naar voren. Deze gepassioneerde zangstijl horen wij ook in de eerste opera's. Bij de expressieve uitdrukking van de tekst waren de componisten niet langer gebonden aan de regels van de klassieke polyfonie. Zo konden zij zich dissonanten en intervalsprongen boven de akkoordbegeleiding veroorloven, die in de polyfone stijl 'verboden' waren.

De begeleiding van de luit is op het luistervoorbeeld overigens niet in overeenstemming met het notenschrift van Caccini. Daarin staan alleen basnoten met cijfers die verwijzen naar begeleidingsakkoorden (de 'becijferde bas'). De luitenist werd geacht die akkoorden te spelen, maar het stond hem of haar ook vrij om een wat uitvoeriger begeleiding te improviseren. Hetzelfde gold ook voor de zanger(es) die kleine versieringen kon improviseren en met subtiele stembuigingen variaties in herhalingen van tekstregels kon aanbrengen. In ons luistervoorbeeld worden de verzen 4-7 inderdaad met kleine variaties in de zangpartij herhaald.

Rond 1600 verschenen de eerste opera's in de nieuwe stijl. Hoofdkenmerken van de vroege Florentijnse opera zijn de dramatische voordracht door middel van 'zingend spreken' in een 'droge' zangstijl, de spaarzame basso continuo-begeleiding en de mythologische verhaalstof. Hoewel deze opera's tegenwoordig weinig aantrekkingskracht meer hebben, zijn zij van grote historische betekenis. De operageschiedenis nam met deze composities immers een aanvang en het nieuwe genre zou een bloeiende toekomst tegemoetgaan. Als gevolg van de huidige belangstelling voor oude muziek hebben de vroegste opera's gedurende het laatste decennium overigens wel een zekere revival beleefd.

Claudio Monteverdi (1567-1643) (afbeelding 21) was de eerste operacomponist die op basis van de Florentijnse vernieuwingen een levensvatbaar muzikaal geheel wist te scheppen. Omdat de voortdurende recitatieven de eerste opera's wel erg monotoon maakten, voegde Monteverdi in zijn *L'Orfeo* van 1607 zangstukken in strofische vorm met meer muzikale inhoud toe. Om een levendig geheel van dit zangstuk te maken, bracht Monteverdi in de opeenvolgende strofen bovendien variaties in de zangpartij aan. Dit type solozangstuk was de voorloper van de aria. Hoewel zijn solozangstukken nog geen aria's in de latere betekenis van het woord zijn, begon bij Monteverdi de scheiding van aria en recitatief, die lange tijd kenmerkend voor de opera was, zich al af te tekenen. Hij voegde tevens dansen, vocale ensembles en instrumentale voor-, na- en tussenspelen toe. Monteverdi gebruikte daarbij een keur van instrumenten (veertig in totaal), zodat een weelde aan instrumentale klankkleuren te horen is.

Afbeelding 21. Claudio Monteverdi, portret door Bernardo Strozzi, circa 1640.

Luistervoorbeeld 24 (cd 1 track 24)

Claudio Monteverdi, twee fragmenten uit de tweede akte van *L'Orfeo*, 1607, opera

In de tweede akte van de opera brengt de boodschapster Messaggiera het gruwelijke bericht dat Euridice, de geliefde van Orfeo, als gevolg van een slangenbeet gestorven is. Haar onheilsbericht begint met een viervoudige uitroep (fragment 1):

Ahi, caso acerbo!	O vreselijke gebeurtenis!
Ahi, fato empio e crudele!	O onzalige en wrede lotsbeschikking!
Ahi, stelle ingiuriose!	O pijn brengende sterren!
Ahi, cielo avaro!	O hebzuchtige hemel!

Geen van de vier frasen van dit recitatief is gelijk aan een andere. Zij hebben alleen de ritmische onregelmatigheid en de hoogteaccenten gemeen. De expressie van affecten is heftig en dramatisch. De Messaggiera wordt begeleid door een organo di legno (*kistorgel*) en een chitarrone.

Dezelfde tekst en dezelfde melodie klinken even later ook in het vijfstemmige koor (fragment 2). De recitativische jammerklacht is daar de draagster van een meerstemmige zetting geworden; ze ligt echter niet in de hoogste stem maar juist in de laagste, harmoniedragende stem. Het koorgedeelte is ritmisch regelmatiger en minder heftig van expressie. Het koor heeft een meelevende functie, maar tracht de smartelijke uitroep vooral te 'regulariseren', haar universeel en grootser te maken. Wellicht is de uitroep daarom in de harmoniedragende en daarmee de sturende stem van het contrapuntisch geheel gelegd. Tegelijkertijd heeft het koor de taak te moraliseren. Aan het *affect* (smart) wordt een lering verbonden: de mens moet niet op het geluk vertrouwen, zoals blijkt uit de rest van de tekst van fragment 2:

Non si fidi huom mortale	Laat geen sterfelijk mens vertrouwen
Di ben caduco e frale	op wankel en broos geluk
Che tosto fugge, e spesso	dat snel ontsnapt; en dikwijls
A gran salita il precipizio è presso.	is tijdens een hoge klim de val nabij.

Het koor heeft (net als in de antieke tragedie) dus zowel de functie van meelevende *toe*schouwer als die van moralistische *be*schouwer.

Het jonge genre verspreidde zich van Florence naar Rome, Venetië en Napels en vervolgens naar andere Europese landen. Zij leek spoedig op de opera zoals wij die nu kennen, maar er zijn ook belangrijke verschillen. Zo werden de belangrijkste heldenrollen vaak door *castraten* gezongen, zangers met stemmen van een toonomvang en volume die 'gewone' zangers tegenwoordig eenvoudig niet hebben. Hoewel deze opera's nog wel eens op de planken gebracht worden (met een countertenor voor de castraatpartij), zijn de vocale eisen die de voormalige castraatrollen stellen zo specifiek dat het twijfelachtig is of deze werken op langere termijn repertoire zullen kunnen houden.

In de Romeinse opera werd een strak onderscheid tussen de vlotte voordracht in het recitatief en het melodieuze strofische gezang in de aria gemaakt. Daar werd ook de opera-*ouverture* (toen nog 'sinfonia' genoemd) ingevoerd. Op den duur bood de opera in Rome echter vooral sensatie doordat spectaculaire toneeleffecten gerealiseerd werden en komische episodes werden toegevoegd. Als drama verloor het genre daardoor snel aan betekenis; de opera werd puur vermaak, waarbij virtuoze zangkunst (*bel canto*) vóór alles ging.

In Florence en Rome was de opera een elitaire aangelegenheid, maar in Venetië was het muziekleven anders van aard. Daar ontstond in 1637 de eerste publieke opera, het Teatro San Cassiano, waar ook de gewone burger tegen betaling van een toegangskaartje een voorstelling kon bijwonen. In Venetië voerde Monteverdi zijn late opera's *Il ritorno d'Ulisse in patria* (1641) en *L'incoronazione di Poppea* (1642) ten tonele, die zowel in dramatisch als in muzikaal opzicht zeer geslaagd zijn. Maar onder invloed van Pier Francesco Cavalli (1602-1676) en Antonio Cesti (1623-1669) zien wij daarna soortgelijke ontwikkelingen als in de Romeinse opera. Terwijl Cavalli indrukwekkende dramatische aria's schreef, blonk Cesti uit in lyrische aria's. In hun opera's werden eveneens ingenieuze toneelmachinerieën ingezet om buitensporige theatrale effecten te sorteren. Ook in Venetië werd de virtuoze kunst van de sterzangers daardoor veel belangrijker dan de dramatische handeling. Dezelfde situatie ontstond in Napels, zodat de prioriteit van het bel canto in Italië algemeen was. De virtuoze aria was de spil waar de opera om draaide. Het overgrote deel van die aria's heeft de driedelige da capo-vorm (ABA), waarin het B-deel sterk contrasteert met het A-deel.

Toen de opera zich in heel West-Europa verspreid had, ontwikkelden zich verschillende nationale stijlen. De opera seria is de ernstige Italiaanse opera met mythologische figuren en een veelal tragische strekking. De opera buffa ontwikkelde zich uit de komische tussenspelen die tussen de bedrijven van de opera seria opgevoerd werden. De personages zijn 'gewone mensen' uit de alledaagse realiteit, die vaak zeer komisch neergezet worden. Beide typen opera's werden geheel gezongen met een voortdurende afwisseling van recitatieven en aria's.

In Frankrijk kwam onder supervisie van hofcomponist Jean Baptiste Lully (1632-1687) (afbeelding 22) de *tragédie lyrique* tot ontwikkeling, een ernstige opera met mythologische figuren, veel dansen en enigszins statige, gestileerde muziek. In deze Franse nationale operastijl stond de muziek in tegenstelling tot de Italiaanse opera in dienst van de tekst en het drama.

Luistervoorbeeld 25 (cd 1 track 25)

Jean Baptiste Lully, Recitatief *Enfin il est en ma puissance* uit *Armide*, 1686, tragédie lyrique

Enfin il est en ma puissance,
Ce fatal ennemi, ce superbe vainqueur.
Le charme du sommeil le livre à ma vengeance.
Je vais percer son invincible coeur.
Par lui tous mes captifs sont sortis d 'esclavage,
Qu'il éprouve toute ma rage.
Quel trouble me saisit? Qui me fait hésiter?
Qu'est-ce qu'en sa faveur la pitié me veut dire?
Frappons… Ciel! Qui peut m'arrêter?
Achevons… je frémis! Vengeons-nous…
Je soupire!
(…)

Eindelijk heb ik hem in mijn macht,
deze fatale vijand, deze trotse overwinnaar.
De betovering van de slaap levert hem uit aan mijn wraak.
Ik ga zijn onoverwinnelijke hart doorboren.
Door hem zijn al mijn gevangen slaven ontsnapt,
hij zal mijn enorme woede ondervinden.
Welke onrust grijpt mij aan? Wat doet mij aarzelen?
Wat wil mijn medelijden ten gunste van hem mij zeggen?
Stoot toe… mijn hemel! Wie kan mij tegenhouden?
Geef de genadestoot… ik beef! Wreek je…
ik zucht!

Dit recitatief wijkt sterk af van de secco ('droge') recitatieven van de Italiaanse opera seria. Daarin diende het recitatief de handeling vlot en zonder muzikale franje naar de aria te leiden. Maar Lully, een Italiaan van geboorte die op jonge leeftijd in Parijs neerstreek, wist een veel interessantere vorm te creëren voor de tragédie lyrique. De eerste opgave was het recitatief volledig aan te passen aan het ritme van de Franse taal en de Franse versbouw. Dat was niet eenvoudig omdat het Italiaanse recitatief niet zonder meer te voegen was naar de accenten en de ritmische eigenschappen van het Frans. Beweerd wordt wel dat Lully deze kunst onder de knie kreeg door de declamatiestijl van het Franse gesproken theater nauwgezet te bestuderen. Vervolgens diende Lully de tekst van het recitatief met grote uitdrukkingskracht over de bühne te brengen. In beide opgaven slaagde Lully glansrijk. *Enfin il est en ma puissance* uit *Armide* (1686) is een indrukwekkend voorbeeld.

Armide buigt zich met een mes in haar hand over haar gevangen strijder, de slapende Renaud. Zij staat op het punt om het wapen in zijn borst te stoten, maar ze aarzelt en is niet bij machte de strijder te doden. Haar liefde voor Renaud verhindert haar uiteindelijk het vonnis te voltrekken. De instrumentale inleiding op de scène is van een grote intensiteit en grandeur, maar Armide's monoloog wordt bescheiden door basluit en viola da gamba begeleid. Zij zingt in een onregelmatig ritme, vrijwel elke versregel wordt gevolgd door een rust en binnen de versregels 9 en 10 vallen nog eens goed getimede dramatische pauzes. Dit recitatief is aanzienlijk melodieuzer dan de Italiaanse tegenhanger. Alle gemoedstoestanden van Armide (wraakzucht, woede, onrust, vertwijfeling) worden prachtig in de muziek tot uitdrukking gebracht.

Naast de tragédie lyrique kwam de Franse opéra comique tot wasdom. Die was niet altijd komisch maar wel lichtvoetig van aard, mede omdat er gesproken dialogen in plaats van recitatieven gebruikt werden. De Engelse ballad opera is eveneens luchtig van karakter, kent ook gesproken dialogen en voert vaak levensechte personages uit lagere milieus ten tonele. Ongeveer dezelfde kenmerken vinden wij in het Singspiel, de Duitse volksopera die uit de Engelse ballad opera voortkwam.

Afbeelding 22. Jean Baptiste Lully, kopergravure naar het schilderij van Paul Mignard.

ORATORIUM

Spoedig werden in de vroege Barok componeertechnieken uit de opera overgenomen in andere vocale genres. Zo is het oratorium een compositie voor solostemmen, koor en orkest die muzikaal-technisch en qua vorm verwant is aan de opera. Maar het heeft een ernstig bijbels onderwerp en wordt niet scènisch opgevoerd, dat wil zeggen zonder kostuums en decors en zonder acteren. Dit genre ontwikkelde zich zodanig dat het de opera kon vervangen in perioden van boetedoening in het kerkelijk jaar (bijvoorbeeld in de Vastentijd, waarin het verboden was om toneelwerken op te voeren).

In de zeventiende eeuw ontstonden twee typen oratoria, die beide een religieuze inhoud hebben. Het oratorium latino werd in het Latijn gezongen en wordt onder andere gekenmerkt door een veelvuldig gebruik van het koor. De belangrijkste componist van het Latijnse oratorium was Giacomo Carissimi (1605-1674). Het oratorium volgare was in de volkstaal geschreven en vertoonde meer evenwicht tussen solozang en koorzang. Georg Friedrich Händel (1685-1759) (afbeelding 23) toonde onder andere in *Israel in Egypt*, *Solomon* en *Messiah* een indrukwekkende, rijpe oratoriumstijl. In zijn oratoria zijn solisten, koren en orkest in een evenwichtige structuur samengebracht; het koor fungeerde daarbij vooral als verbindende factor tussen de imposante gedeelten van de solozangers en het orkest.

Luistervoorbeeld 26 (cd 1 track 26)

Georg Friedrich Händel, *O thou that tellest good tidings* uit *Messiah*, 1741, oratorium

Als voorbeeld van de schakelfunctie van het koor tussen een aria en een instrumentaal deel, hoor je het koorgedeelte van *O thou that tellest good tidings*. Dat is voorafgegaan door een instrumentale inleiding en een uitvoerige aria voor alt op de volgende (aan Jesaja 40,9 en 60,1 ontleende) tekst, die een oproep doet de komst van de Messias aan te kondigen:

O thou that tellest good tidings to Zion, get thee up into high mountain,
O thou that tellest good tidings to Jerusalem, lift up thy voice with strength,
Lift it up, be not afraid, say unto the cities of Judah: Behold your God!
O thou that tellest good tidings to Zion, arise,
Shine for thy light is come, and the glory of the Lord is risen upon thee.

De teksten in Jesaja luiden in de Nieuwe Bijbelvertaling:

Beklim een hoge berg, vreugdebode Sion,
Verhef je stem met kracht, vreugdebode Jeruzalem,
Verhef je stem, vrees niet.
Zeg tegen de steden van Juda: 'Ziehier jullie God!'
Sta op en schitter, je licht is gekomen,
Over jou schijnt de luister van de Heer.

Zodra de alt uitgezongen is, neemt het koor het heft met vrijwel dezelfde tekst in handen, waardoor de aria op indrukwekkende wijze bekrachtigd wordt en het geheel naar het instrumentale slot wordt geleid.

Afbeelding 23. Georg Friedrich Händel, portret door Thomas Hudson.

CANTATE

In de *cantate* wordt eveneens gebruik gemaakt van solisten en orkest, maar de omvang is veel beperkter; een oratorium kan dertig aria's en koren bevatten, de meeste cantates hebben er drie of vier. Vorm en inhoud van beide genres zijn echter vergelijkbaar: recitatieven en aria's wisselen elkaar af en een narratief gegeven smeedt het werk tot eenheid. Net als het oratorium wordt de cantate niet scènisch opgevoerd. Sommige cantates zijn religieus van aard en ook bedoeld voor liturgisch gebruik, andere zijn eenvoudige concertstukken en hebben dan meestal een wereldlijk karakter. Alessandro Scarlatti (1660-1725) schreef ongeveer zevenhonderd expressieve cantates.

Luistervoorbeeld 27 (cd 1 track 27)

Alessandro Scarlatti, Aria *Con battaglia fiero tormento* uit *Il Giardino d'Amore*, serenata

Con battaglia fiero tormento	Als je niet bij mij bent, overvalt Cupido mij
Senza te mi fa guerra Cupido,	en levert een verschrikkelijk gevecht met mij.
Come dunque lasciarti un momento	Hoe kan hij die van je houdt en je
può chi t'ama, chi teco è si fido?	zo trouw is, je een moment alleen laten?

Alessandro Scarlatti genoot grote faam als componist van cantates, opera's en *serenatas*. Een serenata is een kort dramatisch werk dat in opdracht van vorsten of aristocraten geschreven werd om een feestelijke aangelegenheid aan het hof of in de (adellijke) familie luister bij te zetten.

Net als bij de cantate en de opera bestond de serenata uit een afwisseling van aria's of ensembles met recitatieven, waarbij de aria nadrukkelijk domineerde. *Il Giardino d'Amore* bestaat uit acht aria's, twee duetten en tien recitatieven. Het werk behelst een dialoog van Venus en Adonis, waarin zij – met lieflijke bomen, idyllische vijvertjes en nieuwsgierige vogels als hun getuigen – elkaar gepassioneerd de liefde verklaren. De aria's, alle in de da capo-vorm (ABA), zijn zeer gevarieerd geïnstrumenteerd. In ons voorbeeld gaat de trompet als solo-instrument in de slag met de zangstem, waarmee de worsteling van Adonis met Cupido muzikaal verbeeld wordt.

Je vindt het misschien wat merkwaardig dat een sopraan (een hogere stem dan Venus, een alt-rol) de rol van Adonis zingt. Maar rond 1700 was dat helemaal niet uitzonderlijk, omdat de castraat toen hoogtij vierde.

KORAALCANTATE

In de Lutherse kerk speelde de cantate een belangrijke rol. In de zeventiende eeuw hadden de koralen daarin een relatief bescheiden aandeel, maar in de tijd van Johann Sebastian Bach (1685-1750) waren de zogenaamde koraalcantates (die gebaseerd zijn op teksten en melodieën van koralen) van aanzienlijk belang. Lutherse componisten van cantates zijn onder andere Heinrich Schütz (1585-1672), Dietrich Buxtehude (1637-1707), Georg Philipp Telemann (1681-1767), die ruim duizend (!) cantates schreef, en natuurlijk J.S. Bach (1685-1750) (afbeelding 24), wiens kerkcantates (ruim tweehonderd in aantal) het hoogtepunt in de geschiedenis van het genre vormen.

Luistervoorbeeld 28 (cd 1 track 28)

Johann Sebastian Bach, *Wachet auf! ruft uns die Stimme*, cantate nr. 140, 1731, cantate

Je hoort het begin van de cantate op het koraal *Wachet auf! ruft uns die Stimme.* In het openingsritornello wordt een eenvoudig, fanfareachtig thema door strijkers en hobo gepresenteerd, waarna eerste violen en hobo een tegenmelodie spelen die op de openingsnoten van het koraal gebaseerd is. Dan zet het koor de koraalmelodie in. Die ligt in de bovenstemmen (sopranen) maar de andere stemmen volgen kort daarop in imitatief contrapunt in de volgorde alten, tenoren en bassen. Het orkest blijft ondertussen de fanfareachtige figuur en elementen uit de tegenmelodie van het ritornello spelen.

Wachet auf! ruft uns die Stimme	Ontwaakt! roept de stem
Der Wächter sehr hoch auf der Zinne:	van de wachter zeer hoog in de kantelen,
Wach' auf du Stadt Jerusalem!	Ontwaak stad Jerusalem!

PASSIE

In het protestantse Duitsland speelde het oratorium een minder belangrijke rol dan de passie, de toonzetting van een van de evangelische beschrijvingen van Christus' lijden en sterven door Mattheus, Marcus, Lucas en Johannes.

Afbeelding 24. Johann Sebastian Bach, portret door E.G. Haussmann, 1746.

In de zestiende eeuw bestonden al de dramatische passie, waarin gregoriaanse solopartijen afgewisseld worden door polyfone gedeelten in motetstijl, en de motetpassie, waarin de hele tekst als een reeks polyfone motetten getoonzet is.

De oratoriumpassie, die als een nieuw genre halverwege de zeventiende eeuw ontstond, lijkt qua vorm op het oratorium. In deze passie werden alle middelen (recitatieven, aria's, ensembles, koren en instrumentale passages) ingezet om een expressieve, dramatische uitvoering te realiseren. Later werden bovendien nieuwe, poëtische teksten en koralen toegevoegd. Schütz was de belangrijkste componist van de oratoriumpassie.

Ten slotte verscheen aan het eind van de eeuw het passie-oratorium, waarin de letterlijke evangelietekst door een berijmde parafrase werd vervangen. De befaamde passies van J.S. Bach (onder andere de *Matthäus Passion*) vormen in feite een synthese van alle eerdere typen.

ANTHEM

Ook de anglicaanse kerkmuziek werd sterk beïnvloed door de opera. Engelse componisten als John Blow (1649-1708) en Henry Purcell (circa 1659-1695) (afbeelding 25) schreven *anthems*, composities voor zang met of zonder orkestbegeleiding, waarin de solisten met een groot koor zingen. Anthems hebben een geestelijke, aan de Bijbel ontleende tekst in het Engels. Purcells anthems zijn monumentale werken, waarin het contrapuntische raffinement, de lyrische spanning en de imposante koortechniek naar Händel vooruitwijzen. Händel voerde die stijl vooral in zijn oratoria tot grote hoogten.

Luistervoorbeeld 29 (cd 1 track 29)

Henry Purcell, Slot van *O sing unto the Lord*, 1688, anthem

Tell it out among the heathen that the Lord is King
And that it is he who hath made the round world so fast
That it cannot be moved; and how that he shall
Judge the people righteously. Alleluja. Amen.

Zeg onder de heidenen dat de Heer Koning is
En dat Hij Zijn rijk zo stevig wereldwijd zal vestigen
dat het onwankelbaar is; en dat Hij
de volkeren rechtvaardig zal beoordelen. Alleluja. Amen.

Ondanks zijn korte leven (hij werd slechts 36 jaar) kende Henry Purcell een indrukwekkende loopbaan, waarin hij drie koningen diende: Charles II, James II en William of Orange ('onze' koning-stadhouder Willem III). Hij was jongenssopraan in de koninklijke kapel, organist van de Westminster Abbey, hoforganist, -klavecinist en -componist.

Hij liet een groot oeuvre na, waaronder ruim zestig anthems voor de anglicaanse liturgie. Het merendeel daarvan was bestemd voor de erediensten in de Chapel Royal, die de koning vanuit zijn eigen loge bijwoonde. De anthems zijn vaak gebaseerd op Bijbelteksten, met name op psalmen uit het Book of Common Prayer.

De term anthem betekent zoveel als 'gezongen gebed'. Je hoort een voorbeeld van het zogenaamde 'verse anthem'. Het oudere type van de anthem, dat verwant is aan het motet, heb je al gehoord in luistervoorbeeld 15: Tallis' *If ye love me*. Dat was voor koor zonder begeleiding gezet. Later kreeg dit type de aanduiding 'full anthem'. In de zeventiende eeuw werd de 'verse anthem' voor één of meer solisten, koor en instrumentale begeleiding populair. Purcell componeerde anthems van beide typen.

Het slot van *O sing unto the Lord* laat een aantrekkelijke en karakteristieke afwisseling van bezettingen in Purcells verse anthems horen. Eerst de bassolist met orgelbegeleiding in afwisseling met het koor dat door het strijkorkest begeleid wordt en bij het afsluitende Alleluja en Amen horen wij een kwartet van solisten, het koor en een instrumentaal tussenspel. Deze anthem is gebaseerd op psalm 96; ons fragment op de tekst: 'Zeg aan de volken: De Heer is koning. Vast staat de wereld, zij wankelt niet. Hij oordeelt de volken naar recht en wet.'

Instrumentale muziek

In de Barok werd instrumentale muziek even belangrijk als vocale muziek. Voor het eerst in de muziekgeschiedenis werden instrumenten op grote schaal gebruikt voor zelfstandige instrumentale muziek: *sonates, suites, concerten* en klavierwerken. Omvang en samenstelling van de ensembles konden sterk variëren, omdat de componisten voor elke beschikbare instrumentale combinatie schreven. Barokmuziek werd in principe ook niet voor de eeuwigheid gecomponeerd maar voor een bepaalde gelegenheid (denk bijvoorbeeld aan de tafelmuziek van Telemann) en het publiek hoorde liever nieuwe werken dan 'oude' composities. Daardoor was een situatie gecreëerd waarin de componist weliswaar voortdurend moest produceren, maar hij ook was verzekerd van de onmiddellijke uitvoering van zijn muziek.

MUZIEKINSTRUMENTEN

Veel instrumenten van het hedendaagse orkest bestonden (zij het soms in een vroege vorm) al in de Barok. Houten blaasinstrumenten waren onder andere de fluit, hobo en fagot. De dwarsfluit werd oorspronkelijk als legerinstrument gebruikt, maar Lully introduceerde hem (nadat het instrument aanzienlijk verbeterd was) in het midden van de zeventiende eeuw in het orkest. Ook de hobo was zodanig verbeterd dat hij geschikt werd voor concertspel. De fagot ontwikkelde zich in dezelfde tijd vanuit de curtal, een dubbelrietinstrument

Afbeelding 25. Henry Purcell, portret door John Closterman, 1695.

uit de Renaissance. De voorgeschiedenis van de hedendaagse klarinet is grilliger. Zijn zeventiende-eeuwse voorloper, de chalumeau, klonk alleen in een laag register. Rond 1700 werd een klep toegevoegd, waardoor de chalumeau een octaaf hoger kon klinken, en aan het eind van de Barok brachten verdere verbeteringen de klarinet die wij nu kennen voort. De benaming 'clarionet' werd het eerst gebruikt in 1732, maar het instrument werd pas op grote schaal gebruikt sinds het eind van de Klassieke periode. In de negentiende eeuw werden alle houten blaasinstrumenten nog verder verbeterd.

Tot de koperen blaasinstrumenten van de Barok behoort de trompet, die sinds de veertiende eeuw bij militaire parades gebruikt werd. Deze trompet en de hoorn uit die tijd hadden nog geen ventielen, zodat zij slechts een beperkt aantal toonhoogten konden spelen. Tegen het eind van de Barok werd geprobeerd een veelzijdiger trompet te creëren door behalve een verschuifbaar deel (zoals dat bij de trombone al lang toegepast werd) gaten met kleppen toe te voegen. Maar de eerste ventielen werden pas in 1813 aangebracht, zodat trompet en hoorn pas in de negentiende eeuw langzamerhand geschikt werden voor het orkest. De trombone veranderde tijdens de Barok nauwelijks; net als bij verre voorlopers zorgde het schuifmechanisme ervoor dat de trombone alle toonhoogten kon spelen. Componisten gebruikten het instrument echter vrijwel alleen voor ceremoniële en militaire muziek. Hoewel de trombone bij gelegenheid in het operaorkest verscheen, werd hij pas na 1850 een permanent orkestinstrument.

Het orgel, klavecimbel en clavichord waren de belangrijkste toetsinstrumenten van de Barok. Maar in deze periode werd ook de *pianoforte* gebouwd. Bartolomeo Cristofori (1655-1731) probeerde een aanslaggevoelig klavecimbel te creëren en vond in 1709 de pianoforte uit. Deze uitvinding bleef geruime tijd vrijwel onopgemerkt tot de componisten in de Klassieke periode het instrument ontdekten en specifieke muziek voor het instrument begonnen te schrijven.

In de Barok verdrong de vioolfamilie die van de gamba's, omdat de violen een briljanter en krachtiger klank voortbrachten. De viool werd in de eerste plaats ontwikkeld in de Italiaanse stad Cremona, waar beroemde vioolbouwers als Niccolò Amati, Bartolomeo Guarneri en Antonio Stradivari werkten. Sinds die tijd zijn de instrumenten van de vioolfamilie nauwelijks veranderd.

Door de grote variëteit aan instrumenten konden Barokcomponisten over een rijk palet van klankkleuren beschikken. De meeste componisten gaven de voorkeur aan sterk uiteenlopende klankkleuren binnen een compositie, zodat scherpe contrasten tussen de melodische lijnen of tussen de melodie- en de baslijn ontstonden.

COMPOSITIES VOOR TOETSINSTRUMENTEN

Composities voor klavecimbel, orgel of andere toetsinstrumenten verschenen in diverse vormen en genres. De *fantasia* en de *prelude* zijn korte, quasigeïmproviseerde stukken. In de *ricercare* wordt één thema ononderbroken imitatief uitgewerkt en de toccata's zijn vooral bedoeld om de virtuositeit van de uitvoerder te demonstreren. In koraalpreludes is natuurlijk een koraalmelodie verwerkt. Fuga's waren vaak voor orgel geschreven en werden in deze tijd zeer populair. De uitvoerder gebruikte gewoonlijk verschillende registers om elke terugkeer van het subject (thema) nadrukkelijk te laten horen.

Luistervoorbeeld 30 (cd 1 track 30)

Johann Sebastian Bach, *Fuga* uit *Prelude en fuga in c* (*Das Wohltemperierte Klavier*, deel 1, 1722), fuga

Rond 1720 begon Bach voor het gelijkzwevend gestemde klavecimbel een reeks preludes en fuga's in alle 24 majeur- en mineurtoonsoorten te componeren. (Later schreef hij nog een tweede deel, *Das Wohltemperierte Klavier* II, opnieuw met 24 stukken.) De fuga's daaruit vormen een indrukwekkende staalkaart van alle mogelijke fugatische technieken. De fuga die je hier hoort, is driestemmig en zeer direct en logisch gecomponeerd. Het subject wordt systematisch van de ene stem in de andere gelegd, waardoor de beantwoording (het contrasubject) van de beide andere stemmen ook steeds gevarieerd wordt.

Variatievormen als de *passacaglia* en *chaconne* kwamen ook veel voor, net als de suite (in Duitsland partita genoemd), een meerdelige werk met minimaal de vier basisdansen: *allemande, courante, sarabande* en *gigue.*

De Barok leverde een reeks briljante klaviermeesters op. Girolamo Frescobaldi (1583-1643) was een befaamd improvisator op het orgel. Louis Couperin (1626-1661) schreef voor klavecimbel pakkende dansen, die nog niet in vaste suites geordend zijn. François Couperin (1668-1733) componeerde voor klavecimbel 'ordres', in suites gerangschikte dansen met delicate melodische lijnen vol ornamenten (agréments).

KAMERMUZIEK: SONATES

Kamermuziek werd in de Barok vrijwel altijd begeleid door de basso continuo. Geliefde genres waren de solosonate en vooral de triosonate, een enigszins verwarrende naam omdat het uitvoerende ensemble uit minstens vier instrumenten bestond: twee solo-instrumenten met basso continuo-begeleiding (klavecimbel of orgel en viola da gamba of cello). In de triosonate spelen de twee solo-instrumenten in het algemeen in imitatief contrapunt samen.

De belangrijkste componist van sonates was Arcangelo Corelli (1653-1713) (afbeelding 26 en 27). Corelli's werken hebben een duidelijke tonale organisatie met logische en ondubbelzinnige modulaties en zijn vrijwel geheel diatonisch. Corelli is dan ook een van de grondleggers van de klassieke tonaliteit. Zijn composities openen gewoonlijk met enkele complete volzinnen die door duidelijke cadensen afgesloten worden, maar daarna zien wij een

Afbeelding 26. Arcangelo Corelli, kopergravure naar een schilderij van Hugh Howard, circa 1700.

gestage ontplooiing, uitspinning van een enkel thema (geen contrasterende of secundaire thema's dus) in frasen van onregelmatige lengte. Deze 'Fortspinnung' is zeer karakteristiek voor Barokmuziek.

De sonates zijn globaal te verdelen in twee typen: de *sonata da chiesa* (kerksonate), een vierdelig werk meestal in de tempi langzaam-snel-langzaam-snel, en de *sonata da camera* (kamersonate), die een niet vastgelegd aantal contrasterende dansdelen bevat.

Luistervoorbeeld 31 (cd 1 track 31)

Arcangelo Corelli, *Allegro uit Sonate op. 3, no. 1* in F, triosonate

Deze sonata da chiesa opent met een Grave, een langzaam deel met een meditatieve toon. Als altijd laat Corelli zijn plechtige opening volgen door een levendig allegro, wat een kenmerkend contrast oplevert. Je hoort dit korte tweede deel van de sonate.

Het thema wordt door de eerste viool solo ingezet, dan door de tweede viool geïmiteerd en vervolgens door de cello. Bij de cello voegt zich meteen het tweede continuo-instrument, het orgel. De drie thema-inzetten worden gevolgd door energiek contrapuntisch spel. In afwisseling met dit vrijere materiaal verschijnt het thema nog vijfmaal.

Opvallend is dat dit deel ondanks de beperkte omvang in vier duidelijk onderscheiden secties van ongeveer dezelfde lengte uiteenvalt. Sterke cadensen markeren de pauzes en cello en orgel zwijgen even bij het begin van elke sectie.

VIOLINO PRIMO.

SONATE

A trè, doi Violini, e Violone, ò Arcileuto, col Basso per l'Organo,

CONSECRATE

ALLA SACRA REAL MAESTÀ

DI

CRISTINA ALESSANDRA

REGINA DI SVEZIA, &c.

DA ARCANGELO CORELLI DA FVSIGNANO,

Detto il Bolognese.

OPERA PRIMA.

IN ROMA, Per il Mascardi. 1685. Con Licenza de' Superiori.

Afbeelding 27. Titelpagina van Corelli's Sonate a trè, opus 1, *Rome 1685. Deze triosonates zijn opgedragen aan Christina, koningin van Zweden.*

GENRES IN DE ORKESTMUZIEK

Het Barokorkest werd gedomineerd door de strijkers. De houtblazers werden in paren ingezet, dus twee fluiten, twee hobo's en twee fagotten. Koperblazers en slagwerkers werden vrijwel alleen voor feestelijke en ceremoniële muziek gebruikt. Het orkest had nog geen dirigent in de moderne betekenis; de directie berustte bij de klavecinist en de concertmeester, de leider van de eerste violen. De laatste werd in de loop van de achttiende eeuw belangrijker, omdat het klavecimbel langzaam maar zeker uit het orkest verdween. Pas in de negentiende eeuw begonnen dirigenten orkesten met een baton (dirigeerstokje) te leiden.

Favoriete genres in de orkestmuziek van de Barok waren de suite, de ouverture en het concert. De ouverture werd nog niet als zelfstandig werk gecomponeerd, maar als prelude voor omvangrijke werken als opera's, oratoria en cantates. Onder de concerten was vooral het concerto grosso populair. Daarin werd een kleine groep solisten (het concertino) tegenover het gehele orkest (het ripieno, ook wel als 'tutti' aangeduid) geplaatst. Het concerto grosso heeft gewoonlijk drie delen (snel-langzaam-snel). Het soloconcert, met name het vioolconcert, won rond 1700 sterk aan populariteit. Het had eveneens de driedelige structuur snel-langzaam-snel.

Voor de orkestmuziek waren vele componisten van belang. Met voorbijgaan aan grootheden als Bach en Händel noem ik slechts twee markante figuren: Antonio Vivaldi (1678-1741) (afbeelding 28) en Jean-Philippe Rameau (1683-1764).

Vivaldi is van betekenis vanwege zijn enorme oeuvre en de grote invloed van zijn concerten, onder andere op J.S. Bach. Zijn concerten hebben een duidelijke vorm en een energiek ritme en de kleurschakeringen van verschillende groeperingen binnen het orkest komen volop tot hun recht. Door de evenwichtige frasering en de soms uitgesproken homofone textuur vertoont Vivaldi's muziek al pre-Klassieke trekjes.

Rameau was niet alleen een belangrijk theoreticus (ik noemde al zijn *Traité de l'harmonie* van 1722), maar ook een prominent operacomponist. Zijn muziek is zowel in de vocale partijen als in de orkestgedeelten veel dramatischer dan de gestyleerde hofmuziek van Lully en laat een veel ondernemender harmonische behandeling horen. Rameau was een groot *colorist* en instrumentator. Om dat te laten horen, maken wij nog even een uitstapje naar de opera.

Luistervoorbeeld 32 (cd 1 track 32)

Jean-Philippe Rameau, Trio met koor *'Sortez, sortez d'esclavage'* uit *Castor et Pollux* (derde acte, vierde scène), 1737, tragédie lyrique

Scène IV
Pollux, Télaire, Phébé, Démons

Phébé *Sortez, sortez d'esclavage,* *Combattez, Démons furieux.*	 Breek, breek uit de slavernij, Strijd, woedende demonen.
Pollux et Télaire *Tombez, rentrez dans l'esclavage,* *Arrêtez, Démons furieux.*	 Val terug in de slavernij, Stop, woedende demonen.
Phébé *Fermez-lui cet affreux passage.*	 Versper hem deze vreselijke weg.
Pollux *Livrez-moi cet affreux passage.*	 Open deze vreselijke weg voor mij.
Télaire *Livrez-lui cet affreux passage.*	 Open deze vreselijke weg voor hem.
Phébé *Et redoutez le Fils du plus puissant des Dieux*	 En vrees de Zoon van de machtigste der Goden
Pollux, Télaire *Et respectez le Fils du plus puissant des Dieux*	 En toon respect voor de Zoon van de machtigste der Goden
Choeur des Démons *Sortons d'esclavage* *Fermons-lui cet affreux passage, enzovoort*	 Laten wij uit de slavernij breken. Laten wij hem deze vreselijke weg versperren, enzovoort
Pollux, Télaire *Tombez, rentrez, livrez-lui/moi cet affreux passage, enzovoort*	 Val terug, open deze vreselijke weg voor hem/mij, enzovoort
Phébé Sortez d'esclavage, fermez-lui cet affreux passage, enzovoort	 Breek uit de slavernij, versper hem deze vreselijke weg, enzovoort

In 1733, bijna 50 jaar na de dood van Rameaus illustere voorganger, werden de tragédies lyrique van Lully nog altijd beschouwd als dé schoolvoorbeelden van de Franse opera. Lullys tragédies waren, zo oordeelde men, eenvoudig niet te overtreffen, zelfs niet te evenaren. Maar in 1733 ging Rameaus *Hippolyte et Aricie* in première en dat werk sloeg in als een bom. De muzikale vernieuwingen schokten het conservatieve publiek en er barstte een heftige polemiek los, die de geschiedenis is ingegaan als de 'Querelle des Lullistes et Ramistes'. Rameau ging het debat niet uit de weg en toen hij op 24 oktober 1737 zijn *Castor et Pollux* voor het eerst liet opvoeren, werd duidelijk dat hij tot geen concessie bereid was. Reikhalzend had het publiek uitgezien naar Rameaus nieuwe opera en het werd niet teleurgesteld. De dramatische expressie, de gewaagde harmonische en ritmische vernieuwingen, de ongehoorde toonkleuren en de hoogst originele orkestratie zijn gezamenlijk te beschouwen als een manifest van Rameaus operaopvattingen.

Afbeelding 28. Antonio Vivaldi, portret door François Morellon la Cave.

Ons luistervoorbeeld is een van de vele pakkende passages in *Castor et Pollux*. Om de tekst te kunnen begrijpen, geef ik een korte schets van het voorafgaande drama. De Spartaanse koning Castor is gedood, waardoor zijn geliefde Télaire ten einde raad is. Pollux, Castors onsterfelijke broer, verklaart haar vergeefs zijn liefde. Télaire vraagt hem aan hun vader, Jupiter, te vragen om Castor weer in leven terug te roepen. Daardoor staat Pollux voor een enorm dilemma, want zijn broederliefde en zijn liefde voor Télaire strijden om de voorrang. Hij besluit aan Télaires verzoek te voldoen, maar Jupiter biedt een pijnlijke oplossing: Castor kan op aarde terugkeren op voorwaarde dat Pollux zijn plaats in de onderwereld inneemt. Phébé, die heimelijk verliefd op Pollux is, probeert hem ervan te weerhouden dit plan tot uitvoering te brengen. Zij verzamelt o.a. demonen bij de ingang van de onderwereld om te verhinderen dat Pollux binnentreedt. Dan zijn wij bij ons luistervoorbeeld. Phébé spoort de demonen aan om Pollux de weg te versperren. Pollux en Télaire manen de demonen de weg voor hem vrij te maken.

Overzicht stijlkenmerken Barok (1600-1750)

1.	Stemvoering	Monodie (solozang met basso continuo-begeleiding) in de vroege Barok, daarna een sterk versierde harmonische polyfonie (eveneens met basso continuo).
2.	Toonomvang	Zeer ruim (uitbreiding zowel in de hoge als in de lage registers).
3.	Toonstelsel	Majeur- en mineurtoonladders vervangen de kerktoonladders, zodat de modaliteit verdwijnt.
4.	Melodievorming	Complexe, versierde melodische lijnen. De muzikale frasen zijn vaak ongelijk van lengte (asymmetrisch) en lopen in elkaar over. Thema's worden vaak in een gedreven motoriek voortgestuwd en 'uitgesponnen' (Fortspinnung).
5.	Ritmiek	Vaak samengestelde ritmen (6/8, 9/8 of 12/8) met zeer verschillende effecten (gedragen, gejaagd, hartstochtelijk, enzovoort). Expressieve ritmische accentuering.
6.	Harmonie	Rijke harmonische versieringen en vrij veel chromatiek en dissonanten. Hoog harmonisch ritme (snelle opeenvolging en wisseling van akkoorden).
7.	Structuur	Ingewikkelde vormgeving. Veeldelige werken. Composities zijn veelal monothematisch. Nummerstructuur (afwisseling recitatieven, aria's, koren en instrumentale tussenspelen) in opera, oratorium, cantate. Da capo-aria (ABA-vorm).
8.	Verhouding tekst-muziek	Vrij veel toonschildering.
9.	Genres en vormen	Opera, oratorium, passie, cantate en anthem. Kamer- en kerksonate. Solo- en triosonate. Concerto grosso en soloconcert. Ouverture ('sinfonia'). Orgel- en klavecimbelmuziek: suite, fuga, fantasia, toccata, prelude, passacaglia.
10.	Betekenis	Ontstaan en ontwikkeling van de opera. Muziek wordt dramatischer (theatraler). Enorme bloei van de instrumentale muziek. Basso continuo bij vrijwel alle muziek. Concertatobeginsel (wedijverende vocale en instrumentale stemmen en ensembles).

5

De Klassieke periode: 1775-1815

De term 'klassiek'

In de algemene benaming 'klassieke muziek' dient de typering 'klassiek' in eerste instantie om het onderscheid met andere muzieksoorten (volks-, jazz- en popmuziek) te markeren. Het begrip klassieke muziek verwijst dan naar alle 'kunstmuziek'. (Waarbij ik aanteken dat de term 'klassieke muziek' niet geschikt bevonden is voor een groot deel van de kunstmuziek van de twintigste eeuw. In hoofdstuk 8 laat ik daarom enkele andere aanduidingen voor de twintigste-eeuwse klassieke muziek de revue passeren.) Daarnaast verwijst de kwalificatie 'klassiek' naar het blijvende belang en de grote artistieke waarde van bepaalde muziekwerken, ongeacht de tijd waarin die ontstaan zijn.

Het woord 'klassiek' wordt in de muziekgeschiedenis in meer specifieke zin gebruikt in 'de Klassieke periode', het tijdvak tussen ongeveer 1775 en 1815, ook wel 'het Classicisme' genoemd. De term Classicisme is bruikbaar voor de beeldende kunsten en de literatuur, maar aan deze benaming kleven voor de muziek bezwaren. Er zijn immers nauwelijks voorbeelden van antieke muziek overgeleverd. Ik houd daarom de term 'Klassiek' voor de muziek van het genoemde tijdvak aan. Om eventuele terminologische verwarring met andere betekenissen van het woord 'klassiek' te vermijden, krijgt 'Klassiek' een hoofdletter als aanduiding voor de stijlperiode en de daarbij behorende werken en componisten (de Klassieke symfonie, de grote Klassieke toonkunstenaars).

Lange tijd hebben muziekwetenschappers geprobeerd de aanloop naar de Weense school van de Klassieke grootmeesters Haydn, Mozart en Beethoven met termen als Rococo, Galante stijl, Empfindsamer Stil en Sturm und

Drang te karakteriseren. Maar omdat elk van die termen slechts een bepaald aspect van de Klassieke stijl in wording tot uitdrukking brengt, worden ze nu als verouderd beschouwd. Omdat barokke en vroeg-Klassieke stijlkenmerken geruime tijd naast elkaar bestonden (tussen ongeveer 1725 en 1750) en na 1750 de kenmerken van de nieuwe stijl de oudere stijlkenmerken begonnen te overvleugelen, is het zinvol om de lange aanloopperiode naar de Weense school (van circa 1725 tot 1775) met de tegenwoordig gangbare term 'pre-Klassiek' te bestempelen.

Kenmerken van stijlperioden veranderen in het algemeen geleidelijk en het is in historisch opzicht dus onverantwoord te veronderstellen dat de Barok in 1750 eindigde en de Klassieke periode daarna een aanvang nam. Stilistische veranderingen kunnen verschillende decennia onderweg zijn en in de pre-Klassieke overgangsfase is dat geleidelijke veranderingsproces goed te volgen. Ik zal de verschillende pre-Klassieke tendensen globaal aanduiden. De stijlkenmerken die ik in dit hoofdstuk bespreek, hebben echter hoofdzakelijk betrekking op de volgroeide Klassieke muziek van Haydn (1732-1809), Mozart (1756-1791) en Beethoven (1770-1827).

Pre-Klassieke stromingen

De energieke, grootse en theatrale kunst van de Barok riep op den duur diverse reacties op. In de beeldende kunsten kreeg de barokke versierkunst een vervolg in de Rococokunst, waarin een zeer verfijnde, grillige en geornamenteerde stijl gehanteerd werd. In de architectuur werden vertrekken van weelderige krullen en schelpmotieven ('rocaille' betekent 'schelpwerk') voorzien. In de schilderkunst veranderden het palet en de stijl eveneens. Kunstenaars als Watteau, Boucher en Fragonard gebruikten vooral lichte, pastelachtige kleuren om zachte contouren op het doek te brengen. De thema's van hun werk zijn pastoraal, liefelijk en naar huidige maatstaven nogal sentimenteel. De Rococokunst is charmant en speels en veel minder zwaarwichtig en theatraal dan de kunst van de Barok. François Couperin (1668-1733) kun je als een muzikale vertegenwoordiger van de Rococostijl beschouwen.

Een andere, enigszins verwante reactie op de Barok is de Galante stijl. Die laat zich typeren met begrippen als fraai, elegant, chic en verfijnd. Ook in vele pre-Klassieke muziekwerken wordt de stijl 'galant'. (In de opera zien wij naast galante helden echter ook eenvoudige volkskarakters als brutale bedienden en aantrekkelijke burgermeisjes verschijnen en in deze werken domineerden eenvoudige, bijna volksliedachtige melodieën.) De toenemende intimiteit en sentimentaliteit in de Galante stijl leidde tot een breuk met de monumentale stijl van de late Barok en gaf een aanzet tot pre-Klassieke vernieuwingen. Componisten die in deze Galante stijl schreven, waren onder andere Georg Philipp Telemann (1681-1767) en Domenico Scarlatti (1685-1757).

Luistervoorbeeld 33 (cd 1 track 33)

Domenico Scarlatti, *Sonate in Es*, K. 252/253, sonate

Scarlatti schreef meer dan 600 sonates voor klavecimbel. Die lijken sterk op etudes, omdat in elk werk een technisch aspect van het klavecimbelspel (arpeggio's, snelle figuraties, toonherhalingen, toonladderfiguren, trillers, enzovoort) centraal staat. Scarlatti's sonates zijn ééndelig, maar hebben wel een binaire vorm. In de eerste sectie van een sonate in majeur wordt vaak gemoduleerd naar de dominanttoonsoort (bijvoorbeeld van C naar G), in de tweede sectie keert het stuk aan het eind weer terug naar de hoofdtoonsoort (van G naar C). In een mineursonate is de route: hoofdtoonsoort – parallelle majeurtoonsoort – hoofdtoonsoort (bijvoorbeeld a – C – a). Het begin van de *Sonate in Es* laat een karakteristieke combinatie van etude-achtige elementen, virtuositeit en een galante expressie horen.

De Empfindsamer Stil houdt vooral verband met gevoeligheid (soms overgevoeligheid, sentimentaliteit) en een verfijnde emotionaliteit. De uitdrukking van het persoonlijke gevoel staat in deze stijl centraal. In de muziek komt dat onder andere tot uiting in een expressieve melodiek. Carl Philipp Emanuel Bach (1714-1788) kun je associëren met deze stijl. De literaire pendant van de muzikale Empfindsamer Stil wordt de Sturm und Drang-beweging genoemd. Die term wordt in de muziek ook wel gebruikt en heeft dan vooral betrekking op dramatische gepassioneerdheid, zwaar aangezette emotionaliteit, veel vaart en grote contrasten. Enkele vroege symfonieën van Haydn worden wel aangeduid als Sturm und Drang-werken.

Stijlkenmerken van de Klassieke periode

Algemene kenmerken van de Klassieke periode zijn in de eerste plaats de glasheldere vormgeving, de relatieve eenvoud en de overwegend homofone stemvoering. De muziek is vrijwel altijd *absoluut*, dat wil zeggen niet-*programmatisch*, en drukt in de regel een aangenaam gevoel van evenwicht uit. De muziek van de Barok is in het algemeen extraverter en dramatischer, maar dat impliceert bepaald niet dat de Klassieke muziek minder expressief zou zijn. Integendeel, de aantrekkingskracht van de muziek van de drie grote Weense Klassieken Haydn (afbeelding 29), Mozart en Beethoven ligt voor een belangrijk deel juist in de sterk geprofileerde, individuele uitdrukkingskracht.

Afbeelding 29. Joseph Haydn, portret door Ludwig Guttenbrunn.

MELODIEVORMING EN FRASERING

Rond het midden van de achttiende eeuw kregen de pre-Klassieke elementen de overhand op de barokke stijlkenmerken, zodat de grondslag voor de nieuwe Klassieke stijl gelegd kon worden. Opvallend aan de vroeg-Klassieke muziek is dat zij zo doorzichtig en logisch gestructureerd is, dat de luisteraar de opbouw gemakkelijk kan herkennen. De melodieën zijn vrij kort en bestaan uit goed in het gehoor liggende thema's en motieven. De frasestructuur is helder en regelmatig; een frase is gewoonlijk vier of acht maten lang en wordt met een duidelijke cadens afgesloten. De fraseopbouw in voor- en nazinnen levert vaak het karakteristieke 'vraag- en antwoordspel' op. Daarbij wordt in de voorzin een 'vraag' gesteld, die in de nazin 'beantwoord' wordt. Omdat de muzikale frasen bovendien in regelmatige perioden (afgeronde opeenvolgingen van frasen) gestructureerd zijn, is de eenheid in de compositie stevig gefundeerd. Maar deze periodebouw wordt door de componisten ook aangewend om contrasten tussen de perioden onderling te scheppen. De delen van een compositie zijn dus gecreëerd door een logische ordening van motieven, thema's, melodieën, frasen en perioden. Herhaling en symmetrie enerzijds en variatie en contrastering anderzijds zorgen ervoor dat de compositie een hechte en levenskrachtige eenheid is.

Luistervoorbeeld 34 (cd 1 track 34)

Joseph Haydn, slot van de *Finale* (presto) van *Strijkkwartet opus 33, nr. 2, 1782*, strijkkwartet

In dit fragment speelt Haydn een geestig fraseringsspel met de luisteraar. De structuur van de openingsfrase is aldus: de volzin bestaat uit twee halfzinnen a en b (de voor- en de nazin), die zelf ook weer in tweeën geleed zijn, zodat wij vier deelfrasen horen: a1, a2, b1 en b2. Aan het eind van het luistervoorbeeld is die geleding in vieren heel duidelijk te horen, omdat Haydn opvallend lange rusten tussen de vier bouwstenen van de volzin inlast. Die pauzes zetten de luisteraar echter geheel op het verkeerde been, want als a1 nogmaals geklonken heeft, verwacht men na een nieuwe pauze a2 te horen. Maar die volgt niet, want het stuk is voorbij! De deelfrase a1 vormt op deze manier een wel zeer ongewone 'afsluiting', omdat de volzin nog maar net op gang gekomen is en er van een 'echte' muzikale afsluiting geen sprake is.

Een opvallend kenmerk van de melodievorming van de Klassieke componisten, dat tevens van grote structurele betekenis is, is hun vermogen om thema's voortdurend verder te ontwikkelen. Door thema's melodisch, ritmisch, harmonisch of dynamisch te variëren en door thema's met elkaar te confronteren (bijvoorbeeld door ze polyfoon door te werken of door ze als contrasterende elementen bijeen te brengen) ontstaat het karakteristieke fenomeen van de 'thematische Arbeit'. Voor deze werkwijze hoefde de componist overigens geen complete thema's te nemen, want voor een geraffineerde doorwerking kon één enkel motief of konden meerdere kleine motiefjes volstaan. In dat geval kun je van 'motivische Arbeit' spreken.

HARMONIE

De harmonie wijkt in de Klassieke periode niet principieel af van die van de Barok, omdat dezelfde majeur- en mineurtoonladders en dezelfde akkoorden de basis van de muziek vormen. De Klassieke componisten gaven wel vaak de voorkeur aan een langzamer harmonisch ritme, dat wil zeggen dat een kleiner aantal akkoorden voor de begeleiding van een melodie genoteerd werd. Dat had veel te maken met het feit dat de componisten hun werken overwegend homofone texturen gaven. Daarin zijn voor de partijen die de melodie niet voeren immers bescheidener rollen weggelegd dan voor de gelijkwaardige partijen in een polyfoon stemmenweefsel. Als de componisten hun muziek polyfoon zetten, deden zij dat natuurlijk ook volgens de gangbare regels van de harmonieleer, dus met dezelfde akkoordprogressies als in hun homofone muziek. Melodieën werden voornamelijk met drieklanken en septiemakkoorden geharmoniseerd. Een veel gebruikte pre-Klassieke begeleidingsfiguur is de Alberti-bas, een reeks van gebroken drieklanken die veelvuldig in de klavierwerken van de Italiaanse componist Domenico Alberti (circa 1710-1740) is te horen.

DYNAMIEK

Vaak wordt de Klassieke muziek een zekere terughoudendheid toegedicht. Die gereserveerdheid geldt zeker niet in alle opzichten voor de muziek van deze periode. Eigenlijk ook niet voor de behandeling van de dynamiek, al wordt dat vaak wel beweerd. Weliswaar verdween de barokke terrassendynamiek, die diende om plotselinge dramatische contrasten te scheppen. Maar de Klassieke componist hanteerde een zeer effectief en alom bewonderd alternatief. Hij gaf de voorkeur aan de overgangsdynamiek, geleidelijke veranderingen van toonsterkte in de vorm van *crescendi* en *decrescendi* (*diminuendi*). En aan het eind van de Klassieke periode is van dynamische terughoudendheid al helemaal geen sprake meer, want bij Beethoven vinden wij donderende akkoordslagen in vol orkest naast fluisterzachte passages.

VORM

Belangrijke veranderingen in de Klassieke periode kunnen goed geïllustreerd worden aan de hand van de vorm en klankkleur van composities, want tussen 1750 en 1815 werden verschillende vormschema's gestandaardiseerd en kreeg de instrumentale bezetting van de verschillende soorten uitvoeringsensembles een gestandaardiseerd karakter.

Wij zagen al dat Klassieke componisten evenwicht en symmetrie in de opbouw van een deel van een werk aanbrachten door zowel eenheid scheppende als contrasterende elementen te gebruiken. Dit principe is zichtbaar in allerlei vormschema's:

- de driedelige *liedvorm* (ABA)
- de *rondovorm* (ABABA, ABACA, ABACABA, enzovoort)
- het *menuet* (menuet-trio-menuet)
- de *sonatevorm* (de opbouw daarvan wordt hieronder besproken)

De diverse onderdelen werden duidelijk neergezet en voor de modulaties gebruikte men in principe vaste patronen. Favoriete veranderingen van toonsoort waren die van de tonicatoonsoort naar de dominanttoonsoort in majeurwerken en van een mineurtoonsoort naar de parallelle majeurtoonsoort in mineurwerken.

KLANKKLEUR

In de Barok was de orkestbezetting niet strikt voorgeschreven. Componisten schreven toen heel pragmatisch voor de instrumentale combinatie die op dat moment beschikbaar was. Zij mengden daarbij graag contrasterende instrumentale kleuren en de basso continuo zorgde voor een stevig harmonisch fundament. Halverwege de achttiende eeuw veranderde deze praktijk, want de pre-Klassieke componisten begonnen in zekere zin weer in instrumentenfamilies te denken, ongeveer zoals men in de Renaissance het concept van het consortium hanteerde. Het streven was ditmaal echter niet gericht op een homogeen klankbeeld. Men stelde het orkest samen uit homogene instrumentengroepen, maar juist met de bedoeling de onderlinge klankkleurverschillen van die groepen in het totale klankbeeld ten volle uit te buiten. Dit streven leidde in de Klassieke periode tot vaste instrumentale combinaties, in de eerste plaats natuurlijk tot het symfonieorkest.

Symfonieorkest en muziekinstrumenten

Het symfonieorkest ontwikkelde zich in eerste aanzet in Italië, maar vanaf ongeveer 1745 vooral in Oostenrijk en Duitsland. In Milaan gebruikte G.B. Sammartini (1701-1775) de sonatevorm met contrasterende thema's en toonsoorten voor zijn symfonieën. In Wenen bouwden componisten als Georg Matthias Monn (1717-1750) en Christoph Wagenseil (1715-1777) op zijn techniek voort en in Mannheim bracht Johann Stamitz (1717-1757) de pre-Klassieke symfonie op het niveau dat het genre aan de vooravond van de Klassieke meesters Haydn en Mozart had.

Luistervoorbeeld 35 (cd 1 track 35)

Johann Wenzel Stamitz, *Presto* uit *Symfonie in D, op. 4/1*, symfonie

De vioolvirtuoos en componist Johann Stamitz was de grote inspirator van de zogenaamde Mannheimer School. Andere belangrijke componisten van deze school waren Franz Xaver Richter, Ignaz Holzbauer, Johann Christian Cannabich en Carl en Anton Stamitz, de zonen van Johann. Mannheim was de vaste residentie van de keurvorsten van de Paltz. Onder keurvorst Karl Theodor, die zijn musici volledig in de watten legde, kwam het muziekleven tot grote bloei.

Het orkest in Mannheim bereikte na de komst van Johann Stamitz in 1741 een ongekend hoog niveau. Het specialiseerde zich vooral in de exploratie van dynamische effecten. De Mannheimer Hofkapelle kon van het stilste *pianissimo* tot het daverendste *fortissimo* spelen. Dit beroemde Mannheimer crescendo veroorzaakte overal sensatie, maar het orkest verwierf zijn internationale faam ook om zijn accuratesse en fraaie klank.

De Mannheimer componisten, met Johann Stamitz als de centrale figuur, waren van aanzienlijke betekenis voor de ontwikkeling van het symfonieorkest. Zo schaften zij het klavecimbel af en verzelfstandigden zij de houtblazers en hoorns, die solopassages mochten spelen. Zij verrijkten ook het orkestspel. Buiten de al genoemde overgangsdynamiek introduceerden zij allerlei klankeffecten met fraaie namen als bijvoorbeeld 'Bebung' en 'Rakete'. Ten slotte droegen zij bij aan de ontwikkeling van de symfonische vorm door het menuet aan de driedelige sinfonia toe te voegen, waardoor de vierdelige *symfonie* ontstond. Zo zijn Stamitz en zijn Mannheimer collega's te beschouwen als grondleggers van het moderne symfonieorkest en wegbereiders van de Klassieke stijl.

Dat laatste kun je goed horen op ons luistervoorbeeld: de homofone zetting, de eenvoudige harmonie met een kalm harmonisch ritme, de emancipatie van houtblazers en hoorns, de heldere indeling van de melodieën in deelfrasen, de transparante orkestratie en in het algemeen een doorzichtige, begrijpelijke stijl.

Het hedendaagse symfonieorkest wijkt in essentie niet veel af van het orkest dat in het midden van de achttiende eeuw vorm had gekregen. De 'moderne' strijkinstrumenten hadden de gamba's in de Barokperiode al geleidelijk vervangen. De strijkers werden in secties ingedeeld (eerste en tweede violen, altviolen, celli en bassen) en vormden rond 1750 de kern van het Klassieke orkest. Met de komst van secties van meervoudig bezette lage strijkers als dragers van de harmonie in het orkest, was de rol van de basso continuo definitief uitgespeeld.

De houtblazers maakten in paren (twee fluiten, twee hobo's en twee fagotten) deel uit van het Klassieke symfonieorkest. Klarinetten werden in 1788 door Mozart toegevoegd. De houtblazers vormden met hun diverse klankkleuren een mooi contrast met de homogene klank van de strijkers.

Hoewel koperen instrumenten in die tijd nog niet van ventielen voorzien waren, werden in het Klassieke symfonieorkest twee hoorns en twee trompetten ingezet. Omdat men op deze instrumenten alleen *natuurtonen* kon spelen, bleef hun gebruik echter beperkt tot het begin of het eind van delen waarin 'fanfareachtige passages' voorkwamen. Zij waren door hun kleine toonvoorraad nog niet in staat alle melodieën te spelen, want hun mogelijkheden om naar andere toonsoorten te moduleren waren zeer beperkt.

Slaginstrumenten waren in de Klassieke periode eveneens relatief onbelangrijk. Gewoonlijk werden twee pauken, gestemd in de grondtoon en de dominant van de hoofdtoonsoort, gebruikt. Omdat er nog geen mechanisme bestond om de paukenist in staat te stellen snel van toonsoort te veranderen (wat bij moderne pauken wel het geval is), moesten de pauken zwijgen als er naar andere toonsoorten gemoduleerd werd.

In deze periode werd de pianoforte (afbeelding 30) het belangrijkste toetsinstrument. Hoewel de pianoforte al vroeg in de achttiende eeuw uitgevonden was, raakte hij pas na 1750 alom bekend en werd hij door componisten ook veelvuldig gebruikt. De vroegste piano's klonken niet zo helder en krachtig als de piano's van tegenwoordig, want de snaren waren dun en het frame was van hout. In tegenstelling tot zijn voorloper, het klavecimbel, was de pianoforte aanslaggevoelig en konden door de bespeler dynamische verschillen gerealiseerd worden. Het instrument werd zeer geliefd voor het componeren van solosonates en pianoconcerten.

Orkestmuziek

DE SYMFONIE

De *sonate* was het belangrijkste instrumentale genre in de Klassieke periode. Sonates werden in grote aantallen voor zowel grote en kleine ensembles als voor solo-instrumenten gecomponeerd. Geleidelijk aan ontstonden vaste gebruiken voor het aantal en de aard van de delen van sonates. In de Barok had de sonata da camera nog een variabel aantal delen, maar in de Klassieke periode werden drie of vier delen standaard. Meerdelige sinfonia's, zoals de Italiaanse en Franse ouverture, waren ongetwijfeld inspiratiebronnen voor de Klassieke sonate.

Een sonate voor het complete orkest wordt symfonie genoemd. Die bestond aanvankelijk uit drie delen, later (vanaf circa 1780) bijna altijd uit vier delen. Ik laat de meest gangbare opbouw de revue passeren:

1. Het openingsdeel van de symfonie is snel en levendig van tempo (allegro) en staat in de sonatevorm. In de expositie worden twee thema's gepresenteerd. Als het eerste thema in majeur staat, staat het tweede

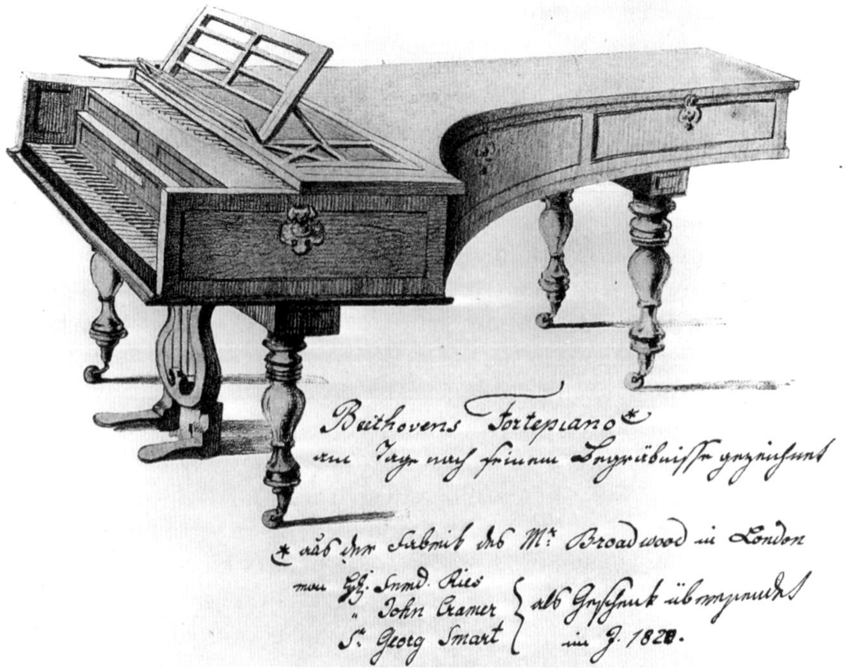

Afbeelding 30. De fortepiano van Beethoven, getekend op de dag van zijn begrafenis, 1827.

thema in de dominant van de hoofdtoonsoort; staat het eerste thema in mineur, dan staat het tweede thema in de parallelle majeurtoonsoort. Door deze tonale contrasten worden de thema's duidelijk onderscheiden. Een nader contrast wordt aangebracht door het eerste thema krachtig en dramatisch van karakter te maken, maar het tweede thema lyrisch. In de doorwerking, de middensectie van de sonatevorm, worden deze thema's (achtereenvolgens of tegelijkertijd) met elkaar geconfronteerd door plotselinge modulaties, polyfone uitwerkingen en veranderingen van melodie, ritme, harmonie, dynamiek en klankkleur (thematische Arbeit). In de reprise keren de twee thema's terug, maar dan beide in de hoofdtoonsoort. Daardoor wordt het muzikale conflict van de doorwerking als het ware opgelost. Omdat het spel van spanning en ontspanning een belangrijke rol in de sonatevorm speelt, is die vorm zeer geschikt voor het Klassieke streven naar eenheid door symmetrie en contrast.

Deze opbouw lijkt wellicht stereotiep, maar componisten schiepen er genoegen in de sonatevorm steeds weer op creatieve wijze te vernieuwen door veelvuldige veranderingen van toonsoort voor te schrijven, door een langzame inleiding aan te brengen, door overgangs- en slotpassages (interludes en coda's) toe te voegen, enzovoort. Zo slaagden zij er voortdurend in om een gevestigde vorm fris en verrassend te houden.

2. Het tweede deel van de symfonie heeft vrijwel altijd een langzaam tempo en staat in de driedelige liedvorm (ABA) of de variatievorm (de 'thema met variaties'-vorm). Voor dit deel werd de sonatevorm soms ook gebruikt, maar componisten gaven in het algemeen de voorkeur aan een minder strak vormconcept. Vaak namen zij als toonsoort voor dit tweede deel de subdominant van de hoofdtoonsoort, dus als het eerste deel bijvoorbeeld in C majeur staat, koos men F majeur voor het tweede deel.
3. Het derde deel van de symfonie heeft de symmetrische driedelige vorm menuet-trio-menuet en wordt kortweg menuet genoemd. Het trio staat in een andere toonsoort dan het menuet, maar in de herhaling van het menuet keert de oorspronkelijke toonsoort terug. Ook thematisch contrasteert het trio gewoonlijk met het menuet. Het tempo van dit trio-deel is moderato en het deel staat consequent in een driedelige maatsoort. De frasestructuur en de opbouw is (zoals men van een aan de dans ontleende vorm kan verwachten) zeer regelmatig. Het is opvallend dat het menuet de enige barokke dansvorm is die door Klassieke componisten overgenomen wordt.
4. Het laatste deel van de symfonie heeft vaak de rondovorm (ABABA, ABACA of ABACABA). Elk A-deel staat in de hoofdtoonsoort, maar in de contrasterende B- en C-delen wordt naar verwante toonsoorten gemoduleerd. Het tempo van het rondo is gewoonlijk allegro of presto, zodat de symfonie levendig en speels besloten wordt.

In de Klassieke periode voerden Haydn, Mozart en Beethoven de symfonie tot grote hoogten. Haydn schreef meer dan honderd symfonieën, Mozart ruim veertig en Beethoven negen. Deze Weense grootmeesters gaven elk een eigen invulling aan het genre, maar Beethoven brak na zijn tweede symfonie meer en meer met de Klassieke tradities. De delen zoals die hierboven geschetst zijn, geven het algemene vormschema aan, maar in de praktijk experimenteerde elke componist volop met het genre.

Haydn gebruikte in menige symfonie bijvoorbeeld slechts één thema voor het eerste deel, maar door dat volgens de gangbare toonsoortrelaties in de tonica-dominant of mineur-majeurverhouding te presenteren, maakte hij er als het ware toch twee thema's van.

Mozart (afbeelding 31) hield zich meestal wel aan het standaardschema, maar wist dat keer op keer met zijn fascinerende individuele idioom te doordrenken, waardoor menig meesterwerk ontstond.

Afbeelding 31. Wolfgang Amadeus Mozart, onvoltooid portret door Joseph Lange, circa 1783.

Beethoven gaf de symfonie enorme proporties, voegde soms een derde of zelfs een vierde thema aan de sonatevorm toe, gebruikte stormachtige tempi en ritmen in het ooit zo sierlijke menuet en maakte er een *scherzo* van. Dit zijn echter maar enkele vernieuwingen van Beethoven, die als de grootste innovator van de symfonie in de muziekgeschiedenis beschouwd mag worden. Beethoven was in zijn vroege werken volop 'classicist', maar later zag hij muziek vooral als een krachtig middel voor individuele expressie en hij werd daarmee een bron van inspiratie voor vele componisten in de negentiende eeuw.

Luistervoorbeeld 36 (cd 1 track 36)

Ludwig van Beethoven, begin van deel 2 (*Andante con moto*) van *Symfonie nr. 5* in c, opus 67, 1808, symfonie

De eerste 49 maten van dit andante omvatten twee zeer uitgebreide thema's. Door de wisselende instrumentatie verandert het klankbeeld herhaaldelijk en vallen beide thema's uiteen in duidelijk te onderscheiden themadelen. De instrumentatiekunst van Beethoven is (met maataanduidingen) als volgt weer te geven. Eerste thema: je hoort eerst altviolen en cello's in unisono met enkele begeleidende pizzicatotonen in de bassen (maat 1-11, in maat 9-11 met alle strijkers); dan achtereenvolgens houtblazers, strijkers, houtblazers en strijkers samen (maat 11-23). Tweede thema: eerst klarinetten en fagotten met een eenvoudige begeleiding in de strijkers en daarna een fortissimopassage in het hele orkest (maat 23-31); vervolgens een luide fanfareachtige herhaling in het hele orkest en ten slotte een pianissimo van strijkers en fagot (maat 32-49).

HET CONCERT

Concerten bestaan in de Klassieke periode net als in de Barok uit drie delen. De vormen daarvan zijn bij de symfonie al besproken: de sonatevorm, de lied- of variatievorm en de rondovorm. Het menuet werd niet gebruikt, omdat het zich niet leent voor virtuoos solospel, wat de essentie van het concert is. Het streven naar contrast tussen concertino en tutti in het concerto grosso werd door de Barokcomponist Antonio Vivaldi overgenomen in zijn soloconcerten. Vivaldi, die zelf een uitstekende violist was, schreef meer dan driehonderd vioolconcerten. Deze concerten stonden model voor de Klassieke componisten, die soloconcerten voor tal van instrumenten schreven, in de eerste plaats voor piano en viool, maar ook voor altviool, cello, fluit, fagot, hoorn, harp en klarinet. Componisten van soloconcerten waren onder andere Johann Christian Bach (1735-1782), Carl Philipp Emanuel Bach (1714-1788), Haydn, Mozart en Beethoven.

Het soloconcert laat de Klassieke opvatting over het spel van evenwicht en contrast goed zien. Het solo-instrument en het orkest hebben gelijkwaardige rollen; de thema's worden vrijelijk tussen solist en orkest heen en weer gekaatst (evenwicht). Maar in de briljante *cadensen* aan het slot van het eerste deel krijgen de solisten volop de gelegenheid hun technische vaardigheid en improvisatievermogen te demonstreren terwijl het orkest zwijgt (contrast).

De delen van het concert stemmen overeen met de corresponderende delen van de symfonie, maar de sonatevorm van het eerste deel van het concert is licht gewijzigd, omdat een dubbele expositie vereist is. In de eerste expositie presenteert het orkest beide thema's in de hoofdtoonsoort, maar in de tweede expositie volgt de solist de gangbare tonale regels en verandert hij bij het tweede thema van toonsoort.

Luistervoorbeeld 37 (cd 1 track 37)

Wolfgang Amadeus Mozart, begin van het derde deel (Rondo, *Allegro vivace assai*) uit *Pianoconcert nr. 21* in C, KV 467, 1785, pianoconcert

Het laatste deel van Klassieke concerten is vaak een rondo in een lichte, vlotte en soms ook humoristische stijl. Kenmerkend voor deze vorm is een pakkend hoofdthema dat steeds terugkeert en dat wordt gecontrasteerd met diverse korte secundaire thema's. Merk op hoe subtiel Mozart het samenspel tussen piano en orkest gestalte geeft. De opbouw van het fragment dat je hoort, is als volgt:

1. Thema 1, het hoofdthema, in de violen, beantwoord door de houtblazers
2. Exacte herhaling van de openingssectie
3. Overgangssectie, thema 1 in gevarieerde vorm, imitaties tussen violen en houtblazers, plotseling forte in vol orkest, cadens op een lange noot
4. Thema 1 gespeeld door de piano
5. Thema 1 in gevarieerde vorm, in de strijkers, geïmiteerd door de houtblazers
6. Fragmenten van thema 1, imitaties tussen strijkers en houtblazers, duidelijke cadens en pauze
7. Thema 2 gespeeld door de piano (met enkele echo's in de hoorns)
8. Fragmenten van thema 1, imitaties tussen strijkers en houtblazers, de piano doorloopt vlot verschillende toonsoorten, overgang naar thema 3 (niet meer op het luistervoorbeeld te horen)

Kamermuziek

De Klassieke periode was een gouden tijdvak voor kamermuziek, vooral voor het strijkkwartet, het kamergenre par excellance. Maar ook voor solo-instrumenten en allerlei andere instrumentencombinaties werd kamermuziek geschreven: duosonates (bijvoorbeeld viool en piano), strijktrio's, gemengde kwartetten (bijvoorbeeld drie strijkers met piano of fluit), strijkkwintetten, enzovoort. Genres voor grotere, variërende instrumentale ensembles waren de *serenade* ('Nachtmusik'), het *divertimento,* het *notturno* en de *cassation.* Werken in die genres bestonden uit vier tot tien delen, waardoor deze lichte amusementsstukken enigszins verwant zijn aan de barokke suite, hoewel zij niet in dansvormen maar volgens Klassieke vormschema's gecomponeerd zijn. Ze werden vaak in de open lucht uitgevoerd.

HET STRIJKKWARTET

Het strijkkwartet, dat bestaat uit een eerste en tweede viool, altviool en cello, werd in deze periode het belangrijkste genre in de kamermuziek. De vier instrumenten bestrijken gezamenlijk een enorme toonomvang (zeven octaven) en het klankbeeld van het viertal is homogener dan van welke andere combinatie van instrumenten dan ook. Een compositie voor strijkkwartet heeft wel de vierdelige structuur van de symfonie, maar de klank is natuurlijk veel intiemer. De belangrijkste componisten van strijkkwartetten waren Haydn (83 kwartetten), Mozart (26), Luigi Boccherini (1743-1805) (91) en Beethoven (16).

Luistervoorbeeld 38 (cd 1 track 38)

Wolfgang Amadeus Mozart, opening (*Adagio*) van het *Strijkkwartet in C*, KV 465 ('Dissonantenkwartet'), 1785, strijkkwartet

Toen dit kwartet in 1785 gepubliceerd werd, kwam er spoedig kritiek op de adagio-inleiding. Critici meenden in ernst dat Mozart getolereerd had dat de partituur met fouten uitgegeven was! Zij stoorden zich aan de harmonische vermetelheid en de 'onjuiste' tonale progressies van deze inleiding. Men was eraan gewend dat de hoofdtoonsoort van een compositie direct duidelijk was, maar Mozart trakteerde zijn luisteraars op enkele wrange dissonanten en een *zwevende tonaliteit*.

Boven het somber bonzende ritme van de cello is een smartelijk dalend chromatisch motief te horen dat achtereenvolgens door altviool, tweede viool en eerste viool ingezet wordt. De toon a van de eerste viool dissoneert daarbij snijdend met de as van de altviool en de es van de tweede viool. En uit het stijgende motief dat daarna in de altviool volgt, ontwikkelt zich ten slotte pas na aanhoudende (voor Mozarts tijdgenoten tergende) harmonische spanningen het allegro-hoofdthema (dat op het luisterfragment niet meer te horen is).

Dat de partituur met fouten uitgegeven zou zijn, mist natuurlijk elke grond. Een blik op Mozarts handschrift van het werk leert dat hij de openingsmaten met grote nauwgezetheid en zeer weinig correcties noteerde en dat de eerste druk daar exact mee correspondeert. Mozart volgde in een streven naar nieuwe uitdrukkingsmiddelen zijn artistieke intuïtie en 'overtrad' daarbij welbewust de conventies van zijn tijd. De tegenwoordige receptie van de inleiding van dit meesterlijke kwartet is heel anders. De inleidende maten grijpen de luisteraar direct emotioneel aan. Zij scheppen een stemming van onzekerheid en spanning; de atmosfeer is bepaald duister te noemen. Maar na de grote spanningen van dit adagio met zijn raadselachtige stemvoering werkt de ontspanning van het daarop volgende klare diatonische allegrothema als een catharsis.

DE SOLOSONATE

De solosonate heeft meestal de driedelige structuur van het concert, maar zij is kleiner van omvang en minder groots van expressie. Pianosonates werden niet begeleid, sonates voor andere instrumenten kregen echter pianobegeleiding. Beethoven (afbeelding 32) schreef graag pianosonates; hij componeerde er 32.

Afbeelding 32. Ludwig van Beethoven, potloodtekening van August von Kloeter, 1818.

Luistervoorbeeld 39 (cd 1 track 39)

Ludwig van Beethoven, *Adagio* van *Pianosonate nr. 29 in Bes*, opus 106 'Hammerklavier', 1818, pianosonate

Beethovens Hammerklaviersonate wordt als een mijlpaal in de pianoliteratuur beschouwd. Door de kolossale omvang en de technische moeilijkheidsgraad is het werk een uitdaging voor elke pianist. Wellicht met enig satanisch genoegen schreef de componist zijn uitgever: 'Da haben Sie eine Sonate, die den Pianisten zu schaffen machen wird, die man in fünfzig Jahren spielen wird'. Net als andere late werken verraadt deze sonate Beethovens hernieuwde interesse in traditionele compositie-elementen: de sonatevorm, de modale harmonie en het contrapunt. Bijzonder is in dit licht het vierde deel, waarin een fuga geïncorporeerd is in de Klassieke sonatevorm.

Op het luistervoorbeeld hoor je het begin van het intens droevige maar wonderschone derde deel. Dit adagio sostenuto duurt alleen al zo'n 20 minuten, maar zelfs in dit korte fragment wordt het etherische karakter van dit deel voel- en hoorbaar. Merkwaardig is dat op het verheven hoofdthema met zijn brede harmonieën een lyrische passage volgt die onmiddellijk aan Chopin doet denken. Deze vooruitwijzing mag als symptomatisch gelden voor de invloed die Beethovens muziek gedurende de gehele negentiende eeuw uitgeoefend heeft.

Vocale muziek

OPERA

De instrumentale muziek won in de achttiende eeuw enorm aan betekenis, maar ook de vocale muziek floreerde, vooral de opera. In de eerste helft van de achttiende eeuw was Napels het brandpunt van activiteiten in de opera. We zagen in het vorige hoofdstuk al dat de opera een reeks aria's (verbonden door vluchtige recitatieven) was geworden, waarin de virtuoze solozang (bel canto) met spectaculaire *coloraturen* en andere versieringen hoogtij vierde. Het koor werd nog maar weinig gebruikt, de plots waren door gecompliceerde verwikkelingen en onwaarschijnlijke intriges gekunsteld geraakt en de belangrijkste heldenrollen waren weggelegd voor *castraten*. Deze Italiaanse opera seria was de favoriete vorm in heel Europa.

Daarnaast had zich uit de komische intermezzi die ter ontspanning tussen de bedrijven van de ernstige opera seria opgevoerd werden, een tweede type opera ontwikkeld: de opera buffa. Daarin raakten 'gewone' personages als dienstmeisjes en marktkooplieden in vermakelijke situaties verwikkeld. In deze komische opera lag de nadruk veel minder op solo-aria's en meer op het parlando recitatief, vlotte half-gesproken en half-gezongen dialogen. Hoewel Klassieke componisten beide typen opera's schreven, ging hun voorkeur op den duur uit naar de opera buffa. In Frankrijk kwam tegelijkertijd de opéra comique tot bloei.

Christoph Willibald von Gluck (1714-1787) hervormde de opera in samenwerking met zijn librettist Calzabigi vervolgens door terug te keren naar een waarschijnlijker handeling en door de muziek weer in dienst van het drama te stellen. Gluck koos voor zijn opera's *libretti* van literaire kwaliteit met onderwerpen en personages uit de Griekse mythologie. Hij schreef er muziek voor die uitstekend bij de dramatische situatie paste, want hij vond het zeer onwenselijk dat de zangers louter hun technische vaardigheden stonden te etaleren. De zangers moesten de volledig uitgeschreven partijen zingen zoals zij genoteerd stonden; geïmproviseerde versieringen werden niet langer getolereerd. Hij gebruikte de muziek van het orkest om dramatische eenheid te scheppen en het recitatief om de plot te ontvouwen. Gluck verving daarbij het 'droge' recitatief (recitativo secco) door een recitatief dat door het orkest begeleid werd (recitativo accompagnato). Gluck gaf het koor bovendien weer een prominente rol. Zijn ouvertures ten slotte zijn geen willekeurige 'openingsfanfares', want ze geven de dramatische atmosfeer van de opera direct weer.

In zekere zin keerde Gluck dus terug naar de opvattingen over de opera van de Florentijnse grondleggers rond 1600, maar tegelijkertijd schiep hij de grondslag voor de heroïsche opera van de negentiende eeuw. Hoewel zijn opera's vanwege de gestileerde mythologische verhaalstof op den duur geen repertoire hielden (met uitzondering van zijn meesterwerk *Orfeo ed Euridice*), was zijn invloed op tijdgenoten en opvolgers aanzienlijk.

Van de twintig opera's die Mozart schreef, kunnen er slechts twee als opera seria beschouwd worden. Voor zijn Italiaanse opera's (onder andere *Le Nozze di Figaro, Cosi Fan Tutte* en *Don Giovanni*) gaf hij de voorkeur aan het model van de opera buffa, zonder daarbij ooit in een triviale, komische toon te vervallen. Mozart was een meester in de muzikale typering van zijn personages. De plots van zijn opera's zijn nogal complex en bevatten vrijwel altijd geestige elementen, zelfs in een overwegend serieus werk als *Don Giovanni*.

Luistervoorbeeld 40 (cd 1 track 40)

Wolfgang Amadeus Mozart, duet *Là ci darem la mano* uit *Don Giovanni*, 1787, opera

Don Giovanni, de onvermoeibare vrouwenveroveraar (volgens zijn bediende Leporello had hij 640 affaires met vrouwen in Italië, talloze in Duitsland, 100 in Frankrijk, 91 in Turkije en 1003 in Spanje), heeft zijn oog laten vallen op Zerlina, een boerenmeisje dat zich net verloofd heeft met Masetto. Giovanni nodigt haar uit in zijn villa, belooft met haar te trouwen en een keurige dame van haar te maken. In dit duet horen wij hoe Giovanni steeds meer begint aan te dringen en hoe Zerlina daaronder dreigt te bezwijken, wat uiteindelijk ook gebeurt. Op overtuigende wijze brengt Mozart de twee belangrijkste dramatische ontwikkelingen in deze scène muzikaal tot uitdrukking: de veroveringstactiek van Giovanni en de gespeelde terughoudendheid van Zerlina, die immers wel erg gemakkelijk aan de mooie beloften van Giovanni toegeeft. De karakters van beide personen worden door Mozart zeer raak getypeerd.

Giovanni

Là ci darem la mano,	Daar [in de villa] zul je mij jouw hand geven,
Là mi dirai di si!	daar zul je 'Ja' zeggen!
Vedi, non è lontano,	Zie je, het is niet ver,
Partiam, ben mio, da qui!	laten wij daar naartoe gaan, schat!

Zerlina	
Vorrei, e non vorrei,	Ik wil wel, maar ik wil ook niet,
Mi tremo un poco il cor.	mijn hart beeft een beetje.
Felice, è ver, sarei,	Het is waar, ik zou gelukkig zijn,
Ma può burlarmi ancor.	maar hij kan mij voor de gek houden.
Giovanni	
Vieni, mio bel diletto!	Kom, mijn mooie lieveling!
Zerlina	
Mi fa pietà Masetto...	Ik heb medelijden met Masetto...
Giovanni	
Io cangierò tua sorte!	Ik zal je lot veranderen!
Zerlina	
Presto non son più forte...	Plotseling voel ik mij niet zo sterk meer...
Don Giovanni	
Andiam, andiam...	Laten we gaan...
Zerlina e Don Giovanni	
Andiam, andiam, mio bene,	Laten we gaan, mijn schat,
A ristorar le pene	om de pijn van
D'un innocente amor.	een onschuldige liefde te lenigen.

Mozart schreef ook 'volksopera's' in het Duits, het zogenaamde Singspiel, waarin gesproken dialogen gebruikt werden in plaats van recitatieven. Zijn bekendste werk in dit genre is *Die Zauberflöte*, één van de absolute hoogtepunten in de operageschiedenis.

ORATORIA EN MISSEN

Naast opera's schreven Klassieke componisten oratoria, missen en andere kerkmuziek. Haydn schreef twee oratoria, *Die Schöpfung* (afbeelding 33) en *Die Jahreszeiten*, en veertien missen. Mozart componeerde vijftien missen en het befaamde *Requiem* en Beethoven schreef onder andere zijn bekende *Missa Solemnis*. Deze werken werden net als in de Barok door solisten, koor en orkest uitgevoerd, maar de Klassieke componisten neigden meer naar homofonie, gemengde klankkleuren en een langzamer harmonisch ritme.

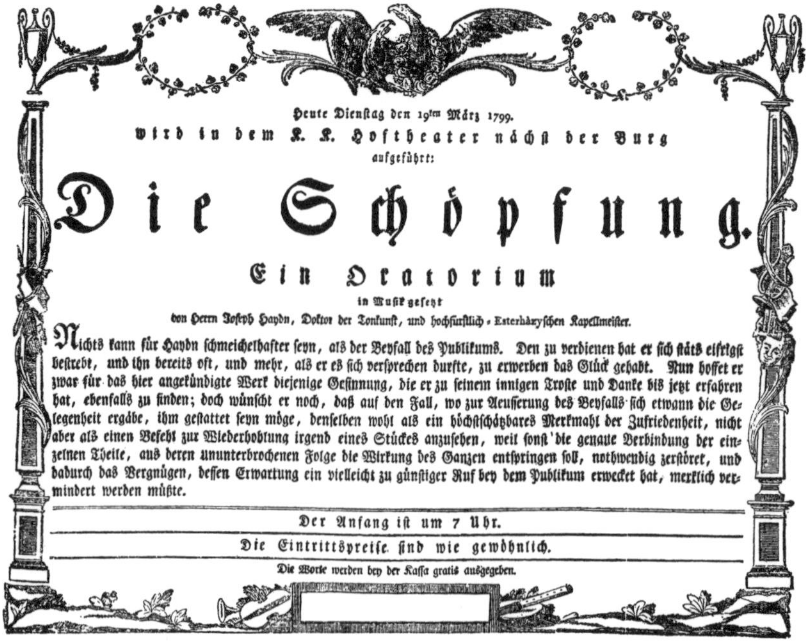

Heute Dienstag den 19ten März 1799.
wird in dem K. K. Hoftheater nächst der Burg
aufgeführt:

Die Schöpfung.

Ein Oratorium
in Musik gesetzt
von Herrn Joseph Haydn, Doktor der Tonkunst, und hochfürstlich - Esterházyschen Kapellmeister.

Nichts kann für Haydn schmeichelhafter seyn, als der Beyfall des Publikums. Den zu verdienen hat er sich stäts eifrigst bestrebt, und ihn bereits oft, und mehr, als er es sich versprechen durfte, zu erwerben das Glück gehabt. Nun hoffet er zwar für das hier angekündigte Werk diejenige Gesinnung, die er zu seinem innigen Troste und Danke bis jetzt erfahren hat, ebenfalls zu finden; doch wünscht er noch, daß auf den Fall, wo zur Aeusserung des Beyfalls sich etwann die Gelegenheit ergäbe, ihm gestattet seyn möge, denselben wohl als ein höchstschätzbares Merkmahl der Zufriedenheit, nicht aber als einen Befehl zur Wiederhohlung irgend eines Stückes anzusehen, weil sonst die genaue Verbindung der einzelnen Theile, aus deren ununterbrochenen Folge die Wirkung des Ganzen entspringen soll, nothwendig zerstöret, und dadurch das Vergnügen, dessen Erwartung ein vielleicht zu günstiger Ruf bey dem Publikum erwecket hat, merklich vermindert werden müßte.

Der Anfang ist um 7 Uhr.

Die Eintrittspreise sind wie gewöhnlich.

Die Worte werden bey der Kassa gratis ausgegeben.

Afbeelding 33. Aankondiging van de première van Die Schöpfung, *19 maart 1799 in Wenen.*

Overzicht stijlkenmerken Klassieke periode (1775-1815)

1.	Stemvoering	Overwegend homofoon.
2.	Toonomvang	Ruim (zonder de extremen van de Barok).
3.	Toonstelsel	Klassieke toonsoorten.
4.	Melodievorming	Evenwichtig en planmatig. Klare en relatief eenvoudige melodieën met een regelmatige frasestructuur. Soberheid in de versiering.
5.	Ritmiek	In het algemeen enkelvoudige maatsoorten (2⁄4 en 3⁄4) en een gelijkmatig ritme. Bij Mozart ook 'gespannen', onrustig; bij Beethoven meestal zeer gedreven.
6.	Harmonie	Diatonische harmonisatie met veel drieklanken. Volle en rijk gekleurde harmonie. Het harmonische ritme is lager dan in de Barok.
7.	Structuur	Krachtige, heldere en evenwichtige bouw met duidelijk onderscheiden delen. Motivische doorwerking in plaats van contrapuntische doorwerking. In plaats van het monothematische van de Barok veelal bithematisch (maar monothematisme komt ook in de Klassieke periode voor, met name bij Haydn). Contrastthematiek. Thematische en motivische Arbeit.
8.	Verhouding tekst-muziek	Muzikalisering van de tekst door middel van beweeglijke melodieën.
9.	Genres en vormen	Symfonie, sonate, strijkkwartet. Serenade, divertimento, notturno, cassation. Kunstlied, concert-aria. Opera seria en buffa, Singspiel, Opéra comique. (Voortzetting oudere vormen: concert, mis, oratorium, enzovoort.)
10.	Betekenis	Muziek van een grote helderheid en evenwichtigheid. Het symfonische beginsel komt in plaats van het concertatobeginsel. Thematische Arbeit wordt tot grote hoogten gevoerd. Uitbreiding orkest met klarinet, dwarsfluit, pauken, bekkens, harp, enzovoort. Opkomst pianoforte.

6

De Romantiek: 1815-1920

Revolutie en vrijheidsdrang

De late achttiende eeuw was een periode van grote politieke en sociale onrust. Als gevolg van de Amerikaanse Burgeroorlog, de Franse Revolutie en het begin van de Industriële Revolutie tekenden zich allerlei maatschappelijke veranderingen af. In het kielzog daarvan dienden zich vernieuwingen in alle kunsten aan en verloren de stijlkenmerken van het 'Classicisme' op den duur aan betekenis. De nieuwe stijlperiode, die het grootste deel van de negentiende eeuw en het begin van de twintigste eeuw besloeg, wordt Romantiek genoemd. Het romantische denken kwam het eerst naar voren in het werk van Duitse schrijvers als Goethe, Schiller en Heine, maar spoedig ook in de Engelse literatuur (Byron, Scott en Wordsworth). Schilders als Delacroix en Goya werden eveneens door de romantische geest gegrepen. In de muziek zien wij de nadering van een nieuwe tijd het eerst bij Beethoven. Zijn muziek heeft na 1800 vaak een romantische inslag.

De Romantiek ontsproot dus aan een revolutionaire tijdgeest, waarin vrijheidsdrang een belangrijke factor was. De nieuwe vrijheid in de kunsten impliceerde dan ook een vrijmaking van de opvattingen en vormen van het Classicisme. De vernieuwingen gingen echter niet in een welbepaalde richting, want wij zien een veelheid aan tendensen van nogal verschillende aard optreden. In de romantische literatuur bijvoorbeeld werd middeleeuwse verhaalstof vol schone jonkvrouwen en koene ridders in een wereld van raadselachtigheden, wonderen en mystiek gepresenteerd. Romantische schilders vermeden klassieke onderwerpen eveneens. Zij brachten voorstellingen met fantastische, shockerende en exotische scènes op het doek, die vaak aan historische en literaire bronnen ontleend waren. Maar daarnaast begonnen zij op indringende en realistische wijze actuele gebeurtenissen als revoltes en massale veldslagen te schilderen. Een ander contrast is dat de satire een belangrijke rol in de werken van schrijvers en schilders speelde, maar dat romantische kunstenaars tegelijkertijd veelvuldig getuigden van hun liefde voor de natuur. Ten slotte vonden allerlei nationalistische bewegingen en sentimenten hun weerslag in de kunst van de tweede helft van de eeuw. In de toonkunst zien wij een aantal nationale idiomen (Hongaars, Pools, Russisch, Boheems, Scandinavisch) floreren, waardoor de taal van de muziek melodisch, harmonisch en ritmisch enorm verrijkt werd.

Romantische componisten werden net als schilders en dichters door de nieuwe tijdgeest aangeraakt. Dat werd onder andere zichtbaar in de ontwikkeling van nieuwe muzikale genres als het Lied en het *symfonisch gedicht*. De Klassieke vormgevingsprincipes werden aangepast aan de romantische behoefte aan een strikt individuele expressie, want hoewel de componisten hun werken in feite nog baseerden op bouwstenen uit de Barok en de Klassieke periode gaven zij die op een zeer persoonlijke manier vorm.

Globaal (en enigszins oneerbiedig) gesproken klinken de composities uit de Barok allemaal ongeveer hetzelfde omdat de componisten universele stijl- en vormgevingsprincipes hanteerden. Dat geldt ook nog in sterke mate voor de pre-Klassieke toonkunstenaars, maar al veel minder voor de grote Klassieke meesters. In de Romantiek echter schiepen de grote componisten elk een volstrekt eigen muzikaal idioom. Je zult Chopin niet gemakkelijk verwarren met Wagner, of Tsjaikovsky met Brahms. Elke componist heeft een herkenbaar eigen idioom, waardoor het veel lastiger is om gemeenschappelijke stijlkenmerken in de muziek van de negentiende eeuw aan te wijzen dan in de muziek van eerdere perioden.

Als je de volgroeide muziek van de Romantiek met de rijpe Klassieke muziek vergelijkt, kunnen echter toch vrij gemakkelijk verschillen gesignaleerd worden. Romantische vrijheid, beweging, passie en zucht naar het onbereikbare staan dan tegenover orde, evenwicht, beheersing en perfectie; bewuste vaagheid en dubbelzinnigheid tegenover de Klassieke helderheid; suggestie, zinspeling en symboliek tegenover de eenduidige zeggingskracht van de Klassieken.

De muziek in de negentiende eeuw is sterk verbonden met dromen en hartstochten; met grondige beschouwing van leven en dood, de menselijke bestemming, God en de natuur; met vrijheidsdrang en nationale trots. Deze intellectuele en emotionele betrokkenheid maakte de muziek tot een belangrijke morele kracht. Zij getuigde van mens- en wereldbeelden en van een directe relatie tussen het innerlijk van de componist en de hem of haar omringende wereld.

Algemene stijlkenmerken

Bij bestudering van de kenmerken van romantische muziek stuit men op diverse schijnbare tegenstrijdigheden. Het al genoemde algemene contrast van raadselachtigheid en realisme is ook in de muziek aan te treffen. Je vindt zeer ongrijpbare composities (tastende, onbestemde, quasi-doelloze muziek), maar ook werken die sterk door volksmuziek geïnspireerd zijn (ongecompliceerde, direct herkenbare en aansprekende muziek). Opvallend is verder het sterk programmatische karakter van instrumentale composities, die weliswaar geen tekst hebben maar toch sterk literair geïnspireerd zijn. Dat komt doordat zij ontstaan zijn naar aanleiding van een bepaald literair werk of omdat zij een poëtische geest ademen. Het is geen toeval dat de term 'toondichter' uit de negentiende eeuw stamt.

Intrigerend is ook dat de componisten globaal genomen in twee nogal verschillende kampen te verdelen zijn. Enerzijds componisten als Berlioz, Liszt en Wagner, de hemelbestormers die gedreven werden door een revolutionaire vernieuwingsdrift, anderzijds componisten als Mendelssohn, Brahms en Bruckner, die niet alleen vasthielden aan Klassieke tradities, maar ook een warme belangstelling voor het muzikale verleden koesterden. Aan die laatste tendens hebben wij de voorzichtige herleving van grootheden als Bach en Palestrina te danken. (Voorzichtig, omdat de onstuitbare opmars van 'oude' muziek – de muziek van vóór 1800 – en in het kielzog daarvan de ongehoorde opkomst van de 'authentieke uitvoeringspraktijk' een brede ontwikkeling in de tweede helft van de twintigste eeuw is.) De groeiende interesse voor het muzikale verleden droeg ook nadrukkelijk bij aan de ontluiking van de wetenschappelijke bestudering van de muziekgeschiedenis.

Een andere opvallende tegenstelling heeft betrekking op de omvang van de composities. Symfonieën en opera's kregen vaak enorme proporties, maar andere composities (bijvoorbeeld *karakterstukken* voor piano) zijn daarbij vergeleken slechts miniaturen. Een compositie kon dus vijf uur duren, maar ook twee minuten. Ook in de expressie van emoties en gevoelens zien wij allerlei tegenstellingen, bijvoorbeeld hartstochtelijkheid tegenover dromerigheid of frustratie versus berusting. En terwijl vroeg-romantische componisten soms nog uitdrukking gaven aan een positief levensgevoel, overwegen het pessimisme en sombere noodlotsgedachten in de late Romantiek. Het duistere wereldbeeld komt bijvoorbeeld sterk naar voren in werken van Gustav Mahler (1860-1911), bij wie een duidelijke preoccupatie met de dood vast te stellen is.

Luistervoorbeeld 41 (cd 2 track 1)

Gustav Mahler, *Nun will die Sonn' so hell aufgehn* uit *Kindertotenlieder*, orkestlied

Nun will die Sonn' so hell aufgehn,	Nu zal de zon zo stralend opgaan,
Als sei kein Unglück die Nacht geschehn!	Alsof er die nacht geen ongeluk gebeurd is!
Das Unglück geschah nur mir allein!	Het ongeluk dat mij alleen kan gebeuren!
Die Sonne, sie scheinet allgemein!	De zon, zij schijnt voor iedereen!
Du mußt nicht die Nacht in dir verschränken,	Je moet de nacht niet in jezelf opsluiten,
Mußt sie ins ew'ge Licht versenken!	Je moet hem dompelen in het eeuwige licht!
Ein Lämplein verlosch in meinem Zelt!	Een lichtje is in mijn huis gedoofd!
Heil sei dem Freudenlicht der Welt!	Wees welkom vreugdelicht van de wereld!

Om uitdrukking te geven aan zijn peilloze verdriet schreef de dichter Friedrich Rückert in 1833-34 een stroom van 425 *Kindertotenlieder*. Twee van zijn kinderen waren met een tussentijd van slechts zestien dagen overleden. Gustav Mahler koos uit Rückerts verzameling vijf gedichten over het thema 'licht' en zette die tussen 1901 en 1904 op muziek. Zijn cyclus van orkestliederen kreeg drie jaar later een nog aangrijpender gevoelswaarde, omdat Mahlers eigen, vierjarige dochtertje Maria Anna aan difterie overleed. De componist schreef toen de schrijnende woorden: 'Ik verplaatste mij in de situatie dat mijn eigen kind was gestorven. Toen ik mijn dochter daadwerkelijk verloor, was ik niet meer in staat dergelijke liederen te schrijven.'

Waarom raakte Mahler zo in de ban van dit nogal morbide onderwerp? Vast staat dat hij van kindsbeen met de dood geconfronteerd was. Hij had de dood van acht bloedverwanten, waaronder zijn lievelingsbroer Ernst, meegemaakt. Mahler was misschien ook getroffen door het feit dat de overleden zoon van Rückert ook Ernst heette, hoewel geen van zijn *Kindertotenlieder* expliciet betrekking heeft op de dood van een jongetje.

Mahlers *Kindertotenlieder* zijn binnen het oeuvre van de componist in enkele opzichten nogal uniek. Zo is in de cyclus nergens een natuurevocatie te vinden; het is allemaal pure introspectie. Muzikaal valt op dat de orkestratie bescheiden is, wat goed past bij de treurige stemming van de liederen. En waar Mahler in andere werken vlot van de ene toonsoort naar de andere moduleert, zijn er in deze cyclus weinig veranderingen van toonsoort.

Nun will die Sonn' so hell aufgeh'n is het openingslied van de cyclus. Dit eenvoudige gedicht stelt in de vier rijmende versparen de tegengestelde gevoelens van rouw en troost aan de orde. 1. Opkomende zon, nachtelijke tragedie 2. Ongeluk voor mij, de zon schijnt voor iedereen 3. Sluit de nacht niet in jezelf op, dompel hem in het eeuwige licht 4. Een licht ging uit in mijn huis, welkom aan het licht van de wereld.

Hobo en hoorn leiden je meteen in een sombere klankwereld. De zanger draagt vervolgens een treurend duet met de hoorn voor. Hij zingt over de opgaande zon, maar in een dalende melodielijn. En als hij over het nachtelijke drama zingt, hoor je een traag stijgende melodielijn begeleid door 'troostende' strijkers en harp. Deze pendelbeweging in de expressie van rouw en troost is opmerkelijk. Na de eerste twee versregels hoor je een instrumentaal tussenspel met aan het eind het tere geluid van het klokkenspel.

Dit soort extreme verschillen is symptomatisch voor de compositorische vrijheid in de Romantiek. Een componist kon een werk scheppen dat volledig aan zijn persoonlijke intenties beantwoordde, hoe lang dat werk ook ging duren en hoe gecompliceerd het ook werd. Als gevolg van deze vrijheid kan romantische muziek uiterst ingewikkeld en virtuoos zijn, maar ook heel eenvoudig. De individuele uitdrukkingsmogelijkheden waren dus zeer ruim, maar desondanks zijn er wel algemene tendensen te bespeuren.

RITME EN TEMPO

De ritmiek van vroeg-romantische muziek week niet opvallend af van die van de voorgaande stijlperiode. Maar naarmate de eeuw vorderde, werden de ritmen gevarieerder en onconventioneler. Nieuwe maatsoorten raakten in zwang en om de ritmische spanning in hun werken op te voeren, gebruikten de componisten veelvuldig *syncopen* en *antimetrische patronen*. Tempowisselingen traden vaker en abrupter op dan in Klassieke en barokke werken. Componisten kozen niet zelden voor extreem langzame of uiterst snelle tempi, die met behulp van *metronoomgetallen* exact voorgeschreven werden. Aanwijzingen voor de uitvoering gaf men aanvankelijk nog in het Italiaans, maar later werden veel expressieve termen in de landstaal van de componist (vooral in het Duits en het Frans) bedacht om de aard van de vertolking te preciseren.

MELODIEVORMING EN FRASERING

Aan de melodievorming besteedden de romantische componisten veel aandacht. Melodieën werden in vergelijking met de Klassieke muziek gevat in omvangrijker frasestructuren, waren veelal asymmetrisch en hadden minder duidelijke cadensen. Veel melodieën zijn 'romantisch' gekleurd: warm, indringend, overrompelend, meeslepend, emotioneel, enzovoort.

Hoewel de majeur- en mineurtoonladders de vaste basis voor de melodievorming bleven, werd chromatiek na 1850 veelvuldig en met veel expressie toegepast. De chromatische toonladder, die alle twaalf toonhoogten van het octaaf bevat, gaf de componist de gelegenheid kleinere toonschreden in zijn melodie te gebruiken, rijkere harmonieën te scheppen en een veelheid aan toonsoorten aan te doen. De afwisseling van spanning en ontspanning, een stijlkenmerk van wisselend belang in de gehele muzikale stijlgeschiedenis, nam in de melodieën van de negentiende-eeuwse muziek extreme vormen aan.

Luistervoorbeeld 42 (cd 2 track 2)

Edvard Grieg, *In de hal van de bergkoning* uit *Peer Gynt Suite I*, 1875, toneelmuziek

De *Peer Gynt Suite* werd door Grieg in 1875 gecomponeerd als toneelmuziek bij het gelijknamige epische drama van Henrik Ibsen. Dat werk beschrijft de lotgevallen van de Noorse avonturier Peer Gynt. Het luistervoorbeeld betreft de scène waarin Peer bedreigd wordt door trollen, die steeds uitzinniger gaan dansen en hem ten slotte uit hun grot verdrijven. In de muziek van dit stuk wordt de spanning tot het uiterste opgevoerd. Het werk heeft maar één melodie, maar door de enorme versnelling van het tempo en de aanzienlijke versterking van het geluidsniveau ijlt de muziek naar een climax.

HARMONIE

In negentiende-eeuwse muziek wordt veelvuldig naar verre, dat wil zeggen niet-verwante, toonsoorten gemoduleerd, zodat onverwachte en spannende harmonische progressies te horen zijn. De gehele tonale aanpak diende ook niet zo zeer om een compositie te structureren als wel om expressieve klankkleuren en tonale spanningen te creëren. Chromatische en modale harmonieën kwamen veel voor en de basale drieklanken werden aangevuld met septiemen, *nonen*, *undecimen* en *tredecimen*, waardoor de graad van dissonantie toenam. Hoewel de homofone textuur in het algemeen domineerde, werden alle stemvoeringen (met uitzondering van de *heterofonie*) aangewend.

DYNAMIEK

De verschillen tussen luid en zacht werden in de negentiende eeuw groter dan voorheen. Componisten noteerden markeringen als 'ppp' (zo zacht mogelijk) en 'fff' (zeer luid) en wisselden soms plotseling tussen deze extremen. De partituren bevatten daarnaast tal van andere dynamische aanwijzingen, zoals crescendo, diminuendo, *sforzando,* enzovoort. In tegenstelling tot de goed voorbereide veranderingen in de muziek van de Klassieke periode kon de muziek van de Romantiek van het ene moment op het andere drastisch veranderen. Romantische muziek is vaak heftig en dramatisch van aard, omdat de componisten een steeds wisselende variëteit aan stemmingen en gemoedstoestanden tot uitdrukking brachten.

VORM

Net als in de Klassieke periode veranderden de vormgeving en de klankkleur in de Romantiek misschien wel het ingrijpendst. Hoewel componisten van de vroege negentiende eeuw vormen van de late achttiende eeuw overnamen (de sonatevorm, de variatievorm en het rondo bijvoorbeeld), werden deze veel minder strak gestructureerd dan voorheen. De delen van een werk waren onderling minder scherp gescheiden en op den duur gingen delen zelfs naadloos in elkaar over. Het ligt voor de hand dat de gangbare tonale procedures, die juist de functie hadden secties te onderscheiden, niet langer vanzelfsprekend waren. De traditionele vormen werden daarom omgewerkt en gemodelleerd naar de individuele stijl van de componist.

Daarnaast werden in de negentiende eeuw diverse nieuwe vormen en genres geschapen: karakterstukken, Lieder en cycli van liederen, concertouvertures, symfonische gedichten en programmatische symfonieën. De muziek bevatte veel vaker buitenmuzikale verwijzingen dan in de Klassieke periode, waarin de instrumentale muziek in hoge mate 'absoluut' was.

KLANKKLEUR

De mogelijkheden tot toonkleuring werden aanzienlijk uitgebreid door technische verbeteringen van instrumenten en een verbeterde techniek van de bespelers. Een nieuw systeem van vingerzetting stelde houtblazers bijvoorbeeld in staat complexe melodieën te spelen en de toevoeging van ventielen aan de trompet en de hoorn maakte deze instrumenten veel flexibeler. Het orkest werd ook verrijkt met nieuwe blaasinstrumenten: saxofoon, tuba, piccolo, Engelse hoorn (althobo) en contrafagot. Verbeteringen aan de slaginstrumenten, zoals het pedaal van de pauk (waarmee de pauk zeer snel in een andere stemming gebracht kan worden), en de toevoeging van met hamertjes aangeslagen instrumenten (xylofoon, marimba) breidden de klankkleuren in het orkest verder uit. Het symfonieorkest werd daardoor omvangrijker, mede omdat aan de traditionele instrumentenfamilies alten en tenoren werden toegevoegd.

Deze uitbreiding is goed te zien aan de samenstelling van het orkest bij Hector Berlioz (1803-1869) (afbeelding 34 en 35): eerste violen (in drie secties), tweede violen, altviolen, cello's (vaak in twee secties), contrabassen, twee harpen, twee fluiten, een piccolo, twee hobo's, een Engelse hoorn, twee klarinetten in D, een sopraanklarinet in Es, vier fagotten, twee trompetten, twee kornetten, vier hoorns, drie trombones, twee tuba's, vier pauken, een grote trom, een snaartrommel, bekkens (cimbalen) en een klokkenspel.

Luistervoorbeeld 43 (cd 2 track 3)

Hector Berlioz, *Marche au supplice* uit *Symphonie fantastique*, op. 14, 1830, symfonie

Berlioz' muziek is in de negentiende eeuw vaak het mikpunt van kritiek geweest. Wagner sprak zelfs van een 'duivels verwarrend muzikaal idioom'. Die kritiek is echter allang verstomd. Tegenwoordig wordt Berlioz veelal geroemd om zijn briljante instrumentaties, zijn vernieuwingsdrift en zijn essentiële rol bij de vorming van het moderne orkest. Over de *Symphonie fantastique* schreef Berliozkenner Hugh Macdonald: 'Op vrijwel elk aspect van de symfonie betreedt Berlioz nieuwe grond: de basisstructuur van vijf delen, de onconventionele behandeling van de afzonderlijke delen, het belang van het semi-autobiografische programma, de beklemmende omzetting van mentale gesteldheden in klank, de vindingrijkheid van de instrumentatie en de nog altijd markante originaliteit van zijn gevoel voor klankkleuren.'

Het programma van de *Symphonie fantastique* is hoogst opmerkelijk en zo wezenlijk dat Berlioz het gedetailleerd op papier liet verspreiden bij de eerste uitvoering van de symfonie. Daarbij moet aangetekend worden dat Berlioz hevig verliefd was op de Engelse actrice Harriet Smithson en met zijn symfonie diepe indruk op haar hoopte te maken. In een muzikale 'biografie' zou hij zijn gevoelens voor haar prijsgeven om haar en (in één moeite door) de wereld te veroveren! (Toen zij enkele jaren later trouwden, bleek het huwelijk geen succes. Om niet te zeggen: een fiasco.)

Het eerste deel, *Rêveries-Passions*, handelt over de jonge musicus die verliefd wordt op de ideale vrouw, die hem in de vorm van een *idée fixe* achtervolgt. Dit muzikale thema keert in alle delen in verschillende gedaanten terug. Ook in het tweede deel, *Un bal*, doemt het beeld van de geliefde in het feestgedruis voor hem op. Als de musicus zich in de natuur begeeft (derde deel: *Scène aux champs*) vindt hij even rust, maar die wordt spoedig vertroebeld door donkere voorgevoelens. In het volgende deel (*Marche au supplice*) droomt hij dat hij zijn geliefde vermoord heeft en daarom de gang naar het schavot moet maken. In het laatste deel, *Songe d'une nuit*, verschijnt de beminde vrouw nog eens, echter bij een heksensabbat ter gelegenheid van de begrafenis van de musicus.

Je hoort het slot van 'De gang naar het schavot'. Daarin verschijnt het thema van de geliefde in de klarinet, gemarkeerd 'dolce assai e appassionato', zo lieflijk en gepassioneerd mogelijk. Maar het wordt afgesneden door een bars fortissimo-akkoord, dat de fatale val van het blad van de guillotine suggereert. Het pizzicato in de strijkers dat er meteen op volgt, zou de val van het afgehakte hoofd verklanken. Ten slotte hoor je het gejuich van de menigte…

Nieuwe verbeteringen aan het instrumentarium (de concertharp kreeg bijvoorbeeld verstelbare pedalen) en de uitvinding van nieuwe instrumenten, zoals de *celesta*, voegden wederom nieuwe klankkleuren aan het orkest toe. Omdat de componist de beschikking kreeg over een enorm uitgebreid palet van klankkleuren, werd de *orkestratie* een studie op zich. Berlioz en Nicolai Rimsky-Korsakov (1844-1908) wijdden gezaghebbende studies aan dit onderwerp, respectievelijk *Grand traité d'instrumentation et d'orchestration modernes* (1843) en *Grondbeginselen der instrumentatie* (Nederlandse vertaling, 1913).

Afbeelding 34. Karikatuur van Hector Berlioz als dirigent, 1846.

Professionalisering

Met de komst van conservatoria en universitaire muziekopleidingen konden componisten en uitvoerende musici in de negentiende eeuw een grondige, professionele vorming krijgen. Als gevolg daarvan verbeterde het niveau van beide groepen in de breedte sterk en kreeg het muziekleven krachtige impulsen voor verdere ontplooiing. Ook op het vlak van de orkestdirectie werd een professionele stap gezet. In de Barok kende men de dirigent, de man die de musici staande voor het orkest leidt, nog niet. In de Klassieke periode ver-

Afbeelding 35. Hector Berlioz, foto uit 1867.

scheen de orkestleider voorzichtig ten tonele, maar in de Romantiek werd de dirigent zeer belangrijk. Hij moest het rijke klankbeeld van romantische composities met een gigantisch orkest zien te verwezenlijken.

Luistervoorbeeld 44 (cd 2 track 4)

Richard Wagner, Voorspel tot de derde akte van *Lohengrin*, 1846-1848, opera

De uitvoering van dit gecompliceerde werk is inderdaad gebaat bij een strakke regievoering van een gedecideerde dirigent. Het voorspel heeft drie thema's. De eerste twee zijn aan elkaar verwant, het derde contrasteert echter in ritmisch en dynamisch opzicht met de twee voorgaande. Het derde thema wordt eerst door de hobo gespeeld en vervolgens door de houtblazers en strijkers herhaald.

Sociale status

De sociale positie van componisten en musici veranderde in de negentiende eeuw eveneens. In vroegere perioden waren zij werknemers die door het hof, de kerk of de adel aangesteld waren om muziek te componeren en uit te voeren. Maar de Franse Revolutie en de nasleep daarvan maakte vrijwel een einde aan deze vorm van patronage. Componisten werkten voortaan voor zichzelf. Zij trachtten opdrachten te verwerven bij velerlei 'patronen' en niet meer alleen bij een vorst, bisschop of edelman.

Tegelijkertijd kreeg de opkomende burgerij behoefte aan een eigen muziekleven, wat resulteerde in publieke concerten die men tegen betaling van entreegeld kon bijwonen. Van grote betekenis was dat het publiek niet uitsluitend om nieuwe composities vroeg, maar ook oude(re) werken wilde horen. Daardoor kreeg men in brede kring interesse voor de muziekgeschiedenis en kwam op den duur het concept van het historische meesterwerk, dat nog altijd een belangrijke rol in de receptie van de hedendaagse beluisteraars van klassieke muziek speelt, tot stand.

Inmiddels kon de componist zich verheugen in zijn status van vrij scheppend kunstenaar, maar het feit dat hij niet langer aan een vaste broodheer gebonden was, maakte hem wel kwetsbaar op de arbeidsmarkt. Door de nieuwe, commerciële aanpak van het concertleven was hij noch van de uitvoering van een nieuw werk noch van een honorarium voor dat werk verzekerd. Behalve als zij uit welgestelde families kwamen, leden componisten in het algemeen dan ook een onzeker bestaan. Zij moesten in veel gevallen in hun levensonderhoud voorzien door naast het componeren les te geven, op te treden, te dirigeren en muziekrecensies te schrijven. Sommige componisten zochten hun heil in weerwil van de veranderde omstandigheden toch maar bij een rijke beschermheer (of -dame, zoals in het geval van Tsjaikovsky), maar velen moesten hun inkomen bij elkaar sprokkelen om als zelfstandig kunstenaar in leven te kunnen blijven.

Instrumentale muziek

DE SYMFONIE

In de eerste helft van de negentiende eeuw bleven de componisten symfonieën in de Klassieke vierdelige vorm schrijven, maar deze werken waren vaak programmatisch van inhoud (bijvoorbeeld Berlioz' *Symphonie Fantastique* en Mendelssohns *Italiaanse Symfonie*). De symfonie werd op den duur wel omvangrijker dan voorheen, want de delen werden soms enorm uitgebreid of er werden nieuwe delen toegevoegd. Tussen de opeenvolgende delen hoefde trouwens geen duidelijke pauze ingelast te worden; delen konden naadloos in elkaar overgaan. Daardoor werd het traditionele vierdelige vormprincipe van de symfonie steeds vaker doorbroken. Beethoven was in zijn *Zesde symfonie* de eerste die van deze traditie afstapte. De sonatevorm werd vrij gehanteerd en het menuet werd (het eerst wederom door Beethoven) vervangen door het scherzo. Thema's konden in alle delen van de symfonie terugkeren, waardoor het werk een cyclisch karakter kreeg. Soms werden in navolging van Beethovens *Negende symfonie* zangstemmen aan de symfonie toegevoegd.

ANDERE SYMFONISCHE VORMEN

Een belangrijke vernieuwing was de introductie van het symfonisch gedicht, een programmatisch orkestwerk in één deel. Franz Liszt (1811-1886) (afbeelding 36) wordt beschouwd als de schepper van dit genre. Omdat het symfonisch gedicht aan bepaalde ervaringen, gebeurtenissen of situaties refereert (of zelfs een heel verhaal vertelt), is de muzikale weergave van (veranderingen van) gemoedstoestanden een evident bestanddeel van dit genre.

Luistervoorbeeld 45 (cd 2 track 5)

Franz Liszt, begin van Symfonisch gedicht nr. 11 *Hunnenschlacht*, 1857, symfonisch gedicht

Liszt componeerde zijn symfonische gedichten vaak naar aanleiding van literaire bronnen. Soms verwijst alleen de titel naar zo'n literaire inspiratiebron (zoals bij *Mazeppa* en *Hamlet*), maar de partituur van *Les Préludes (d'après Lamartine)* wordt voorafgegaan door een door de componist vervaardigde synopsis van Lamartine's bundel *Méditations Poétiques*. De verwijzing naar literaire gegevens kan dus van zeer algemeen tot zeer concreet zijn, maar in alle gevallen geldt dat men de muziek van het symfonisch gedicht niet moet zien als een 'omzetting' van de literaire tekst. Zowel de muziek als de literaire tekst zijn autonome presentaties van verhaalstof met een universele strekking.

In enkele gevallen gaven geheel andere inspiratiebronnen Liszt aanleiding tot het schrijven van een symfonisch gedicht. *Veldslag van de Hunnen* is daar een pakkend voorbeeld van. De componist had een grote wandschildering van Wilhelm von Kaulbach gezien, die de veldslag tussen het leger van de Christenen onder aanvoering van Theodorik en de horden van Attila de Hun in 451 afbeeldde. Het gevecht was zo hevig dat de geesten van de gesneuvelde strijders de slag, aldus de legende, in de hemel voortzetten. De partituur van Liszt bevat dan ook de instructie dat 'alle instrumenten als geesten moeten klinken'! *Hunnenschlacht* is onder zijn symfonische gedichten misschien wel de meest visuele evocatie.

Afbeelding 36. De jonge Franz Liszt, lithografie van Josef Kriehnberg, 1838.

De *concertouverture* is verwant aan het symfonisch gedicht maar heeft een strakkere vorm. *Symfonische suites* waren populair; zij zijn niet noodzakelijk gebaseerd op dansen, wat in vroegere suites wel het geval was. De meeste suites bestaan uit verschillende korte, programmatische karakterstukken, zoals Moessorgski's De *schilderijententoonstelling*. Soms werden suites als balletmuziek geschreven en dan werden dansvormen gerespecteerd.

Luistervoorbeeld 46 (cd 2 track 6)

Modest Moessorgski, *Bydlo (De ossenkar)* uit *De schilderijententoonstelling*, 1874, pianocyclus

De hele negentiende eeuw hebben componisten ernaar gestreefd het beeldend vermogen van muziek te vergroten. Bij de wens om een 'schilderende' muziek te realiseren, is de overtuiging van het superieure voorstellingsvermogen van muziek essentieel. Maar ook de opvatting van muziek als voorstelling van een buitenmuzikale realiteit. De idee van een 'schilderende' muziek gaat dus wonderlijk samen met de autonome opvatting van muziek, het geloof in de muziek als zelfstandige 'taal'.

Om te achterhalen wát schilderende muziek nu precies schildert, is het aantrekkelijk om een muziekstuk te bestuderen dat een schilderij beoogt te representeren. Moessorgski's *Schilderijententoonstelling* bestaat uit 15 pianostukken, die zijn geïnspireerd op een tentoonstelling van schilderijen van zijn overleden vriend Victor Hartmann. De georkestreerde versie van Maurice Ravel is bekender geworden dan het originele pianowerk.

Bydlo is een muzikale expressie van een zich bonkend voortbewegende ossenkar. Het gaat vooral om de suggestie van een trage, moeizame voortgang. Moessorgski roept op overtuigende wijze de gewaarwordingen van traagheid en zwaarte op.

HET CONCERT

Ook in romantische concerten werden alle klankkleuren van het symfonieorkest benut. Het driedelige schema uit eerdere perioden bleef gehandhaafd, maar de dubbele expositie werd meestal vermeden door niet het orkest maar de solist het eerste deel te laten openen. De piano was het favoriete solo-instrument. Alle soloconcerten werden met een virtuoze partij voor de solist geschreven. Daarbij lag de nadruk nogal eens op puur technische vaardigheden, wat niet zelden tot muzikale waaghalzerij van de solist leidde. De cadensen werden zeer uitvoerig en gecompliceerd. De fijne balans tussen solist en orkest van het Klassieke concert verdween en maakte plaats voor een waar gevecht, een muzikale tweestrijd tussen solist en orkest. Deze strijd was doorgaans aanzienlijk heftiger dan de wedijver in de barokke concertatostijl. Als in alle romantische muziek konden dezelfde thema's in verschillende delen van het concert klinken. Dit cyclische principe werd in de negentiende eeuw gemeengoed.

Luistervoorbeeld 47 (cd 2 track 7)

Felix Mendelssohn, Allegro molto appassionato uit *Vioolconcert in e,* op. 64, 1844, vioolconcert

Dit prachtige vioolconcert is geschreven voor de befaamde violist Ferdinand David, de concertmeester van Mendelssohns orkest, het Gewandhausorchester Leipzig. De violist moet er zeer mee ingenomen zijn geweest, want het werk laat een unieke combinatie van tedere lyriek en vermetele virtuositeit horen. Het werk was meteen een groot succes en is ook nu nog een van de geliefdste concerten uit de negentiende eeuw.

Mendelssohn getuigt volop van zijn bijzondere gaven: de krachtige vormbeheersing, de briljante vioolpartij, de subtiele orkestratie en de enigszins gereserveerde maar toch gevoelige expressie. De drie delen worden zonder onderbreking gespeeld. In het eerste deel vermijdt de componist de traditionele orkestinleiding; de soloviool zet vrijwel meteen het hoofdthema in. De dramatische en expansieve melodie vormt met zijn uitgebalanceerde en symmetrische deelfrasen een brede spanningsboog. Het thema klinkt (ondanks de mineurtoonsoort) stralend en in een hoog register boven de murmelende begeleiding van het orkest. Na virtuoos passagewerk van de solist neemt het orkest het hoofdthema over. Daarna introduceren de violen een nieuwe vloeiende melodie, die de solist een octaaf hoger herhaalt. Deze melodie vormt de brug naar het tweede hoofdthema, maar dat is niet meer op het luistervoorbeeld te horen.

PIANOMUZIEK

Het brede publiek van 'gewone' burgers hield van virtuoze uitvoeringen en de piano was daarvoor zeer geschikt. Er ontstond een omvangrijke pianoliteratuur, die veelal geschreven was door componisten die hun werken zelf uitvoerden. Vernieuwingen waren niet alleen toe te schrijven aan het vernuft van de componist maar ook aan technische veranderingen aan de piano. De pianoforte was al in de achttiende eeuw uitgevonden en bleef een eeuw lang vrijwel onveranderd. Maar de pianobouwer Sébastien Erard veranderde het mechaniek in 1821 zodanig dat elke toetsaanslag snel herhaald kon worden zonder dat het hamertje van de aangeslagen toets eerst naar zijn oorspronkelijke positie hoefde terug te keren. In 1825 werd door Alpheus Babcock bovendien een ééndelig, gietijzeren frame voor de piano vervaardigd. Daaraan konden dikkere snaren bevestigd worden dan aan een houten frame. Het nieuwe frame kon een enorme druk weerstaan, waardoor de dynamische omvang van de piano aanzienlijk toenam en het instrument krachtiger en welluidender dan voorheen klonk. De gegoede burgerij kon zich de aanschaf van een piano veroorloven en zo werd de piano zowel een pronkstuk en statussymbool als het favoriete instrument van amateurmusici.

Luistervoorbeeld 48 (cd 2 track 8)

Johannes Brahms, *Ballade in g*, opus 118, pianostuk

Stukken als deze ballade van Brahms hebben zeker bijgedragen aan de populariteit van pianomuziek. Het werk is gebaseerd op twee muzikale ideeën: een dramatisch en een lyrisch thema. Je hoort eerst het dramatische thema in g mineur, dat snel, luid en gedreven gespeeld wordt, later het lyrische thema in B majeur, dat langzamer, zacht en zangerig voorgedragen wordt.

Afbeelding 37. Robert Schumann, krijttekening door Eduard Bendemann, 1859.

Componisten van romantische pianomuziek waren onder andere Beethoven, Schubert, Schumann (afbeelding 37), Mendelssohn, Brahms, Chopin en Liszt. Beethoven schreef vooral pianosonates, maar door de veranderde tijdgeest kwamen nieuwe pianogenres op. Deze waren minder omvangrijk dan de sonate en hadden soms een nationaal tintje. De *wals*, de *polonaise* en de *mazurka* werden populaire, gestileerde, niet-dansbare pianostukken. Soms werden zij echter specifiek voor de danszaal geschreven en dan behielden zij de vorm, het ritme en de energieke motoriek van de oorspronkelijke dansen. Andere vormen waren niet zozeer nieuw als wel oude vormen in een nieuw jasje: bijvoorbeeld de fantasie, de ballade en de *romance*. De nocturne is een karakterstuk waarin de melodie boven een arpeggio-begeleiding klinkt. Dat genre werd vooral populair in de salons, waar de gegoede burgerij, intellectuelen en kunstenaars elkaar ontmoetten. Nocturnes werden het eerst geschreven door de Ierse componist John Field (1782-1837), maar het genre wordt altijd sterk geassocieerd met Chopin, die in dit genre bijzonder uitblonk. De etude was een ander geliefd karakterstuk; de naam suggereert dat het om een oefenstuk gaat, maar het genre is vaak virtuozer van aard dan bijvoorbeeld de nocturne. Andere karakterstukken waren de *bagatelle*, de *impromptu*, het *capriccio*, de prelude en het *intermezzo*. Vrijwel al deze stukken zijn miniaturen, zodat zij gewoonlijk in cycli of series uitgevoerd worden om het pianorecital de gewenste duur te verlenen.

Luistervoorbeeld 49 (cd 2 track 9)

Robert Schumann, *Carnaval*, opus 9 nr. 6 *'Florestan'*, 1834, pianocyclus

Carnaval is een cyclus van 21 korte stukken, waarvan de titels een feestelijk gemaskerd bal met gevarieerde karakters, stemmingen en bezigheden suggereren. Schumann noemde het werk 'een muzikale galerie van portetten', want *Carnaval* presenteert schetsen van musici (Chopin, Paganini), jonge vrouwen in het leven van de componist (zijn vriendin Ernestine von Fricken en Clara Wieck, zijn latere echtgenote), standaardkarakters van de commedia dell'arte (Arlequin, Pantalon en Colombine) en twee zelfportretten van de introverte en extraverte kanten van zijn eigen persoonlijkheid: de contemplatieve en lyrische Eusebius en de onrustige en felle Florestan.

De ondertitel van *Carnaval* luidt 'Kleine scènes op vier noten', omdat het motief A-Es-C-B en de varianten As-C-B en Es-C-B-A door vrijwel het hele werk lopen. De keuze voor dat motief was duidelijk ingegeven door zijn liefde voor Ernestine, want de letters ASCH (in Duitsland wordt de noot B met H aangeduid) komen zowel voor in de naam van Ernestines geboorteplaats als in die van de componist zelf.

Carnaval is bij uitstek een werk waarin spontaniteit, inventiviteit en een briljante techniek hand in hand gaan. Je hoort het karakter van Florestan geschetst in het energieke thema, de rapsodische stijl en de uitgesproken ritmes. Zonder dat het muzikale verloop onderbroken wordt, verandert de muziek toch herhaaldelijk abrupt van karakter. Maar de ritmisch-melodische motieven keren wel steeds terug. Florestan is zo onstuimig dat hij zichzelf voortdurend in de rede valt. Hij begint zijn betoog als een razende, remt meteen weer af, vervolgt dan het geagiteerde betoog, onderbreekt zichzelf opnieuw, stopt bij een opwellende gedachte, mijmert, probeert zich iets te herinneren, neemt de draad van zijn betoog weer op en herinnert zich dan waar de associatie vandaan kwam: een 'papillon' (vlinder), een verwijzing naar *Papillons*, een eerdere pianocyclus van Schumann. Het korte stuk eindigt met een onzekere cadens en gaat direct over in het volgende stuk.

Chopin (afbeelding 38) en Liszt zijn de belangrijkste vertegenwoordigers van een nieuwe, romantische pianostijl. Chopin schreef vrijwel alleen voor de piano. Hij prefereerde korte karakterstukken boven langere werken, die een uitvoeriger ontwikkeling vereisen. Chopins muziek is zeer melodisch van aard en bevat onconventionele, gedurfde modulaties en harmonische progressies. Zijn werken zijn veelal lyrisch en dichterlijk en klinken niet altijd virtuoos, maar dat is nogal bedrieglijk want voor de uitvoering van Chopins werken is grote technische vaardigheid vereist. Het is opvallend hoeveel stukken van Chopin tot het standaard pianorepertoire zijn gaan behoren: melancholieke en meditatieve nocturnes, visionaire preludes, poëtische etudes, fantasierijke en speelse impromptus, briljante en kokette walsen, Pools gekleurde mazurka's en polonaises.

Luistervoorbeeld 50 (cd 2 track 10)

Frédéric Chopin, *Mazurka in g*, opus 67 nr. 2, 1849, pianostuk

De mazurka is een karakteristieke Poolse volksdans in driekwartsmaat met het accent niet op de eerste maar op de tweede of derde tel van de maat. In Chopins mazurka voor piano is goed te horen dat het accent wisselt. Nu eens valt het op de tweede tel, dan weer op de derde. Het stuk bestaat uit drie secties. De eerste bevat twee thema's van elk acht maten. In de tweede wordt naar Bes-groot (de parallelle toonsoort van g-klein) gemoduleerd. Dit deel heeft eveneens twee thema's van acht maten, maar die worden nog gevolgd door een enigszins raadselachtige passage voor de rechterhand alleen. De derde sectie is een identieke herhaling van de eerste.

Franz Liszt schreef pianocomposities die vrijwel altijd grote virtuositeit van de uitvoerder vergen. Ze zijn sterk gericht op een spectaculaire en overrompelende vertolking. Liszt benaderde het pianospel ongeveer zoals Niccolò Paganini (1782-1840), de alom bejubelde vioolvirtuoos, het vioolspel en hij tilde de pianotechniek daardoor naar nieuwe niveaus. Liszt bekommerde zich in zijn muziek in het algemeen niet zozeer om de vorm, maar hij besteedde wel veel aandacht aan een briljante voordracht en schuwde showelementen

Afbeelding 38. Frédéric Chopin, daguerreotype uit 1849.

daarbij niet. Hij was een befaamd concertpianist, die overal in Europa eigen composities en *pianotranscripties* van symfonieën van andere componisten speelde (afbeelding 39). Vele luisteraars hoorden de muziek van Bach, Paganini en Wagner en zelfs de symfonieën van Beethoven waarschijnlijk voor het eerst in deze pianotranscripties.

KAMERMUZIEK

Hoewel kamermuziek in de negentiende eeuw verhoudingsgewijs minder belangstelling genoot dan in de Klassieke periode, bleef zij een onderdeel van de muzikale productie. Dat componisten in de Romantiek minder vanzelfsprekend dan hun Klassieke voorgangers kamermuziek schreven, is mede toe te schrijven aan hun veranderde arbeidsomstandigheden. Er was minder

Afbeelding 39. Liszt geeft een concert in aanwezigheid van keizer Franz-Josef en zijn familie, 1872.

vraag naar kamermuziek dan voorheen. Maar omdat componisten voor hun levensonderhoud afhankelijk waren van opdrachten, gingen zij kamermuziek natuurlijk niet uit de weg. Zij schreven, met uitzondering van enkele componisten die zich specialiseerden in werken voor solozangstem en/of piano, in elk gewenst genre en dus ook kamermuziek. Een van de belangrijkste componisten op dit terrein was Brahms. Hij schreef kamermuziekwerken voor allerlei instrumentencombinaties: een hoorntrio, pianotrio's, strijkkwartetten, een pianokwintet en talloze sonates.

Luistervoorbeeld 51 (cd 2 track 11)

Johannes Brahms, *Allegro con brio* uit *Hoorntrio in Es,* op. 40, 1865, kamermuziek

Brahms schreef dit trio in 1865 voor de ongebruikelijke bezetting van hoorn, viool en piano. De introductie van de hoorn in deze kamermuziekbezetting is wellicht te verklaren uit het feit dat Brahms zelf graag hoorn speelde.

Ik geef een korte schets van de vier delen van dit prachtige werk. Het eerste deel heeft met zijn pastorale en rustieke toon een magische klank. Hoorn en viool voeren een schijnbaar eenvoudige maar intense conversatie, terwijl de trotse piano de romantische atmosfeer schept die zo kenmerkend voor Brahms is. Na het krachtige scherzo (met een terughoudend en somber triodeel in het midden) volgt een treurig adagio, dat de componist schreef ter nagedachtenis van zijn moeder, die enkele maanden voor de compositie van dit trio was overleden. De finale daarentegen, waarvan je het begin op het luistervoorbeeld hoort, sprankelt van leven. Het eerste thema wordt gespeeld door de viool met *staccato* pianobegeleiding. Daarna voegt de hoorn zich een octaaf lager bij de viool. Het tweede thema wordt ingezet door de piano en geïmiteerd door de viool. De hoorn is ook steeds prominent aanwezig.

Vocale muziek

LIEDER

Het sololied had dezelfde intentie als de korte pianocompositie: in twee of drie minuten diende een veelal gevoelig 'verhaal' gepresenteerd of een gemoedstoestand getypeerd te worden. Deze opgave vormde een aantrekkelijke uitdaging voor componisten van liederen. Hun aandacht ging daarbij niet eenzijdig uit naar de tekst en de zangpartij. Integendeel, het is opmerkelijk dat zij de pianopartij tot een subtiele, expressieve en onmisbare partner van de zangstem wisten te verheffen.

In vocale werken kan de relatie tussen tekst en muziek heel verschillend zijn. In een opera-aria bijvoorbeeld is de muziek in het algemeen de dominante factor, maar in het recitatief is de tekst belangrijker. In *Lieder* (ik houd hier de Duitse benaming voor het kunstlied aan om het onderscheid met andere liederen te markeren) wordt gestreefd naar een fijne balans tussen tekst en muziek. Het uitgangspunt is dat die twee elementen gelijkwaardig zijn. De relatie tussen tekst en muziek is zelfs zo hecht dat een goede vertaling van een Lied nauwelijks mogelijk is. Het Lied stamt niet uit de romantische periode (Klassieke componisten als Mozart en Beethoven schreven al Lieder), maar het genre werd pas in de vroege negentiende eeuw populair bij componisten en het publiek.

Franz Schubert (1797-1828) (afbeelding 40) schreef meer dan zeshonderd Lieder met veel gevoel voor evenwicht tussen tekst en muziek. Strofische liederen hadden in vroegere stijlperioden steeds dezelfde muziek in alle strofen. Maar Schubert voegde de muziek waar nodig naar de tekst om een optimale aansluiting van tekst en muziek te vinden. Daardoor ontstond de aangepaste strofische vorm. Hij schreef ook volledig *doorgecomponeerde* Lieder (bijvoorbeeld *Erlkönig*), waarin de muziek voortdurend verandert om de gemoedsbewegingen in de tekst te verklanken. Schubert koos voor zijn Lieder meestal gedichten van hoge literaire kwaliteit. Gedurende de gehele negentiende eeuw stonden Schuberts liederen model voor andere Liedcomponisten.

Luistervoorbeeld 52 (cd 2 track 12)

Franz Schubert, *Erlkönig*, 1815, Lied

Dit Lied is gebaseerd op een ballade van de Duitse dichter Goethe. Die vertelt het trieste verhaal van een vader die 's nachts met zijn zieke zoon te paard naar huis rijdt. De jongen wordt achtervolgd door visioenen van de Elfenkoning, een symbool van de dood. Als zij thuis arriveren, blijkt de jongen gestorven te zijn. Hij is voor de Elfenkoning bezweken. Een bijzonderheid is dat de zanger in dit Lied vier rollen moet zingen, die van de verteller, de vader, de zoon en de Erlkönig. Merk op hoe Schubert al die rollen invult door de ligging, de dictie en dynamiek van de stem te variëren.
Dit Lied is een karakteristiek voorbeeld van een doorgecomponeerd Lied, omdat de melodie in de loop van het drama voortdurend verandert. De piano-inleiding (die in het luistervoorbeeld enigszins bekort is) suggereert een galopperend paard. De tekst van het fragment is als volgt:

Verteller	
Wer reitet so spät durch Nacht und Wind?	Wie rijdt er zo laat door nacht en wind?
Es ist der Vader mit seinem Kind.	Het is de vader met zijn kind.
Er hat den Knaben wohl in dem Arm,	Hij houdt de jongen in zijn arm,
Er faßt ihn sicher, er hält ihn warm.	houdt hem stevig vast en houdt hem warm.
Vader	
Mein Sohn, was birgst du so bang dein Gesicht?	Mijn zoon, waarom verberg jij je gezicht zo bang?
Kind	
Siehst, Vater, du den Erlkönig nicht	Zie je, vader, de Elfenkoning niet,
Den Erlkönig mit Kron' und Schweif?	de Elfenkoning met kroon en cape?
Vader	
Mein Sohn, es ist ein Nebelstreif.	Mijn zoon, het is een nevelsliert.
Erlkönig	
Du liebes Kind, komm, geh' mit mir!	Jij lief kind, kom, ga met mij mee!
Gar schöne Spiele spiel' ich mit dir.	Ik wil zulke leuke spelletjes met je doen.
Manch' bunte Blumen sind an dem Strand,	Er staan vele mooie bloemen langs de oever,
Meine Mutter hat manch' gülden Gewand.	mijn moeder heeft een heleboel gouden gewade

Andere belangrijke componisten van Lieder zijn Schumann, Mendelssohn, Brahms en Hugo Wolf (1860-1903). Wolf is de belangrijkste componist van het genre in de tweede helft van de eeuw. Zijn oeuvre bestaat vrijwel geheel uit liederen.

Het Lied ontwikkelde zich in Frankrijk vanuit dezelfde intenties als in het Duitse taalgebied en ook daar zorgden eminente dichters (Verlaine, Mallarmé en Baudelaire bijvoorbeeld) voor prachtige teksten. De Franse sololiederen worden mélodies of chansons genoemd. Componisten als Duparc (1848-1933), Fauré (1845-1924), Gounod (1818-1893) en Chausson (1855-1899) schreven vele mooie mélodies.

Luistervoorbeeld 53 (cd 2 track 13)

Gabriel Fauré, *Les Berceaux, op. 23, nr. 1*, 1879, mélodie

Le long du Quai, les grands vaisseaux,	Langs de kade slaan de grote schepen,
Que la houle incline en silence,	door de deining in stilte bewogen,
Ne prennent pas garde aux berceaux,	geen acht op de wiegen,
Que la main des femmes balance.	die vrouwenhanden heen en weer deinen.
Mais viendra le jour des adieux,	Maar de dag van het afscheid zal komen,
Car il faut que les femmes pleurent,	waarop de vrouwen moeten huilen,
Et que les hommes curieux	en waarop de nieuwsgierige mannen
Tentent les horizons qui leurrent!	verleid worden door lokkende horizonten!
Et ce jour-là les grands vaisseaux,	En op de dag dat de grote schepen
Fuyant le port qui diminue,	de kleiner wordende haven ontvluchten,
Sentent leur masse retenue	voelen de meesten zich tegengehouden
Par l'âme des lointains berceaux.	door de ziel van de verre wiegen.

Fauré wordt beschouwd als de meester van het Franse lied. Hij schreef zes cycli en drie collecties van liederen in een delicate stijl met een zich voortdurend ontvouwende melodiek. Er kan weinig twijfel over bestaan dat hij in menig lied een diep, strikt persoonlijk gevoel in muziek transformeerde. Werken als *Après un rêve*, *Automne*, *Les Berceaux* en *Le Voyageur*, allen in mineur, zijn vol van sombere emoties.

Fauré koos de gedichten voor zijn liederen zorgvuldig uit. Hij zette o.a. poëzie van Hugo, Baudelaire en Leconte de Lisle op muziek, maar hij voelde zich het best thuis bij de intieme en muzikale poëzie van Verlaine. De tekst van de prachtige mélodie *Les Berceaux* stamt echter van René François Armand ('Sully') Prudhomme, de eerste winnaar van de Nobelprijs voor de literatuur.

De stemming van het lied vond Fauré toen hij organist in Rennes was en onder de grijze hemel van Bretagne lange wandelingen langs de grillige kusten maakte. De muziek is vrij ongecompliceerd maar heeft een zeer intense uitdrukking. De verzen 'Mais viendra le jour des adieux, Car il faut que les femmes pleurent' laten je de triestheid van het naderende afscheid indringend horen. Het is opmerkelijk dat Fauré met eenvoudige middelen een enorm beklemmende atmosfeer weet te scheppen.

De Liedercyclus (Liederkreis) ontwikkelde zich eveneens in de negentiende eeuw. Zo'n cyclus kan min of meer aparte liederen op teksten van één dichter bevatten, zoals Schumanns *Dichterliebe* op gedichten van Heine of Faurés *La Bonne Chanson* op poëzie van Verlaine. Maar de cyclus kon ook een hechte

Afbeelding 40. Franz Schubert aan het klavier tijdens een soirée. Tekening van Moritz von Schwind.

eenheid worden als de gedichten door een verbindend thema samenhingen. Schuberts *Winterreise* bijvoorbeeld bevat 24 Lieder op gedichten van Müller, die de mentale ontwikkeling beschrijven van een persoon die op de rand van krankzinnigheid verkeert.

OPERA

Romantische pianowerken staan qua omvang in scherp contrast met de monumentale architecturen van symfonieën. Dezelfde tegenstelling is zichtbaar bij het sololied en de opera. Terwijl het Lied een compositie van enkele minuten is, werden opera's gigantische producties die bij de uitvoering vele uren konden vergen. In de bakermat van de opera, Italië, waren de componisten nogal behoudend, maar in Duitsland en Frankrijk veranderde de opera drastisch. Na 1850 zijn onder andere in Rusland en Bohemen (een onderdeel van het huidige Tsjechië) bovendien nationale invloeden te signaleren.

De Italiaanse romantische opera werd in de eerste helft van de negentiende eeuw beheerst door Rossini (1792-1868), Donizetti (1797-1848) en Bellini (1801-1835). De veranderingen die Gluck bepleitte, waren slechts mondjesmaat in de Italiaanse opera doorgedrongen. Er ontstond wel een wat grotere eenheid tussen drama en muziek, maar de nadruk bleef toch liggen op de aria's van de solozangers. Het orkest diende primair ter begeleiding van het bel canto en had weinig zelfstandige betekenis.

Luistervoorbeeld 54 (cd 2 track 14)

Gaetano Donizetti, sextet *Chi me frena* uit *Lucia di Lammermoor*, 1835, opera

Dit sextet is een mooi staaltje van bel canto. Nog afgezien van het feit dat de tekst absoluut onverstaanbaar is als de zes vocale lijnen tegelijkertijd klinken, is het moeilijk voor te stellen dat er dramatische betekenis aan dit virtuoze zangspel gehecht kan worden. Dit kun je de componist redelijkerwijs niet aanwrijven, omdat de opzet nu eenmaal is de zangkunst te laten schitteren, en met dit soort zangfestijnen kreeg Donizetti het publiek 'op de banken'. Merk ook op dat het orkest zich voornamelijk laat gelden door enkele forse klappen met de bekkens! Als je dit stuk beoordeelt naar de maatstaven die destijds voor deze opera's golden, kun je oprechte bewondering hebben voor de wijze waarop dit sextet gecomponeerd is.

In de tweede helft van de eeuw domineerden de werken van Giuseppe Verdi (1813-1901) de Italiaanse opera. Verdi baseerde zijn werken vooral op de vocale expressie van dramatische onderwerpen, maar daarnaast vergrootte hij het orkest en gaf het op den duur de niet onbelangrijke functie van samenbindende factor van het drama. Hij introduceerde in zijn ouvertures thema's die voor de opera als geheel van belang waren, voegde balletten toe en maakte weer volop gebruik van het koor. Het onderscheid tussen aria en recitatief wordt in Verdi's opera's afgezwakt, want melodische lijnen zijn vrij permanent te horen.

Luistervoorbeeld 55 (cd 2 track 15)

Guiseppe Verdi, aria *Addio del passato* uit *La Traviata*, 1853, opera

Het libretto van *La Traviata* (*'De dolende'*) van Francesco Maria Piave is gebaseerd op de roman *La dame aux camélias* uit *1848* van Alexandre Dumas. *La Traviata* speelt zich af in Parijs in het midden van de negentiende eeuw. Een bekende Parijse courtisane en een dichter uit de provincie ontdekken samen dat er meer is dan het genoeglijke societyleven. Violetta en Alfredo gaan helemaal op in hun liefde. Zij betrekken een landhuis buiten Parijs, maar Violetta wordt hard geconfronteerd met de conventies. Alfredo`s vader eist van haar Alfredo omwille van de reputatie van zijn familie op te geven. Met grote moeite voldoet Violetta aan dit verzoek. Zij wijst de ontroostbare Alfredo af en keert terug naar Parijs om haar vroegere bestaan weer op te pakken. Maar zij wordt ziek en pas op haar sterfbed wordt zij verenigd met Alfredo, die door zijn vader ingelicht is over Violetta's onbaatzuchtige offer. Vol van geluk en liefde sterft ze in Alfredo's armen.

La Traviata is onder Verdi's opera's uniek vanwege de warmte en tederheid van de muziek. Die warmte is vooral hoorbaar in de gevoelige en sympathieke portrettering van Violetta. Een van de meest dramatische scènes in de opera is de aria *Addio, del passato*. Violetta heeft een brief van Alfredo's vader ontvangen. Daarin zegt hij dat

Alfredo op de hoogte is van de ware toedracht van haar afwijzing en dat zijn zoon zich naar haar toe spoedt. Violetta weet echter dat zijn komst te laat zal zijn en zingt haar geluk met Alfredo vaarwel. Je hoort het eerste deel van deze aria.

Addio, del passato bei sogni ridenti,	Vaarwel verleden, gelukkige dromen van voorbije dage
Le rose del volto già son pallenti.	De blos op mijn wangen is al verdwenen.
L'amore d'Alfredo pur esso mi manca,	Zelfs Alfredo's liefde ontbreekt
Conforto, sostegno dell'anima stanca	Om mij te troosten en mijn verwarde geest te sterken.
Ah, della traviata sorridi al desio;	O, troost, steun een verdoolde ziel,
A lei, deh, perdona; tu accoglila, o Dio,	En moge God haar vergeven en haar tot zich nemen.
Or tutto finì.	O, alles is voorbij.
Le gioie, i dolori tra poco avran fine,	De vreugden en de zorgen zullen spoedig voorbij zijn.
La tomba ai mortali di tutto è confine!	Het graf sluit alle stervelingen in!
Non lagrima o fiore avrà la mia fossa,	Mijn graf zal noch tranen noch bloemen bevatten,
Non croce col nome che copra quest'ossa!	Een kruis met een naam zal mijn beenderen niet bedekk
Ah, della traviata sorridi al desio;	O, troost, steun een verdoolde ziel,
A lei, deh, perdona; tu accoglila, o Dio,	En moge God haar vergeven en haar tot zich nemen.
Or tutto finì.	O, alles is voorbij.

Een kenmerk van veel opera's uit de late Romantiek is het verhoogde realisme of 'verisme'. De opera werd levensechter met personages die in alledaagse gebeurtenissen en situaties optreden. Giacomo Puccini (1858-1924), de belangrijkste Italiaanse operacomponist na Verdi, verwerkte veristische elementen (een eigentijdse situering, realistische personages) in opera's als *La Bohème* (1896) en *Madame Butterfly* (1904). Maar het laatstgenoemde werk past met haar exotische Japanse entourage, haar passie en tragische climax ook in de oudere operatraditie. De componisten die het verisme het meest compleet vertegenwoordigden, waren Pietro Mascagni (1863-1945) in *Cavalleria Rusticana* en Ruggiero Leoncavallo (1858-1919) in *Pagliacci*. Deze twee korte werken staan vaak samen op het programma van een opera-avond.

In de Franse opera werd de traditie van de opéra comique aanvankelijk voortgezet, maar daarnaast ontwikkelde zich een volledig gezongen genre dat grootse vormen aannam: de Grand Opéra. De historische plots en personages worden daarin sterk uitvergroot, met name in de opera's van Giacomo Meyerbeer (1791-1864). Na 1850 smolten beide typen min of meer samen in de lyrische opera, die vol pracht en praal was. Componisten van dit operatype waren onder andere Charles Gounod, Jacques Offenbach (1819-1880) en Jules Massenet (1842-1912).

Luistervoorbeeld 56 (cd 2 track 16)

Georges Bizet, *Habañera* uit *Carmen*, 1875, opera

Een bijzondere opera, die niet gemakkelijk bij een van de verschillende operatypen is onder te brengen, is *Carmen* van Georges Bizet (1838-1875). De Spaanse passie geeft het werk een exotische couleur locale, maar tegelijkertijd is het werk soms zeer realistisch. Dit realisme culmineert in de laatste akte in de brute moord op Carmen door de wanhopige Don José. Die had voor haar, een zigeunermeisje, zijn eer op het spel gezet, maar hij werd door Carmen ingeruild voor de stierenvechter Escamillo. In de aria *Habañera* typeert Carmen de liefde als 'een rebelse vogel die niemand ooit kan temmen'.

L'amour est un oiseau rebelle	De liefde is een rebelse vogel
que nul ne peut apprivoiser,	die niemand ooit kan temmen,
et c'est bien en vain qu'on l'appelle,	en je roept hem geheel vergeefs
s'il lui convient de refuser.	als hij het beter vindt niet te komen.
Rien n'y fait; menace ou prière,	Niets helpt, noch bedreiging noch gebed,
l'un parle bien, l'autre se tait;	de een spreekt goed, de ander zwijgt;
et c'est l'autre que je préfère,	en ik geef de voorkeur aan de ander,
it n'a rien dit mais il me plait.	hij is stil, maar hij bevalt mij.
L'amour! L'amour! L'amour! L'amour.	Liefde! Liefde! Liefde! Liefde!

De Duitse romantische opera, die vooral in de eerste helft van de eeuw floreerde, had gesproken dialogen en volgde daarmee de traditie van het Singspiel. De aria's waren volksliedachtig en pasten heel goed bij de verhaalstof, die ontleend was aan de volkscultuur. Sprookjes, bovennatuurlijke personages en gebeurtenissen, mystieke verschijnselen spelen dan ook een prominente rol. In het algemeen was het orkest, dat gebruikt werd om eenheid in het drama te brengen en om de zangers te begeleiden, in de Duitse opera belangrijker dan in de Italiaanse of Franse opera. Carl Maria von Weber (1786-1826) was de belangrijkste componist in dit genre.

Richard Wagner (1813-1883) (afbeelding 41) schreef aanvankelijk opera's in de Duitse romantische traditie (*Rienzi*, 1840; *Der Fliegende Hollander*, 1841), maar ontwikkelde daarna een geheel eigen visie op het genre en paste nieuwe technieken toe in wat hij het Musik Drama noemde. De verhaalstof ontleende Wagner veelal aan de Germaanse mythologie; die is wel verwant aan die van de Duitse romantische opera, maar Wagner goot de verhaalelementen in een totaal andere vorm. In het muziekdrama worden leidmotieven gebruikt, muzikale thema's die ideeën symboliseren en personages, stemmingen, emoties en situaties oproepen en in herinnering brengen. Een persoon of een object kan door een leidmotief op het toneel vertegenwoordigd worden zonder daadwerkelijk aanwezig te zijn. Mede omdat Wagner zijn eigen libretti schreef, realiseerde hij een grote artistieke eenheid in zijn muziekdra-

Afbeelding 41. Richard Wagner, foto van Franz Hanfstaengl, circa 1871.

ma's. Hij streefde daarbij naar het zogenaamde Gesamtkunstwerk; Wagners idee daarvan behelst een totale verwevenheid van de verschillende kunstvormen: muziek, literatuur, architectuur, schilderkunst, toneel en dans.

Wagners opera's laten een voortdurende stroom van vocale en instrumentale muziek (de befaamde *unendliche Melodie*) horen. Het zeer grote en kleurrijke orkest wordt bijna een karakter in het drama, omdat het leidmotieven presenteert, stemmingen verklankt en natuurlijk ook de zangstemmen begeleidt. Wagner verwierp de traditionele verdeling in aria's en recitatieven. Hij verkende de tonaliteit tot haar uiterste grenzen door veelvuldig chromatiek toe te passen, wat tot een zwevende tonaliteit leidde. Belangrijke opera's zijn *Tristan und Isolde* (1865), *Parsifal* (1882) en zijn meest omvattende werk: de cyclus *Der Ring des Nibelungen,* die uit vier opera's bestaat: *Das Rheingold* (1854), *Die Walküre* (1856), *Siegfried* (1871) en *Götterdämmerung* (1874). Wagner was ook een bekwaam schrijver; hij zette zijn ideeën over het Musik Drama uiteen in *Oper und Drama* (1851). Zijn invloed op de opera van de negentiende eeuw was zeer groot. In Bayreuth liet hij een eigen operatheater bouwen om zijn werken op te laten voeren, wat tot op de dag van vandaag gebeurt.

Luistervoorbeeld 57 (cd 2 track 17)

Richard Wagner, *Tristan und Isolde*, derde akte, slotscène: Isolde's eindmonoloog, 1865, opera

Wagners opera *Tristan und Isolde* (1865) is om meerdere redenen een belangwekkend werk. Eén daarvan is de uitzonderlijke harmonie van tekst en muziek. Een antwoord op de vraag hoe de tekst binnen dit Gesamtkunstwerk, dat uit een eindeloze stroom van melodieën bestaat, functioneert en gemuzikaliseerd wordt, is niet in enkele regels te geven. Ik wil toch een tipje van de sluier oplichten. Als je eerst de onderstaande tekst leest en vervolgens het fragment uit Isolde's eindmonoloog beluistert, kun je je een voorstelling maken van wat Wagner voor de geest stond toen hij de muzikalisering van de 'dichterlijke Idee' bepleitte.

Mild und leise,	Hoe zacht en fijn
Wie er lächelt,	glimlacht hij,
Wie das Auge	hoe teder opent
Hold er öffnet -	hij zijn ogen!
Seht ihr's, Freunde?	Zien jullie het, vrienden?
Säh't ihr's nicht?	Zien jullie het niet?
Immer lichter	Hoe hij steeds
Wie er leuchtet,	lichter schijnt,
Stern-umstrahlt	zich hoog verheft
Hoch sich hebt?	tussen de stralende sterren?
Seht ihr's nicht?	Zien jullie het niet?
Wie das Herz ihm	Hoe zijn hart
Mutig schwillt,	trots opzwelt,
Voll und hehr	groots en verheven
Im Busen ihm quillt?	in zijn borst klopt?

Het poëtische proza van Wagner vertoont talloze klankeffecten (zie bijvoorbeeld de alliteraties leise-lächelt, lichter-leuchtet, hoch-hebt en de rijmklank schwillt-quillt in de overigens rijmloze tekst), heeft een compacte zinsbouw (of zo je wilt: versbouw) en drukt een bewogen en verheven inhoud uit. Het is gemakkelijk te volgen hoe de zangstem de gevoelsinhoud van de tekst benadrukt. Enkele voorbeelden: de zangstem is 'zacht en fijn' in regel 1, 'teder' in regel 3-4, houdt aan bij 'öffnet' (regel 4), is licht 'teleurgesteld' bij 'Säh't ihr's nicht?' (regel 6), verbreedt enorm bij 'leuchtet, Stern-umstrahlt' (regel 8-9), gaat sterk omhoog bij 'Hoch' (regel 10), zwelt aan bij 'schwillt' (regel 13), enzovoort. Het orkest voegt daar een machtige muzikale stroom aan toe. Tekst en zangstem zijn opgenomen in de melodisch-harmonische ontplooiing van de orkestrale klank. Deze muzikalisering, deze manier om de 'dichterlijke Idee' tot uitdrukking te brengen, vindt vermoedelijk plaats op twee niveaus: het gezongen woord op een bewust niveau, de orkestmuziek op een onbewust niveau.

Afbeelding 42. Modest Moessorgski, schilderij van Ilja Repin, 1881.

De nationale opera begon in dezelfde tijd te floreren in Rusland (Glinka, *Een leven voor de Tsaar* en *Roeslan en Loedmila*; Moessorgski (afbeelding 42), *Boris Godoenov)* en in Bohemen (Smetana, *De verkochte bruid;* Dvorák, *De duivel en Kaatje*). Maar ook elders in Europa zien wij – los van de context van de opera – nationale scholen van de grond komen, bijvoorbeeld in Spanje met Albéniz en De Falla, in Scandinavië met Grieg en Sibelius en in Engeland met Elgar en Delius. Deze componisten lieten zich inspireren door volksliederen en legenden, de natuur van hun land, het nationale verleden en hun vaderlandsliefde. Als gevolg van de opbloei van deze nationale scholen kwam er een grotere differentiatie in de Europese muziek.

Luistervoorbeeld 58 (cd 2 track 18)

Modeste Moessorgski, slotaria *Skorbit dusha* en koor *Slava! Slava! Slava!* uit *Boris Godoenov*, 1869, opera

Moessorgski's opera *Boris Godoenov*, naar Aleksandr Poesjkins gelijknamige drama, is een sleutelwerk in de Russische muziekgeschiedenis. Het is een muzikaal volksdrama, een historisch epos en een eminent voorbeeld van een nationalistische opera. Het verhaal speelt in Rusland na de dood van tsaar Ivan de Verschrikkelijke († 1584), een tijdperk van onrust en verwarring. Het volk hoopt dat een nieuwe heerser hen zal verlossen van honger en armoede. Boris Godoenov heeft de macht naar zich toe getrokken, maar al snel gaat het gerucht dat de tsaar de troon onrechtmatig verkregen heeft. Ten slotte keert het volk zich van hem af, wat de ondergang van Boris inluidt.

De opera werd aanvankelijk als onspeelbaar, te hoekig, te tegendraads en te ruw afgewezen. Moessorgski's volledig herziene versie werd wel uitgevoerd, maar ook toen vond het werk geen genade in de ogen van de culturele elite. De realistische en pessimistische uitbeelding van een woelige episode uit de Russische geschiedenis sloot niet aan bij de heersende smaak. Moessorgski bekommerde zich niet zozeer om de schoonheid van de vorm. Hij brak met de klassieke harmonieleer om een geheel nieuw en aangrijpend melodisch discours te scheppen, waarin de muziek sterk op het woord is afgestemd. Pas na de dood van Moessorgski publiceerde Nikolai Rimski-Korsakov in 1896 een 'gladgestreken' versie, die de operahuizen over de hele wereld stormenderhand veroverde.

In *Boris Godoenov* staat het onderdrukte volk centraal. Het is voortdurend zichtbaar of onzichtbaar aanwezig en het laat zich horen in monumentale, bijna bedwelmde klanken. De opera is dan ook een waar volksdrama. 'Het leven, waar dat ook maar van zich laat horen, de waarheid, hoe bitter die ook is, het moedige en oprechte woord van mens tot mens, van oog tot oog, dat is wat ik nastreef, dat is wat ik wil!', aldus Moessorgski.

Je hoort een fragment uit het begin van de opera, het slot van de aria *Skorbit dusha* (vanaf regel 9) en de reactie van het volk. De gevoelige Boris wordt gekweld door de gedachte dat hij schuld heeft aan de moord op de rechtmatige troonopvolger. Hij heeft onheilspellende voorgevoelens, bidt God om steun, maar roept wel op tot een groot kroningsfeest. Het goedgelovige volk juicht Boris dan nog toe...

Boris:
Skorbit dusha!
Kakoy-to strakh nevol'ni
zloveshchim predchuvstviyem skoval mne serdce.
O, pravednik, o, moy otec, derzhavni!

Vozzri s nebes na slyozy vernykh slug
i nisposhli ti mne svyashchennoye na vlast' blagosloven'e.
Da budu blag i praveden, kak ti,
da v slave pravlyu svoy narod…

Teper' poklonimsya pochiyushchim vlastitelyam Rusii,
a tam szyvat' narod na pir,
vsekh, ot boyar do nishchevo slepca,
vsem vol'ni vkhod, vse gosti dorogiye.

Narod:
Slava! Slava! Slava!
Zhivi zdravstvuy,
tsar' nash batyushka!
Uzh kak na nebe solncu krasnomu,
Slava, slava!
Uzh i slava na Rusi tsar'yu Borisu,
Slava! Slava i mnogaya leta!
Slava! Slava! Slava!

Vertaling:

Boris:

Mijn ziel wordt gekweld!
Angst heeft mijn hart zomaar in de greep met onheilspellende voorgevoelens.
O, rechtvaardige God, o, mijn soevereine Vader!
Bezie vanuit de hemel de tranen van Uw trouwe dienaren
en spreek Uw heilige zegen uit over mij en mijn rijk.
Ik zal rechtvaardig en goed zijn als U,
en ik zal mijn volk in glorie leiden…

Laten wij nu eer betuigen aan de vroegere leiders van Rusland.
En laten wij het volk dan bijeenroepen voor een feest
voor allen, van de edelman tot de blinde bedelaar.
Iedereen mag komen en is mijn dierbare en welkome gast.

Het volk:
Glorie! Glorie! Glorie!
Lang leve de tsaar, onze kleine vader!
Net als de zon aan de hemel!
Glorie! Glorie!
Glorie voor tsaar Boris in Rusland!
Glorie, glorie en een lang leven!
Glorie! Glorie! Glorie!

KOORMUZIEK

Ook in de romantische periode werd koormuziek geschreven, met name missen, requiems, *Te Deums* en vrijere zettingen van Bijbelteksten. Het verschil met de Klassieke periode is dat deze koorwerken grootse concepties waren, die niet voor de kerk maar voor de concertzaal gecomponeerd waren. De requiems van Berlioz, Verdi, Brahms en Fauré bijvoorbeeld zijn monumentale werken. Mendelssohn schreef oratoria (*Paulus* en *Elias*). Koorwerken werden in de negentiende eeuw meestal uitgevoerd met begeleiding van een compleet orkest, inclusief een orgel. Koorzang werd ook een geliefde bezigheid voor vele amateurs. Een grote hoeveelheid wereldlijke koormuziek zag daardoor het licht. Vaak ging het om vrij eenvoudige zettingen voor drie of vier stemmen van lyrische gedichten in een grote variëteit aan stemmingen en stijlen.

Overzicht stijlkenmerken Romantiek (1815-1920)

1.	Stemvoering	Van homofonie naar expressieve polyfonie en schijnpolyfonie (waarbij weliswaar meerdere melodische lijnen samenklinken, maar niet volgens de leer van het contrapunt).
2.	Toonomvang	Zeer groot. Enorme, expressieve intervallen.
3.	Toonstelsel	Klassieke toonsoorten, maar ook eerste aanzetten tot de atonaliteit, want het veelvuldige gebruik van chromatiek leidde tot 'ontwrichting' van de tonaliteit (zwevende tonaliteit met veelvuldige modulaties naar 'verre' toonsoorten).
4.	Melodievorming	Ingewikkelde melodievorming, soms (quasi-)improvisatorisch. Grillige melodieën, vaak chromatisch gekleurd en expressief modulerend. Veel dissonanten.
5.	Ritmiek	Samengestelde maatsoorten, ongelijkmatige ritmiek met onverwachte accenten. Soms ingewikkelde polyritmiek (onder andere bij Brahms). Vooral in de late Romantiek een zware (sombere, plechtige of heroïsche) cadans.
6.	Harmonie	Chromatische kleuringen met expressieve dissonanten. Zware en compacte akkoorden. Veel vierklanken. Sterk colorisme, onder andere tot uitdrukking komend in een kleurrijke orkestratie.
7.	Structuur	Relatief weinig bekommernis om vormproblemen. Cyclisch principe (thema's keren in verschillende delen van een werk terug) komt wel veel voor. Onvaste en onevenwichtige structuren met ineenvloeiende delen. Soms een geheel vrije stijl. De motivische doorwerking is vaak improvisatorisch. Idée fixe. Leidmotief.
8.	Verhouding tekst-muziek	Dramatisering van de tekst staat voorop. De betekenis van de tekst wordt ook instrumentaal beklemtoond.
9.	Genres en vormen	Het onderscheid tussen genres wordt gerelativeerd (zangstemmen in de symfonie, liederen met orkestbegeleiding). Programmamuziek. Symfonisch gedicht als exponent van het programmatisch denken. Sterke opkomst en bloei van het Lied. Veelzijdige pianomuziek: onder andere polonaise, mazurka, prelude, nocturne, impromptu, ballade, scherzo, etude en wals. Musik Drama. Grand Opéra. Verisme.
10.	Betekenis	De compositie wordt een strikt persoonlijke expressie. Nieuwe uitwerking van de opera (het Gesamtkunstwerk van Wagner, maar ook vernieuwingen bij onder anderen Verdi). 'Realisme' in de opera (verisme). Relaties met andere kunsten zijn belangrijk. Nationale scholen. Veranderende instrumentatie: zwaar, compact, coloristisch, virtuoos. Uitgebreide orkestbezetting.

7

Het Impressionisme: 1890-1920

Stijlkenmerken van een progressieve stroming

Het Impressionisme wordt nog vaak als een stroming binnen de Romantiek beschouwd. In de chronologie van de muziekgeschiedenis klopt dat ook wel, maar naar de progressieve inhoud van de composities veel minder. Het Impressionisme ontwikkelde zich immers tegen het eind van de negentiende eeuw in Frankrijk als een reactie op de loodzware Duitse Romantiek. Vanwege het belang van het Impressionisme voor vernieuwingsbewegingen in de twintigste eeuw is een korte behandeling als autonome stijlperiode gerechtvaardigd.

Het Impressionisme manifesteerde zich eerst in de schilderijen van een groep kunstenaars die geïnspireerd was door de symbolistische dichtkunst en de opkomst van de fotografie. Hun schilderijen gaven vluchtige impressies en directe observaties van de opkomende zon, het licht op een kathedraal, de wind die over de gewassen in het veld blaast, ballerina's op een dansvloer, mannen en vrouwen in cafés en op terrassen, enzovoort. Impressionistische schilders als Monet en Renoir gebruikten lichte kleuren en zetten alledaagse voorwerpen en gebeurtenissen in zachte lijnen op het doek. Het ging hen minder om duidelijke contouren en opvallende kleuren dan om het spel van licht en kleur. Sommige beeldhouwers volgden het voorbeeld van hun schilderende kunstbroeders en wendden zich tot een verwante, enigszins ongestructureerde stijl.

Claude Debussy (1862-1918) (afbeelding 43) bewonderde als jonge student aan het conservatorium in Parijs schilderijen van deze Impressionisten en had bovendien ontmoetingen met vernieuwende schrijvers en dichters als Mallarmé, Verlaine en Gide. Hij werd daardoor aangezet in de geest van het

Afbeelding 43. Claude Debussy achter de piano ten huize van collega-componist Ernest Chausson, 1893.

Impressionisme te componeren. Zijn primaire doel was daarbij de muziek te bevrijden van het gewicht van de Duitse Romantiek, want hij moest niets hebben van het pathetische en het ethisch-betogende van componisten als Wagner en Mahler. Debussy werd zo de belangrijkste vertegenwoordiger van het Impressionisme in de muziek.

Hij inspireerde talloze eigentijdse en twintigste-eeuwse componisten met zijn oorspronkelijke en vernieuwende opvattingen. Want hoewel de meest productieve periode van het muzikale Impressionisme slechts twintig jaar duurde (van ongeveer 1890 tot 1910) is de impressionistische zienswijze nadien nooit helemaal verdwenen.

Op het eerste gezicht lijkt het wellicht dat Debussys opvattingen aansloten bij de hoofdstroom van de Romantische muziek. Ook hij gebruikte immers gevoelige toonkleuren, ontwikkelde een nieuwe, rijke harmonie en probeerde bepaalde gevoelens of gewaarwordingen in zijn muziek te verklanken. Maar bij nadere beschouwing blijkt Debussys aanpak totaal anders te zijn. Bij de toonkleuring vermeed hij de massieve Romantische sonoriteit door subtiele, mysterieuze klankflarden te componeren. Zijn harmonieën klinken enigszins onbepaald en tastend en dat geldt in het algemeen voor zijn behandeling van de tonaliteit. Als men daarbij bedenkt dat Debussys melodieën en thema's (mede als gevolg van het gebruik van de heletoonstoonladder en de pentatonische toonladder) gewoonlijk gefragmenteerd en vervreemdend suggestief zijn, dan zijn de verschillen met de Romantische muziek duidelijk.

In het Impressionisme zijn de klankkleuren licht en transparant. Houtblazers krijgen de voorkeur boven koperblazers en gedempte violen en harpen boven de complete strijkerssectie. De piano was het favoriete instrument van Debussy. Zijn pianostukken roepen een onbestemde sfeer op door een extreem toonbereik in beide handen en door de samenvloeiing van klanken als gevolg van het veelvuldig gebruik van het pedaal. De voordracht is in dynamisch opzicht bescheiden; de muziek moet in het algemeen vrij zacht gespeeld worden met slechts hier en daar wat luidere passages.

Hoewel ook in impressionistische composities wel herhalingen en aangezette contrasten te horen zijn, is de vormgeving relatief losjes. Impressionistische werken zijn niet streng gestructureerd, omdat de organisatie van het toonmateriaal meer beïnvloed is door de muzikale inhoud en de emotieve lading dan door een vormschema. Debussy koos vaak de heletoonstoonladder, die geen halve toonschreden en geen duidelijke steuntonen heeft, waardoor een zekere ambivalentie in de opbouw gesuggereerd wordt.

Luistervoorbeeld 59 (cd 2 track 19)

Claude Debussy, *Prélude à L'après-midi d'un faune*, 1894, orkestwerk

Debussys eerste meesterwerk voor orkest, *Prélude à L'après-midi d'un faune,* is voornamelijk gebaseerd op de heletoonstoonladder. De compositie is geïnspireerd op een gedicht van Mallarmé, waarin een faun zich op een warme middag overgeeft aan erotische dagdromen. In het luistervoorbeeld is goed te horen dat het gebruik van allerlei klankkleuren een essentieel kenmerk van het werk is. De openingsfrase van de solofluit doorloopt met chromatische kleuringen een overmatige kwart, een interval dat direct tonale onbestemdheid oproept.

Iets dergelijks geldt voor de harmonische behandeling van Debussy. Hij gebruikte de harmonie niet zozeer om structuur aan te brengen, maar meer als een middel om de toon te kleuren. Hij behandelde de akkoorden als autonome klankkleuren, als schijnbaar losse klankwolken, zonder veel acht te slaan op de traditionele harmonieleer, want Debussys akkoorden zijn volgens die leer meestal 'niet-functioneel'. Zijn muziek lijkt als gevolg van deze aanpak nogal fragmentarisch. De muzikale ideeën volgen elkaar in hoog tempo en in onverwachte patronen en combinaties op. Er wordt niet gestreefd naar een vloeiende beweging en een gestage ontwikkeling. Hoewel het ritme traditioneel genoteerd is, verdoezelt Debussy het ritme vaak door onderbrekingen en pauzes. Metrische schema's worden wel gebruikt, maar door het permanente *rubato* krijgt men nauwelijks het gevoel een regelmatig geaccentueerde ritmiek te horen. Het effect is dat de voortgang enigszins amorf lijkt.

Luistervoorbeeld 60 (cd 2 track 20)

Claude Debussy, *Nuages* uit *Trois Nocturnes*, 1897-1899, symfonisch gedicht

Debussys compositie *Trois Nocturnes* is te beschouwen als een triptiek van symfonische gedichten, die weliswaar geen verhalend programma hebben maar toch verschillende scènes suggereren. Het eerste deel (*Nuages*) schildert een atmosferisch natuurbeeld, het tweede (*Fêtes*) een rusteloze impressie van feestelijkheden (dansen, optochten) en het derde (*Sirènes*, waarin een vrouwenkoor zingt) een vluchtige schets van zeenimfen bij een zonovergoten zee.

In *Nuages* hoor je eerst een kalme reeks akkoorden, gespeeld door klarinetten en fagotten. Deze akkoorden suggereren grote stapelwolken, die zich langzaam, onverstoorbaar en doelloos door de lucht voortbewegen. Ook de daarna gespeelde motieven in hobo en althobo lijken nergens toe te leiden; een lange, zachte paukenroffel brengt de muziek zelfs bijna tot stilstand. Deze onbestemdheid is karakteristiek voor het hele symfonisch gedicht en wordt mede teweeggebracht door de tonale en harmonische onscherpte van het werk.

Op afbeelding 44 zie je een concertprogramma uit 1914, waarbij Debussy optrad als dirigent en pianist van eigen werken. Debussys impressionistische ideeën werden voortgezet in werken van jongere collega's als Maurice Ravel (1875-1937), Gabriel Fauré (1845-1924) en Paul Dukas (1865-1935). Andere Impressionisten waren Ottorino Respighi (1879-1936) in Italië, Alexander Skriabin (1872-1915) in Rusland, Isaac Albéniz (1860-1909) in Spanje en Frederick Delius (1862-1934) in Engeland. Voor al deze componisten (ook voor Debussy zelf) geldt dat impressionistische stijlkenmerken in een deel van hun oeuvre aan te treffen zijn, maar dat zij geen van allen louter als Impressionist bestempeld kunnen worden.

PROGRAMMA

VAN HET

ABONNEMENTS-CONCERT

DIRIGENT

GUSTAVE DORET

MET MEDEWERKING VAN CLAUDE DEBUSSY.

ZONDAG 1 MAART 1914 — 2½ UUR.

*MARCHE DU COURONNEMENT .... C. SAINT-SAËNS.
(GEB. 1835)

*AUX ÉTOILES .... H. DUPARC.
(GEB. 1848)

SYMPOHNIE NO. 2 (A KL. T. OP. 55) .... C. SAINT-SAËNS.
Allegro marcato. Piu allegro. Tempo 1°. Allegro appassionato.
Adagio.
Scherzo: Presto. Un poco meno mosso.
Prestissimo: Poco meno. Presto. Andantino. Tempo 1°.

— PAUZE

TWEE NOCTURNES (1899):
Nuages.
Fêtes.

PRÉLUDE À L'APRÈS-MIDI D'UN FAUNE (1894).

PIANO-SOLI:
*Danseuses de Delphes.
*La fille aux cheveux de lin.
*La Puerta del vino (la porte du vin).

*MARCHE ECOSSAISE (1891)

} CLAUDE DEBUSSY.
(GEB. 1862).

DE WERKEN VAN CLAUDE DEBUSSY WORDEN GEDIRIGEERD EN DE PIANO-SOLI VOORGEDRAGEN DOOR DEN COMPONIST.

DE BECHSTEIN CONCERTVLEUGEL IS UIT DE MAGAZIJNEN VAN C. C. KETTNER, HEILIGEWEG 21-23-25, AMSTERDAM.

* EERSTE UITVOERING.

Afbeelding 44. Programma van het concert op 1 maart 1914 in het Concertgebouw Amsterdam.

Overzicht stijlkenmerken Impressionisme (1890-1920)

1.	Stemvoering	Homofonie en schijnpolyfonie.
2.	Toonomvang	Wisselend (bij Fauré in het algemeen beperkt, bij Debussy ruimer en bij Ravel soms zeer ruim).
3.	Toonstelsel	Gebruik van alternatieve toonladders (pentatonische toonladders en de heletoonstoonladder). In het algemeen overweegt de diatonische tonaliteit nog, maar impressionistische muziek kan ook sterk chromatisch zijn. Ontwikkeling naar polytonaliteit en aanzetten voor de latere atonaliteit.
4.	Melodievorming	Korte melodieën, gefragmenteerd, grillig van vorm, chromatisch en sterk modulerend.
5.	Ritmiek	Wisselende en onrustige ritmen.
6.	Harmonie	Emancipatie van het akkoord als zelfstandige klankeenheid. Enigszins 'vage' samenklanken. Aanvankelijk vooral diffuse akkoorden in een monochrome harmonisatie. Later vooral een modulerende, chromatische en 'schilderende' harmonie (polychrome harmonisatie). De harmonisatie is meer van belang voor coloristische doelen dan voor de structurering van een compositie.
7.	Structuur	Vrije vormgeving. Er wordt afgezien van een thematische en motivische structuur. Grillige, quasi-improvisatorische opbouw. Structurering op basis van afwisseling, schakering en contrast van klank. Men zou dit een 'filmische structuur' kunnen noemen.
8.	Verhouding tekst-muziek	Tekstsynthese (de muziek geeft de algehele stemming van de tekst weer) naast tekstanalyse (de muziek schildert afzonderlijke 'beelden' van de tekst).
9.	Genres en vormen	Orkest- en toneelmuziek, Mélodie, Lied.
10.	Betekenis	Belangrijke schakel tussen de Romantiek en moderne stromingen en stijlen. Emancipatie van het akkoord. Gebruik van alternatieve toonladders. Afwijzing van de ethische of betogende context.

8

De Twintigste eeuw

De term klassieke muziek voor de 'kunstmuziek' van de twintigste eeuw

In de aanloop naar de twintigste eeuw en in het verloop van die eeuw voltrokken zich dermate ingrijpende veranderingen en vernieuwingen in de muziek, dat velen de term 'klassieke muziek' (met al zijn referenties naar een traditie van vele eeuwen) niet langer passend vonden. Alternatieve benamingen als modern-klassieke muziek, nieuwe muziek, hedendaagse muziek, avant-gardemuziek, serieuze muziek, moderne muziek en twintigste-eeuwse kunstmuziek zijn weliswaar treffend voor bepaalde opvattingen en ontwikkelingen in de twintigste eeuw, maar ze voldoen geen van alle als alomvattende aanduiding.

Ik zal geen poging doen dit terminologische dilemma te verhelpen. Enerzijds omdat geen enkele benaming werkelijk recht kan doen aan de enorme pluriformiteit in de muziek van de vorige eeuw. Anderzijds omdat een nadere karakterisering eigenlijk onnodig is in een boek waarin geen andere twintigste-eeuwse muziekstromen (jazz, volksmuziek, pop of andere vormen van populaire muziek) aan de orde komen. Alles wat hier over de muziek van de twintigste eeuw gezegd wordt, heeft immers betrekking op de 'kunstmuziek', of zo je wilt de 'klassieke muziek' met inbegrip van alle twintigste-eeuwse vernieuwingen.

Een conglomeraat van stijlen, trends en technieken

In de twintigste eeuw heeft zich niet één, duidelijk af te bakenen muzikale stijl ontwikkeld, maar een heel conglomeraat van stijlen en technieken. Het individualisme en de diversiteit die wij in de Romantiek al aantroffen, werden in de twintigste eeuw alleen maar groter. De stijlen en technieken zijn afzonderlijk al niet gemakkelijk in eenduidige termen te typeren, maar het is nog veel moeilijker om de muziek van de twintigste eeuw op een verantwoorde manier in algemene ontwikkelingslijnen te schetsen. Er is zo'n overvloed aan werken van zeer diverse aard, dat slechts enkele stromingen zich met behulp van het gekozen analysekader duidelijk laten beschrijven. Ik zal het Expressionisme en het Neoclassicisme als welonderscheiden stijlbewegingen behandelen; andere compositorische trends beschrijf ik in grote lijnen en illustreer ik met exemplarische luistervoorbeelden.

Een belangrijke factor in de muziekproductie van de twintigste eeuw is dat de massamedia en andere moderne communicatiesystemen het publiek in staat stelden muziek van 'alle' tijden en uit 'alle' culturen te beluisteren, terwijl moderne componisten (niet zelden met behulp van geavanceerde technologieën) geheel nieuwe ideeën uitwerkten. Zij schreven muziek die in het verleden eenvoudigweg niet gehoord kon worden. Daardoor ontstond een spanningsveld tussen wat het publiek verlangde en wat de moderne componist produceerde. Terwijl commercieel gedreven platenmaatschappijen het brede publiek op zijn wenken bedienden, konden moderne componisten met hun 'moeilijke' werken in veel gevallen slechts op de belangstelling van collega-componisten en een kleine schare ingewijde luisteraars rekenen. Nooit eerder in de muziekgeschiedenis was er zo'n grote kloof tussen de componist van 'kunstmuziek' en het contemporaine publiek.

Door nieuwe technologieën zijn de klankbronnen in de twintigste eeuw enorm uitgebreid. Bovendien konden muzikale ideeën (uit welke cultuur ze ook stamden en aan welke stijl ze ook verwant waren) na de introductie van elektrische en digitale hulpmiddelen op allerlei manieren gemanipuleerd worden. Zo kon een 'Nieuwe Muziek' ontstaan, die uiterst pluriform en heterogeen van aard is. Ook in de late Romantiek werden wel nieuwe denkbeelden en compositietechnieken uitgeprobeerd, maar rond 1910 begonnen diverse componisten drastisch met tradities te breken.

TONALITEIT

De tonaliteit was het eerste muzikale element dat spectaculaire veranderingen onderging. Hoewel de late Romantische muziek sterk chromatisch was geworden en de klassieke tonaliteit door veelvuldige modulaties naar 'vreemde' toonsoorten en door 'niet-functionele' harmonische progressies flink onder druk kwam te staan (zwevende tonaliteit, onder andere bij Mahler, Reger en Richard Strauss), overheersten de majeur- en mineurtoonladders nog altijd. Het uitgangspunt van het tonale stelsel dat er vanuit een welbepaald tooncentrum (tonica) vaste relaties tussen toonhoogten bestaan (dominant en subdominant), waardoor de luisteraar ongeveer kan verwachten wat hij te horen krijgt, begon echter te wankelen. De toepassing van chromatiek verzwakte de traditionele tonale relaties, maar die hoefden daardoor nog niet te verdwijnen. In het begin van de twintigste eeuw begonnen componisten de tonaliteit echter geheel anders te behandelen en niet lang daarna werd het aloude tonale stelsel door enkele componisten geheel geëlimineerd.

Eerst kwamen afwijkende toonladders (pentatonische, octotonische en heletoonstoonladders) in zwang en vervolgens werden twee of meer verschillende toonladders gelijktijdig in één compositie aangewend (*bi- en polytonaliteit*). Omdat door het gebruik van deze toonladders niet aan het traditionele verwachtingspatroon van de luisteraar voldaan werd, vereiste deze muziek een geheel andere luisterhouding. En omdat het niet veel luisteraars gegeven bleek deze ommezwaai te maken en velen ook geen behoefte hadden aan de 'Nieuwe Muziek', ontstond de diepe kloof tussen de avant-gardecomponist en het publiek waarover ik hiervoor al sprak. Dat geldt in het bijzonder voor de situatie na de introductie van de atonaliteit.

De atonaliteit, de totale ontkenning van de klassieke tonaliteit, deed vroeg in de eeuw haar intrede. Het structuurprincipe waarop de atonaliteit berust, is de *twaalftoontechniek* of dodecafonie. In twaalftoonmuziek wordt het gevestigde tonale systeem met een stabiel tooncentrum verlaten. In plaats daarvan wordt de reeks van de twaalf tonen van de chromatische toonladder als basiseenheid voor de compositie gebruikt. Alle twaalf tonen kunnen in elke mogelijke volgorde een reeks construeren. De enige voorwaarde daarbij is dat een toon pas herhaald mag worden als alle twaalf tonen van de reeks geklonken hebben. Het is duidelijk dat dit proces een emancipatie van de toon (en in het bijzonder van de dissonant, die in feite immers niet meer bestaat!) impliceert, want alle tonen zijn nu volstrekt gelijkwaardig. Debussy was gekomen met de verzelfstandiging van het akkoord, nu was de enkele toon aan de beurt.

De twaalftoonreeks hoeft niet steeds in dezelfde gedaante te verschijnen; variatie kan worden aangebracht door de reeks in verschillende hoedanigheden te presenteren, bijvoorbeeld in kreeftengang (van achteren naar voren), in omkering (stijgende intervallen worden dalend en omgekeerd) of in een combinatie van deze twee technieken. Bovendien kon de reeks *getransponeerd* worden.

De twaalftoontechniek wordt ook wel *serialisme* genoemd, omdat de twaalf tonen van de reeks in de gehele compositie in een serie van toonhoogte-ordeningen gepresenteerd worden, maar dat is niet helemaal juist. Men moet de dodecafonie (een compositietechniek) niet verwarren met het serialisme (de verdere ontwikkeling van die techniek), want de term serialisme is pas functioneel als er binnen één compositie meerdere muzikale parameters (ritme, dynamiek, toonduur, enzovoort) aan de reekstechniek onderworpen worden. Op den duur gebeurde dat zelfs zo radicaal dat de term 'integrale serialisering' in zwang kwam. Het fenomeen atonaliteit kent dus vier ontwikkelingsstadia:

1. Door de totale negatie van een tooncentrum ontstaat atonale muziek. Omdat de ordening volgens de twaalftoonreeks aanvankelijk nog niet aan de orde was, wordt deze eerste fase wel met 'vrij atonaal' aangeduid.
2. Als die atonale muziek volgens het principe van de twaalftoonreeks in een vaste reeks van toonhoogten geordend wordt, heet de toegepaste compositietechniek dodecafonie of twaalftoontechniek.
3. Als men naast de toonhoogte ook andere parameters in reeksen organiseert, is er sprake van serialisme.
4. Als (vrijwel) alle parameters consequent onderworpen worden aan de reeksenordening is het begrip 'integrale serialisering' van toepassing.

De ontwikkeling van de atonaliteit met zijn radicale heroverweging van zulke primaire muzikale elementen als melodie en harmonie en de ontplooiing van de daaruit voortvloeiende componeertechnieken vormen de ingrijpendste veranderingen in de muziek van de twintigste eeuw. Vrijwel elke componist onderging (op welke wijze dan ook) de invloed van deze vernieuwingsgolf. Arnold Schönberg (1874-1951) (afbeelding 45) propageerde de dodecafonie in de vroege jaren twintig en die techniek werd ook door zijn leerlingen Anton Webern (1883-1945) en Alban Berg (1885-1935) intensief toegepast.

Luistervoorbeeld 61 (cd 2 track 21)

Arnold Schönberg, *Prelude* van de *Suite voor piano*, opus 25, 1924, pianostuk

Deze *Suite voor piano* is de eerste compositie die Schönberg volledig in de twaalftoontechniek schreef. Het contrapunt in dit werk ontstaat doordat verschillende versies van de toonreeks tegelijkertijd in de hoge en lage partijen, respectievelijk de rechter- en de linkerhand, gepresenteerd worden. Door de voortdurende veranderingen van toonhoogten zonder het traditionele houvast van een tooncentrum, lijken de melodieën uiterst gefragmenteerd. Sommige luisteraars zullen zelfs opmerken dat er in deze compositie helemaal geen sprake van 'melodieën' is. Als je de prelude echter veelvuldig beluistert, zal de logische ordening van de toonhoogten in de toonreeks (of in elk geval enkele intervallen daaruit) op den duur herkenbaar worden.

Het stuk opent met de presentatie van de reeks in zijn grondvorm in het hoge pianoregister, maar al na twee tonen begint in het lage register een imitatie van de reeks in een ander ritme. Daarna wordt de reeks in andere gedaanten gespeeld: in kreeftengang, in omkering, in een combinatie van deze technieken, getransponeerd of met een gewijzigde harmonie.

Afbeelding 45. Arnold Schönberg, foto met opdracht aan Wassily Kandinsky, 12 december 1911.

Schönbergs ingrijpende muzikale vernieuwingen waren zeer invloedrijk, wat echter niet betekent dat componisten en masse en zonder slag of stoot de atonaliteit omarmden. Een wat betreft de tonaliteit minder radicale componist als Igor Stravinsky (1882-1971) (afbeelding 46) bijvoorbeeld vermeed de dodecafonie gedurende de eerste decennia van de eeuw, maar paste in enkele latere werken alsnog seriële technieken toe, zonder daarmee overigens exclusief tot het serialisme over te gaan.

HARMONIE EN STEMVOERING

Andere muzikale parameters werden natuurlijk enorm beïnvloed door de veranderingen in de tonaliteit. Dat gold vooral voor de harmonie. Die was door het veelvuldige gebruik van chromatiek in de late negentiende eeuw al complexer dan voorheen geworden. In plaats van de eenvoudige drieklankconstructies uit de Klassieke periode gebruikten Romantische componisten immers vaak septiemen en nonen, brachten daarin vervolgens chromatische veranderingen aan en droegen op die manier bij aan een algehele tonale ambivalentie.

Twintigste-eeuwse componisten zetten deze praktijk radicaal voort. Zij gebruikten akkoorden niet langer zoals vroegere componisten, want waar het ene akkoord in de functionele harmonie gevolgd wordt door een voorspelbaar ander akkoord, gebruikten moderne componisten akkoorden (ongeacht hun functionaliteit ten opzichte van voorgaande of nog volgende akkoorden) als autonome kleurwaarden. Dit resulteerde in een 'niet-functionele harmonie', die zijn wortels zoals wij gezien hebben vooral in de muziek van Debussy had. Het spreekt in deze context vanzelf dat veel twintigste-eeuwse componisten geijkte drieklankconstructies vermeden. Zij gaven de voorkeur aan een harmonie van kwarten (gebaseerd op kwartintervallen), van *clusters* (gebaseerd op secunden) of akkoorden (van welke aard dan ook) die gebaseerd waren op enkele tonen uit de twaalftoonreeks. In het algemeen werd de harmonie daardoor veel dissonanter dan in vroegere stijlperioden.

De stemvoering is in twintigste-eeuwse muziek vaak polyfoon. Twee of meer melodieën die ontleend zijn aan één of meer van de hierboven genoemde toonladders, leveren bij gelijktijdig klinken een geheel eigen, vaak schrijnend dissonante harmonie op. Met deze dissonantie werd totaal anders dan in het verleden omgegaan, want de traditionele oplossing in consonantie hoefde helemaal niet te volgen. Een dissonante constructie werd nu meestal tijdelijk afgezwakt door een minder dissonante constructie. Daardoor klonk een dergelijke compositie voor de luisteraar in zijn geheel dissonant. Door de verandering van de brede, veelal homofone stemvoeringen van de negentiende eeuw naar de transparante polyfonie van de twintigste eeuw was de botsing van dissonante tonen ook veel duidelijker te horen.

MELODIEVORMING

Door grote melodische intervallen te gebruiken (die onderling geen tonaal verband hoeven te vertonen), schreven twintigste-eeuwse componisten vaak grillige melodieën. In vocale muziek zijn dit soort melodieën voor zangers en zangeressen veel moeilijker te zingen dan de melodische lijnen uit oudere stijlperioden. De melodieën zijn veelal kort, gebroken en gefragmenteerd.

Daardoor ontstaan melodische 'brokstukken' in plaats van nauwkeurig in frasen en perioden georganiseerde melodieën. Sommige componisten vervingen de traditionele melodische toonschreden bovendien door verglijdende toonhoogten (glissandi), waardoor tonale relaties (voor zover die al van belang waren) zeer onbepaald en instabiel werden.

RITME

De ritmische presentatie is vaak het opmerkelijkste aspect van zo'n melodisch brokstuk. In het algemeen geldt dat de ritmiek in de twintigste-eeuwse kunstmuziek doorgaans meer nadruk krijgt dan de melodievorming. Motieven zijn vaak gesyncopeerd en het samengaan van twee of meer gelijktijdige melodische lijnen in verschillende maatsoorten en met verschillende ritmen resulteerde in *polymetriek* en polyritmiek. Daarnaast worden *asymmetrische maatsoorten* met verdelingen in vijven of in zevenen gebruikt en kan de maatsoort bij elke maat wijzigen. Bovendien werden accenten verplaatst door noten van een bepaalde maat voorbij de maatstreep in de volgende maat te plaatsen of door noten op grillige en verrassende wijze van accenten te voorzien.

De kunstmuziek van de twintigste eeuw vertoont in het algemeen dan ook grote ritmische variatie en vitaliteit. De meest baanbrekende daad op het terrein van de ritmiek stelde Stravinsky (afbeelding 46) vroeg in de eeuw met zijn balletmuziek *Le Sacre du Printemps* (1913). Het primaat van de ritmiek werd in dit werk met zijn uiterst energieke, primitieve en barbaarse motoriek en zijn luide, heftige en dissonante klanken zo overrompelend geclaimd, dat de eerste uitvoering (voor een totaal onvoorbereid publiek) een schandaal werd.

Luistervoorbeeld 62 (cd 2 track 22)

Igor Stravinsky, twee fragmenten uit *Le Sacre du Printemps*, 1913, balletmuziek

Le Sacre du Printemps (*Lenteoffer*, ook wel *Lentewijding*) werd door Stravinsky in 1913 in opdracht van Sergej Diaghilevs Ballets Russes voltooid. Deze mijlpaal in de muziek- en balletgeschiedenis plaatst ons in een prehistorische wereld. In zijn *Chroniques de ma vie* van 1935-36 schrijft Stravinsky dat hij een visioen van een groot heidens feest had. Over het thema van *Le Sacre*: 'Oude wijze mannen zitten in een kring en aanschouwen de doodsdans van een jong meisje, dat geofferd moet worden om de god van het voorjaar gunstig te stemmen.'

In zijn muzikale verbeelding van dit heidense ritueel legt Stravinsky de nadruk op de expressie van 'primitieve' emoties, gedragen door steeds terugkerende, bezielende motieven. Zo ontstond een instrumentale voorstelling van de gedachte dat een primitief volk dergelijke motieven, bekrachtigd door slaginstrumenten, in een steeds sneller en indringender ritme zingt. Deze muziek beweegt zich tussen vreugde en vrees, tussen levensdrift en doodsangst.

In *Le Sacre* is het ritme kort, krachtig, gevarieerd en complex. Daarnaast spelen accentverschuivingen, maatwisselingen, veranderingen van toonsoort en talloze dissonanten een belangrijke rol. Melodische en lyrische passages worden afgewisseld met wilde ritmische dansen, ondersteund door een pakkende dynamiek en een briljante instrumentatie. De ritmische complexiteit van het werk komt niet alleen tot stand door het slagwerk, maar vooral door de 'als slagwerk' gebruikte blaas- en strijkinstrumenten.

Dat de première rellen en zelfs vechtpartijen in de zaal veroorzaakte, valt wel enigszins te begrijpen. Het publiek had nog nooit zulke brutale, wilde, agressieve en schijnbaar chaotische muziek gehoord; het werd getroffen door een wervelstorm met tomeloze natuurkracht.

Je hoort twee fragmenten. Eerst de rustige opening van het werk, waarin de aarde nog in winterslaap lijkt. Of perst de fagot de eerste spriet van de lente uit zijn dunne riet om het leven uit de winterslaap te wekken? Daarna het begin van 'Voortekens van de lente – Dansen van de jonge meisjes', waarin de obstinaat doorgaande ritmische pulsering de motoriek bepaalt. Meteen de hamerende aanzet van elke afzonderlijke klank en de stuwende werking wordt nog versterkt door de dreunende antimetrische patronen. Voorboden van wat zich verderop in het werk nog dominanter manifesteert: woeste oerkracht.

KLANKKLEUR

Ook de klankkleur krijgt in de twintigste eeuw volop aandacht. Het klankpalet is omvangrijker en gevarieerder dan ooit tevoren. Naast de aanwending van nieuwe geluidsbronnen (bijvoorbeeld de synthesizer) zien wij dat componisten de klankkleuren van traditionele instrumenten uitbreiden door andere bespelingstechnieken. Zo bespelen strijkers hun instrument met het hout van de stok (col legno) of vlakbij de kam (sul ponticello) en laten daardoor natuurlijk andere klankkleuren en harmonieën horen dan bij de traditionele strijk- en pluk(pizzicato)technieken. Blazers ontwikkelen technieken om twee tonen tegelijkertijd te laten klinken en gebruiken ventielen om tot een flexibeler spel te komen. De piano wordt soms aan de binnenkant van het instrument op de snaren en het klankbord bespeeld. De componist John Cage (1912-1992) bevestigde diverse voorwerpen (zoals gummetjes, lepels, bierviltjes en schroeven) tussen de snaren van de piano om de klank te veranderen. Het op deze wijze 'bewerkte' instrument wordt 'prepared piano' genoemd. Nieuwe symbolen worden bedacht om aanwijzingen voor nieuwe bespelingswijzen (bijvoorbeeld voor de aanwending van de pedalen van de harp en voor het gebruik van de complete onderarm op de piano) te kunnen noteren.

Akoestische geluiden kunnen door elektronische versterking en manipulatie op velerlei manieren veranderd worden. De synthesizer is in staat zowel traditionele klanken te reproduceren als nieuwe te creëren. Met de

Afbeelding 46. De jonge Igor Stravinsky, getekend door Pablo Picasso, Parijs 1920.

komst van de computer en geavanceerde software werden de mogelijkheden om klanken te genereren, te vervormen of anderszins te bewerken vrijwel onbegrensd. Ook het gebruik van de menselijke stem veranderde drastisch. Vaak werd de stem meer als een instrument met zeer veelzijdige en specifieke mogelijkheden om klanken voort te brengen aangewend dan als gebijkte zangstem. Voor sommige vocale composities werd de 'Sprechstimme', die het midden houdt tussen zingen en spreken, voorgeschreven. Blazers en slagwerkers werden minstens zo belangrijk en soms belangrijker dan de strijkers in het orkest.

Er was dus een uiterst breed klankspectrum beschikbaar, maar de componisten kozen liever kamerensembles met gevarieerde instrumentale combinaties dan de grotere standaardbezettingen uit het verleden. Je kunt je ook

Afbeelding 47. De oudere Igor Stravinsky.

afvragen of het publiek voor echt moderne muziek wel groot genoeg is om uitvoeringen met grote bezettingen in grote concertzalen na te streven. Je kunt wel een toegenomen vraag naar publieke uitvoeringen van moderne kamermuziek waarnemen, maar die wens stamt toch vooral van een vrij kleine, selecte groep van ingewijden. De echte avant-gardemuziek kon de publieke belangstelling in elk geval niet verwerven, omdat het grote concertpubliek die muziek niet begreep of niet apprecieerde of er gewoonweg geen interesse voor toonde.

Luistervoorbeeld 63 (cd 2 track 23)

Edgar Varèse, tweede deel *Très vif et nerveux* uit *Octandre*, 1923, orkestwerk

Een voorbeeld van een klankenidioom waar het grote publiek niet aan wilde, is dat van Edgar Varèse (1883-1965). In het luistervoorbeeld kun je een verdere verzelfstandiging van muzikale elementen beluisteren. Bij Debussy was het akkoord een autonome eenheid geworden en Schönberg en zijn leerlingen verzelfstandigden de enkele toon. Varèse ging op hun weg voort door ook het ritme steeds meer te verzelfstandigen. Met zijn voortgezette autonomisering elimineerde Varèse in feite de traditionele relatie tussen melodie, harmonie en metrum. Hij schreef muziek zonder melodie en harmonie door zich sterk op de pure klank te concentreren. Zijn gehele (overigens kleine) oeuvre staat dan ook in het teken van de bevrijding van de autonome klank. Varèse schiep een volkomen nieuw en vrij klankenidioom.

In het snelle, zeer beknopte *Très vif et nerveux* vallen de toonherhalingen in de piccolo direct op, want daardoor komt het accent geheel op de ritmiek te liggen. Dezelfde aanpak keert even later terug in de trombone. Andere opvallende kenmerken zijn het instabiele metrum, de overwegend dissonante harmonie en de dynamisch contrasterende blokken.

DYNAMIEK

De twee muzikale elementen die in de twintigste eeuw niet drastisch veranderden, zijn de dynamiek en in mindere mate de vorm. Romantische componisten kozen binnen één werk vaak voor een dynamisch bereik van zeer luid tot zeer zacht, maar in de twintigste eeuw hebben componisten de neiging extreme dynamische contrasten te vermijden. Zij prefereren veelal een gelijkmatiger geluidsniveau. De dynamiek wordt in het algemeen ook objectiever gebruikt, dat wil zeggen dat sommige componisten de graad van luidheid voor elke afzonderlijke toon of frase precies voorschrijven, terwijl anderen juist vrijwel onveranderlijke (maar welbepaalde) geluidsniveaus hanteren. In het laatste geval wordt een statisch gevoel, de ervaring van een zekere stilstand, gecreëerd in plaats van de steeds maar doorgaande, geaccentueerde beweging in de muziek uit vroegere perioden.

VORM

Over de twintigste-eeuwse vormgevingsprincipes kan niet veel generaliserends gezegd worden. Er zijn werken in alle gevestigde één- en meerdelige vormen uit het verleden geschreven, maar componisten trachtten ook in de opbouw van hun werken stereotypen en clichés te vermijden. Als gevolg daarvan werd vrijelijk afgeweken van bestaande vormschema's en kreeg vooral de *additieve* vorm volop aandacht. Niets blijkt echter uitgesloten, want tegelijkertijd zien wij bijvoorbeeld ook een hernieuwde belangstelling voor de oude, nogal statische strofische vorm. In het algemeen is de lengte van twintigste-eeuwse werken in vergelijking met de monumentale afmetingen van de laat-negentiende-eeuwse muziek aanmerkelijk teruggebracht.

Stijlen en trends

Om enige greep op de enorme diversiteit in de kunsten van de twintigste eeuw te krijgen, hebben wetenschappers een hele serie 'ismen' bedacht om daarmee de uiteenlopende artistieke tendensen te kunnen typeren. Voor wat betreft de muziek zijn deze 'ismen' lang niet altijd in een strikte chronologie te ordenen, ze zijn meestal ook niet toe te schrijven aan de inspanningen van één componist of in één land te lokaliseren en bovendien kunnen componisten vaak met meerdere stromingen geassocieerd worden. Van een alomvattende muzikale stijlgeschiedenis van de twintigste eeuw kan dan ook nog geen sprake zijn.

In dit hoofdstuk wijd ik daarom aan slechts twee stromingen een korte bespreking volgens het analysemodel van dit boek. Andere trends worden globaler aan de orde gesteld, waarbij direct de kanttekening geplaatst moet worden dat geen enkele trend zich geïsoleerd ontwikkelde. Een behandeling van de interactie van trends binnen de zeer heterogene context van de moderne muziek valt echter buiten het bestek van dit boek. Het is wel van belang om op te merken dat het hier aangestipte conglomeraat van bewegingen nog steeds een zeer vruchtbare inspiratiebron voor hedendaagse componisten vormt.

Expressionisme

Terwijl Debussy en Stravinsky elk op hun eigen manier de aangezette emotionaliteit van de late Romantiek verwierpen, streefden enkele componisten in Duitsland en Oostenrijk (met name in Wenen) juist naar een uiterst expressieve en emotionele muziek. Zij gingen daarin zo ver dat extreme gemoedstoestanden als hysterie en krankzinnigheid en ervaringen als nachtmerries en onbevredigde seksuele driften in een zeer complexe muziek tot uitdrukking gebracht werden. Deze stroming wordt het Expressionisme genoemd. De daarbij behorende muziek geeft uitdrukking aan strijd, geweld, conflict, (zelf)vervreemding, innerlijke verscheurdheid, directe (niet geïdealiseerde) gevoelens, al dan niet gefrustreerde levensdrift, sociale verwording, enzovoort.

Afbeelding 48. Arnold Schönberg.

Het muzikale Expressionisme ontleent zijn naam aan de denkbeelden van de schrijver Franz Kafka en de schilders Paul Klee, Wassily Kandinsky en Oscar Kokoschka. Hoewel het Expressionisme een wat minder duidelijk omschreven muzikale stijl is dan het Impressionisme of het Neoclassicisme, komen zijn kenmerken duidelijk en krachtig naar voren in werken van Arnold Schönberg (afbeelding 48), Anton Webern en Alban Berg, die gezamenlijk de zogenaamde Tweede Weense school vormden. (De Eerste Weense school was natuurlijk die van Haydn, Mozart en Beethoven.)

Expressionisten vonden in tegenstelling tot Impressionisten dat de essentie van kunst ligt in de expressie van 'het idee' en dan vooral van het persoonlijke, innerlijke 'idee' vanuit het onderbewuste. Zo gesteld lijkt het Expressionisme op het eerste gezicht misschien een voortzetting van de Romantiek, maar het sloeg nieuwe en veel extremere wegen in. Negentiende-eeuwse componisten gebruikten weliswaar ook 'vreemde' en geëxalteerde thema's, maar Expressionisten streefden in hun muzikale programma's naar een nog veel minder tastbare expressie van het gedroomde, het irrationele en het bizarre. Een symbolistische en vervormde klankwereld, die grenst aan het surrealistische, domineert de expressionistische muziek en de componist laat zich daarbij weinig gelegen liggen aan Klassieke idealen als klankschoonheid en een evenwichtige structuur.

Het Expressionisme wordt gekenmerkt door atonaliteit, een extreme dissonantie, hoekige en gebroken melodieën en een additieve vormgeving. Klankkleuren worden vaak op onconventionele wijze gepresenteerd, bijvoorbeeld door een extreem registergebruik van instrumenten en de Sprechstimme. Exemplarische expressionistische werken zijn twee composities van Schönberg: *Erwartung* (1909) en *Pierrot Lunaire* (1912). *Erwartung* is een opera met één personage, een door haar geliefde afgewezen vrouw die 's nachts halfgek door het woud dwaalt op zoek naar deze geliefde. *Pierrot Lunaire* is een muzikale recitatie van een 'maanzieke' clown vol frustraties en neurosen.

Luistervoorbeeld 64 (cd 2 track 24)

Arnold Schönberg, *Erwartung*, opus 17, vierde scène, 1909, opera

Erwartung, een 'Monodrama' voor zangstem en orkest en het eerste muziektoneelwerk met één vrouw als personage, is een schoolvoorbeeld van het 'gekwelde Expressionisme'. Het libretto is een soort droomprotocol, dat stamt van de psychoanalytica Marie Pappenheim. De naamloze vrouw van het drama zoekt haar geliefde en treft hem dood (door een onbekende oorzaak) in het woud aan. Zij moet hem uit haar bewustzijn verdringen, maar in haar voorstellingswereld is er geen geleding van tijd. Het verleden ligt aan flarden en deze geheugenflarden worden tot een psychisch verward heden ineengeschoven: de pathologische gevolgen van verdringing zoals ze door Freud werden beschreven. Muzikaal wordt dit weergegeven door één monologische en orkestrale stroom: een ongrijpbaar en onomkeerbaar tijdsverloop. De koortsachtig wisselende emotionele gesteldheden van de vrouw worden door Schönberg minutieus muzikaal weergegeven. De afgebroken zinsneden en kreten in de tekst worden gemuzikaliseerd door melodische afsplitsingen en vertakkingen, snelle veranderingen van richting en een voortdurende wisseling van motieven, waardoor de luisteraar nauwelijks een kans op identificatie geboden wordt. De muziek wisselt veelvuldig van maat en tempo, springt van hoog naar laag en omgekeerd, lijkt onophoudelijk van textuur en dichtheid te veranderen en verkeert ritmisch en dynamisch in niet-aflatende beweging: opvlammend en wegstervend, geëxalteerd en gedeprimeerd, wild gebarend en verstarrend. De dissonanties in de muziek staan daarbij voor de dissociatie van het personage.

Overzicht stijlkenmerken Expressionisme

1.	Stemvoering	Polyfoon.
2.	Toonomvang	Extreem groot.
3.	Toonstelsel	Atonaliteit en polytonaliteit.
4.	Melodievorming	Hoekige, gebroken melodieën.
5.	Ritmiek	Uiterst grillig en veranderlijk. Ritmiek is belangrijker dan melodische 'zangerigheid'.
6.	Harmonie	Expressieve, sterk dissonante klankagglomeraten.
7.	Structuur	Additieve vorm. De klankkwaliteiten ter plaatse zijn belangrijker dan een traditionele overkoepelende structuur van motieven, thema's, delen, enzovoort.
8.	Verhouding tekst-muziek	Beide dragen als autonome krachten bij aan een expressieve vertolking; het effect van beide wordt daardoor versterkt.
9.	Genres en vormen	Opera, orkest- en pianostukken.
10.	Betekenis	Vruchtbare voedingsbodem voor allerlei vernieuwingsbewegingen in de muziek van de twintigste eeuw. Esthetiek (het streven naar 'schoonheid' in de traditionele zin) speelt nauwelijks een rol.

Neoclassicisme

In het Neoclassicisme ontlenen componisten hun inspiratie vooral aan de muziek van de late zeventiende en achttiende eeuw, in het bijzonder aan de werken van late Barokmeesters (bovenal Bach) en van Haydn en Mozart. Hoewel deze stroming uit de eerste decennia van de twintigste eeuw stamt, is zij ook nu nog van betekenis.

In het voetspoor van impressionistische kunstenaars verwierpen neoclassicistische componisten in meer of mindere mate de hooggestemde idealen en de sterk aangezette emotionaliteit van de Romantische muziek, maar zij namen ook afstand van de geconstrueerde muziek van de dodecafonisten. De componisten van de nieuwe stroming grepen daarom zowel terug op de gereserveerdheid en relatieve eenvoud van de Klassieke periode als op de stijl, vormgevingsprincipes en genres van de Barok. Het idioom waarin de Neoclassicisten zich uitdrukten, wijkt desondanks natuurlijk aanzienlijk af van dat van de oorspronkelijke meesters. De tonaliteit (en dus ook de harmonie) is immers modern en de graad van dissonantie is al even eigentijds.

Ferruccio Busoni (1866-1924) wordt beschouwd als de eerste Neoclassicist vanwege zijn uitgesproken afkeer van de Romantiek en het opvallende gebruik van titels als sonatine, toccata en fantasia voor enkele van zijn werken. Hij werd vooral geïnspireerd door de werken van Bach en Mozart.

Afbeelding 49. Paul Hindemith.

Andere neoclassicistische componisten zijn Igor Stravinsky (in zijn zogenaamde middenperiode, die de composities omvat die hij tussen ongeveer 1920 en 1940 schreef), Paul Hindemith (1895-1963) (afbeelding 49) en Sergei Prokofiev (1891-1953). De laatste schreef een symfonie in compleet neoclassicistische stijl, die dan ook de *Klassieke Symfonie* genoemd wordt.

Luistervoorbeeld 65 (cd 2 track 25)

Sergei Prokofiev, *Allegro* uit *Symfonie nr. 1 in D*, op. 25, 1917, symfonie

In 1917 besloot Prokofiev een symfonie in de stijl van Joseph Haydn te schrijven. Zijn doel was een schepping geheel in de geest van zijn grote voorganger, dat wil zeggen met de karakteristieke, meeslepende combinatie van kracht en gratie. Maar Prokofiev beoogde natuurlijk geen slaafse imitatie; een eigen 'inkleuring' van die combinatie was onderdeel van de uitdaging. Het fascinerende van de *Klassieke symfonie* is inderdaad dat de componist zowel trouw bleef aan het muzikale verleden als aan zijn eigen ingevingen.

Prokofiev stond in St. Petersburg bekend als modernist en enfant terrible. Waarom bepleitte hij aan de vooravond van de Russische Revolutie plotseling 'de terugkeer naar de goede oude tijd', zoals Prokofiev zijn streven met gevoel voor ironie noemde? In zijn autobiografie schrijft hij heel nuchter: 'Als Haydn in onze tijd zou leven, zou hij zijn eigen stijl behouden en alleen wat nieuwe ideeën toevoegen. Ik wilde gewoon zo'n symfonie componeren – in de klassieke stijl.'

Hoezeer de *Klassieke Symfonie* Haydns idioom ook in herinnering roept, het is een technisch 'lastige' compositie voor een modern orkest, voor instrumenten die in vergelijking met de achttiende eeuw sterk verbeterd zijn. De partijen voor de hout- en koperblazers zijn bijvoorbeeld veel moeilijker dan die in Haydns tijd.

Het eerste thema met zijn bevallige figuraties in de strijkers en de snelle dynamische wisselingen (ff, p, crescendo, ff, p) laat onmiddellijk de beoogde combinatie van kracht en gratie horen. Daarna speelt de fluit het overgangsthema, geïmiteerd door hobo en klarinet, dat herhaald wordt door de fagot. Dit leidt naar het tweede thema dat met zijn beheerste ritme en de grillig verlopende melodie (grote intervalsprongen) opnieuw de wonderlijke eenheid van tegenstellingen tot uitdrukking brengt: zwaar en licht, abrupt en doorgaand, charmant en robuust. De *Klassieke Symfonie* spreekt onmiddellijk aan, net als de symfonieën van Haydn.

Neoclassicisten maakten gebruik van Klassieke en barokke vormen en genres als de symfonie, de sonate, het concerto grosso, de toccata, de variatievorm, de passacaglia en de suite. Zij toonden daarbij een hernieuwde belangstelling voor contrapuntische technieken en bijbehorende vormen als de fuga. Hindemiths pianowerk *Ludus tonalis* (1942) is een studie in neoclassicistisch contrapunt.

Luistervoorbeeld 66 (cd 2 track 26)

Paul Hindemith, *Fuga Quinta* in E uit *Ludus Tonalis*, 1942, pianowerk

Ludus Tonalis (Het tonale spel) heeft als ondertitel 'Studies in contrapunt, tonale organisatie en pianospel'. Het werk bevat een prelude, twaalf fuga's (die verbonden zijn door interludes) en een postlude. Daarmee volgde Paul Hindemith in zekere zin *Das Wohltemperierte Klavier* van Bach (vergelijk luistervoorbeeld 30). Dat is niet vreemd, omdat Hindemith in de jaren veertig steeds meer de richting van het Neoclassicisme uitging. Hij schreef o.a. enkele sonates, waarin hij duidelijk interesse toonde voor een pure neo-barokke klank, zonder een overdaad aan harmonische kleuring maar met lijnen en intervallen die steeds uitgesprokener werden. Hij daagt de luisteraar uit tot 'zuiver luisteren', dat wil zeggen luisteren naar de ontwikkeling, de architectuur van lijn en contrapunt en naar de ontwikkeling van intervallen.

Hij schreef de fuga's in tegenstelling tot Bach niet in alle bestaande toonsoorten, want Hindemith hechtte meer belang aan het spel met verschillende intervallen dan aan het complete tonale spectrum. Vooral de kwart en de kwint vormen de structurele basis van Hindemiths componeertechniek. Het werk is geconcipieerd in een lineaire stijl met grote aandacht voor het toenemen en afnemen van harmonische spanningen.

Je zou denken dat de compositie een koel geconstrueerd werk is, maar de luisteraar kan na een eerste kennismaking met de specifieke stijl van *Ludus Tonalis* geintrigeerd raken door de manier waarop de lijnen zingen en ook door de humor, de dramatiek en de virtuositeit. De gecompliceerde fuga's zijn gecomponeerd volgens een systeem van tonale hiërarchie waarover Hindemith uitvoerig schreef in *The Craft of Musical Composition*. Daarin zet hij zijn zeer chromatische en contrapuntische stijl uiteen.

De fuga's en interludes zijn even opmerkelijk door hun logica als door hun opwindende lading. De interludes dienen primair om van de toonsoort van de ene fuga naar die van de volgende fuga te moduleren, maar ze bevatten ook subtiele melodische bouwsteentjes voor de komende fuga. Vermakelijk is dat Hindemith voor het slotdeeltje twee technieken toepaste, waardoor de postlude de omkering en kreeftengang van de prelude is. Hoewel het werk beschouwd wordt als een muzikale uiteenzetting van Hindemiths theorieën, is het een van de meest avontuurlijke pianowerken van de twintigste eeuw.

Een groep van zes Franse componisten, bekend onder de naam Les Six, verdedigde het Neoclassicisme eveneens met overgave, hoewel hun werken lang niet allemaal neoclassicistisch van aard zijn. De belangrijkste leden zijn Darius Milhaud (1892-1974), Francis Poulenc (1899-1963) en Arthur Honegger (1892-1955). Hun muziek is veel transparanter, minder dicht en korter van duur dan werken uit de Romantiek. Zij kozen hun klankkleuren zorgvuldig en schreven bij voorkeur voor kleine kamerbezettingen.

De muziek van Neoclassicisten is in het algemeen absoluut, *niet-programmatisch*. De componisten besteden in hun werken veel aandacht aan het technische vakmanschap en aan een evenwichtige structuur en hebben geen boodschap aan romantische expressies van strikt individuele zielenworstelingen. Mede daarom wordt veel twintigste-eeuwse muziek (en niet noodzakelijkerwijs alleen neoclassicistische werken) gekenmerkt door een geest van objectieve ambachtelijkheid.

Luistervoorbeeld 67 (cd 2 track 27)

Igor Stravinsky, *Gavotta con due Variazione* uit de *Pulcinella Suite*, 1919-1920

Naast de genre-ontlening (de gavotte is een Franse dans uit de zeventiende eeuw) en het gebruik van de aloude variatietechniek zijn de heldere frasestructuur, de sobere harmonisatie en de terughoudende presentatie neoclassicistische kenmerken van deze compositie. Op het luistervoorbeeld hoor je de gavotte als thema van het stuk. De gavotte heeft een tweedelige vorm. In het eerste deel wordt de melodie door hobo's gespeeld, in het tweede deel door fluiten en hobo's.

Overzicht stijlkenmerken Neoclassicisme

1.	Stemvoering	Homofonie (Neo-Klassiek) en polyfonie (Neo-Barok).
2.	Toonomvang	Verschillend.
3.	Toonstelsel	Klassieke toonsoorten in een modern jasje (soms zwevende tonaliteit).
4.	Melodievorming	Helder en evenwichtig (Neo-Klassiek), Fortspinnung (Neo-Barok).
5.	Ritmiek	Veelal gebaseerd op traditionele maatsoorten en ritmen, maar ook moderne benaderingen daarvan.
6.	Harmonie	Vaak een dissonerende harmonisatie.
7.	Structuur	Heldere vormgeving, thematische en motivische Arbeit (Neo-Klassiek), maar ook wel een complexere, monothematische Fortspinnung (Neo-Barok).
8.	Verhouding tekst-muziek	Divers, niet generaliserend te duiden.
9.	Genres en vormen	Terugkeer Klassieke en barokke genres en vormen: symfonie, sonate(vorm), variatievorm, fuga, passacaglia, concert, concerto grosso, toccata en suite.
10.	Betekenis	In zekere zin vulde het Neoclassicisme het vacuüm tussen enerzijds de muziek die in enigerlei vorm een voortzetting was van romantische principes, en anderzijds 'moderne' muziek die door haar geconstrueerde karakter de ambachtelijke tradities van het componeren 'verwaarloosde'.

Andere stijlbewegingen

Ik laat vervolgens in grote lijnen de belangrijkste andere twintigste-eeuwse trends en technieken met exemplarische luistervoorbeelden de revue passeren. Een gevolg van deze beknopte aanpak is dat ik met enige spijt aan de namen en composities van vele smaakmakende twintigste-eeuwse componisten voorbij moet gaan. Denk slechts aan Charles Ives, Zoltán Kodály, Aaron Copland, Karl Amadeus Hartmann, Samuel Barber, Milton Babbitt, Galina Oestvolskaja, Luigi Nono, Morton Feldman, Mauricio Kagel, Krzystof Penderecki, Henryk Górecki, Sofia Goebaidoelina, John Adams, Claude Vivier en Wolfgang Rihm. Dat gold echter ook voor de voorgaande hoofdstukken; stijlbewegingen staan centraal en niet zozeer de individuele componisten en hun oeuvres.

VRIJ KLANKIDIOOM

Wij hebben gezien dat Debussy het akkoord verzelfstandigde en Schönberg en zijn leerlingen de enkele toon. Een verdere verzelfstandiging, met name

Afbeelding 50. Edgar Varèse.

van het ritme, vinden wij bij Edgar Varèse (1883-1965) (afbeelding 50). In luistervoorbeeld 63 heb je zijn idioom al kunnen beluisteren. Hij verbrak de traditionele band tussen melodie, harmonie en ritmiek op radicale wijze. Bij Varèse hebben tonen, akkoorden en ritmische patronen een volkomen autonome betekenis, waardoor een zeer sterke concentratie op de klank zelf, op het wezen van de autonome klank, ontstaat. Hij schiep op die manier een klankenidioom dat geheel vrij is.

INTEGRALE SERIALISERING

In de dodecafonie worden de twaalf tonen van de chromatische toonladder in een reeks van toonhoogten geserialiseerd. Olivier Messiaen (1908-1992) (afbeelding 51) ontwikkelde een verdergaande reeksenordening door ook andere muzikale parameters (dynamiek, toonduur, enzovoort) te serialiseren. Hij gaf daarmee de aanzet tot een integrale serialisering, waarbij alle

Afbeelding 51. Olivier Messiaen aan het orgel, 1952.

denkbare muzikale elementen volgens van tevoren vastgestelde patronen in reeksen geordend worden. Messiaen beschouwde zijn bijdrage aan deze ontwikkeling als een uitstapje en ging niet verder op de ingeslagen weg. Wel stimuleerde hij zijn leerlingen, onder andere Pierre Boulez (geb. 1925) en Karlheinz Stockhausen (geb. 1928), de nieuwe koers te volgen.

Luistervoorbeeld 68 (cd 2 track 28)

Olivier Messiaen, *Mode de valeurs et d'intensités* uit *Quatre études de rythme*, 1949, pianowerk

Messiaen haakte bij de ordening van toonhoogten van Schönberg en zijn leerlingen aan door een verder doorgevoerde reeksenordening te ontwikkelen. Daarbij betrok hij ook de dynamiek en de toonduur. In *Mode de valeurs et d'intensités* is de zelfstandigheid van toonhoogte, toonduur en klankkleur zo ver doorgezet dat Messiaen onbedoeld de eerste stappen in de richting van de integrale serialisering zette.

Wat bij beluistering van ons voorbeeld meteen opvalt, is de onmogelijkheid om enige vorm van melodie, harmonie of ritmiek te herkennen. In de partituur kun je zien dat het stuk voor drie stemmen geschreven is, maar omdat de toonhoogten in elk van deze stemmen elkaar voortdurend kruisen is een gewaarwording van driestemmigheid nauwelijks mogelijk. Bij herhaald beluisteren blijkt dat elke toon zijn eigen aanslagkarakteristiek (zwaar accent, licht accent, staccato, legato), duur (van zeer lang tot zeer kort) en dynamiek (van zeer zacht tot zeer luid) heeft.

Messiaen profileerde zichzelf vooral als 'musicus theologicus', als religieus componist, en als de onvermoeibare registrator van duizenden vogelgezangen, die hij omwerkte naar ons gelijkzwevende toonsysteem. Hij bleef dan ook erg nuchter onder zijn seriële vingeroefening *Mode de valeurs et d'intensités*: 'Ach ja, een etude en meer ook niet. Een klein en beroemd stukje met een groot historisch belang. Maar niets bijzonders.'

ALEATORIEK

Reacties op het streng doorgevoerde serialisme konden niet uitblijven. Componisten als Earl Browne (1926-2002) en John Cage (1912-1992) ontplooiden zich in een nieuwe beweging, de *aleatoriek*. Daarin staat juist het niet-vastgelegde centraal, waardoor er ruimte komt voor toevalsfactoren en meer of minder geleide improvisatie. De daaruit voortvloeiende muziek is in zekere mate onbestemd of ongedetermineerd en geeft de uitvoerders de vrijheid om zelf keuzen ten aanzien van de uitvoering te maken. Deze ongedetermineerdheid komt ook nadrukkelijk tot uiting in de (deels of geheel) grafische partituren, waarin de uiteenlopende grafische symbolen de uitvoerder grote vrijheid laten om tot een eigen interpretatie en vertolking te komen.

Een componist als Pierre Boulez (afbeelding 52) benutte allerlei mogelijkheden van aleatoriek, zoals het gebruik van open en mobiele structuren, waarin de muzikale segmenten in een zelf gekozen volgorde uitgevoerd kunnen worden.

Luistervoorbeeld 69 (cd 2 track 29)

Pierre Boulez, *Constellation-Miroir* uit de *Derde Pianosonate*, pianosonate

Pierre Boulez zocht naar mogelijkheden om de strengheid van het serialisme te combineren met de ongedetermineerdheid van de aleatoriek. Hij koos voor de mobiele structuur, waarin groepen of brokken muziek in een min of meer vrije volgorde uitgevoerd kunnen worden. De details van die groepen of brokken zijn echter minutieus georganiseerd en vastgelegd. De essentie van ideale muziek zocht Boulez in 'de helderheid van de innerlijke logica der vormen en structuren met de vlucht der verbeelding, van de fantasie, van de improvisatie'. In deze formulering ligt zijn vereniging van structurele dichtheid en vormstrengheid enerzijds en de open vorm anderzijds besloten.

De *Derde Pianosonate* (1956/57) behoort tot Boulez' vele werken 'in progress', composities die in de loop van de jaren worden afgerond of op afronding wachten. Het werk heeft in concept vijf delen: 1. Antiphonie, 2. Trope, 3. Constellation(-Miroir), 4. Strophe en 5. Séquences, maar daarvan zijn tot heden alleen het tweede en derde deel uitgegeven. De oorspronkelijke idee is die van een 'open vorm', waarbij elk van de delen het begin van de compositie kan zijn, maar (3) *Constellation(-Miroir)* altijd in het midden dient te blijven

Constellation-Miroir bestaat uit twee 'soorten' muziek, Points en Blocs. Die zijn qua karakter te onderscheiden, doordat de eerste vooral punctueel (losse enkelvoudig klinkende tonen), doorzichtig en grillig zijn, maar de tweede compact (akkoordblokken met hier en daar een melodische lijn). Om van een Point naar een andere Point of een Bloc te gaan, heeft Boulez diverse parcoursen uitgezet, waaruit de uitvoerder kan kiezen.

Afbeelding 52. Pierre Boulez, leunend op de piano, met zijn leermeester Messiaen aan de piano, 1954.

VAN PUNT NAAR MASSA

Een andere reactie op de strenge reeksentechnieken van het serialisme was dat componisten de aandacht voor de losse toon (zo evident in het serialisme) vervingen door een oriëntatie op velddichtheid en massa, dus juist op het complex en de dichtheid van de tonen in een klankenveld. In werken van onder andere Yannis Xenakis (1922-2001), György Ligeti (1923-2006) en Karlheinz Stockhausen (geb. 1928) is deze overgang van punt naar massa goed te horen. Zij componeerden muziek als een dicht weefsel van clusters (opeengepakte tonengroepen) of tonenwolken. In die weefselstructuren zijn melodische contouren, ritmische patronen en andere denkbare structuurelementen vrijwel niet meer te herkennen.

Luistervoorbeeld 70 (cd 2 track 30)

György Ligeti, *Atmosphères*, 1961, orkestwerk

Als antwoord op de pointilistische seriële techniek ontwikkelde Ligeti in de jaren vijftig en zestig een compositietechniek die meer gericht is op massa, op tonenwolken, op dicht opeengepakte clusters. *Atmosphères* bevat weefselstructuren waarin melodie, ritme en andere structuurelementen samenvloeien. Het werk is geschreven voor een standaard symfonieorkest, dat echter wel omvangrijk is: viervoudig hout (dus vier fluiten, vier hobo's, vier klarinetten en vier fagotten), zes hoorns, vier trompetten, vier trombones, een tuba, piano en groot strijkorkest.

Om de contouren van het werk zo veel mogelijk te verdoezelen, wordt aan de musici gevraagd alle inzetten zo zacht mogelijk te spelen. Ook zaken als het spelen met en zonder vibrato en voor de strijkers het spelen bij de kam (sul ponticello), op de toets (sul tasto), met de punt van de stok (punta d'arco) of met het hout van de stok (col legno), is exact aangegeven en dient nauwgezet gevolgd te worden. Hierdoor zijn kleur, klank, weefselstructuur en dynamisch verloop volkomen gelijkwaardig aan elkaar en gaan volledig in elkaar op. Door het gebruik van zeer dichte clusters zijn individuele tonen niet meer te herkennen. Er wordt door Ligeti in de meest concrete zin gebeeldhouwd met klank.

Atmosphères typeerde Ligeti als 'een "volledig in zichzelf rustende" muziek die uitsluitend uit veranderingen van klanken en manieren van weven bestaat'. Je hoort dat de compositie is opgebouwd uit toonclusters, die in verschillende verdikkingen en in verschillende liggingen te horen zijn. Individuele instrumenten of instrumentengroepen spelen vrijwel geen rol meer. De naamgeving van het werk is treffend: in de compositie lijkt de nadruk vooral op atmosferische transformaties te liggen.

NIEUWE VOCALITEIT

Opmerkelijk was verder de exploratie van een nieuwe vocale techniek, waarbij de mogelijkheden van de zangstem tot ver over de tot dan toe bekende grenzen beproefd werden. Baanbrekend was in dit opzicht de compositie *Sequenza III* (1965) van Luciano Berio (1925-2003). Daarin hoor je de vrouwenstem met behulp van min of meer traditionele zangtechnieken betrekkelijk 'gewone' klanken voortbrengen, maar ook een bonte mengeling van totaal andere geluiden.

Luistervoorbeeld 71 (cd 2 track 31)

Luciani Berio, *Sequenza III voor vrouwenstem*, 1965

Het belangrijkste fenomeen van *Sequenza III per voce femminile* is de uitwerking van nieuwe vocale mogelijkheden. Berio zag het stuk niet als een echt zangstuk; hij schreef een vrouwenstem voor die bezet kan worden door een zangeres maar ook door een toneelspeelster. Hoewel de opzet duidelijk theatraal is, ligt aan het stuk een echte muziekpartituur ten grondslag. Er wordt dus geen choreografie of dramaturgie aangegeven, maar het pure muzikale materiaal: de tonen, de klanken en de manier waarop die klanken gebracht moeten worden.

Berio ontwikkelde met *Sequenza III* een vocaliteit waarbij de mogelijkheden van de stem verder dan ooit onderzocht werden. Niet alleen zangtechnieken spelen een rol, maar ook andere vormen van geluid maken. Lachen, knippen met de vingers, indianengehuil, hijgen, kuchen, giechelen, mompelen, tandgeklapper enzovoort wisselen elkaar in een bonte mengeling af en geven de tekst betekenis. Die tekst van Markus Kutter luidt:

give me	a few words	for a woman
to sing	a truth	allowing us
to build a house	without worrying	before night comes

De woorden geven geen vaste relatie aan. De tekst kan van links naar rechts gelezen worden en dan regel voor regel naar beneden of direct naar beneden van 'strofe' naar 'strofe'. Bovendien heeft Berio de tekst nog eens semantisch uit elkaar gehaald door losse klanken en losse fonemen bijeen te brengen of uit hun semantische context te halen. De tekst wordt dan ook op twee manieren gebruikt: enerzijds als concreet gezongen tekst met interpretaties van de woorden, anderzijds als abstract samenspel van klanken die op zich weer een muzikale lading krijgen.

Afbeelding 53. Steve Reich.

MINIMAL MUSIC

Een belangrijke nieuwe opvatting manifesteerde zich in muziek die tot het uiterste gereduceerd is: minimal music. De componisten van deze muziek (ook repetitieve muziek of graduele procesmuziek genoemd) beoogden terug te keren tot de kern van muziek (in het bijzonder tot de rituele functie van muziek) en trachtten door een aanzienlijke vereenvoudiging van het muzikale materiaal bij de luisteraar duidelijkheid te scheppen omtrent de ontwikkeling en werking van hun muziek. Vaak is deze muziek gebaseerd op kleine motiefjes die vele malen herhaald worden in een zeer traag veranderingsproces. Door de extreme lengte van zo'n compositie en de zeer geleidelijke en minimale veranderingen van de motieven wordt de suggestie van 'tijdloosheid' gewekt. Componisten van minimal music zijn onder andere Steve Reich (geboren 1936) (afbeelding 53) en Philip Glass (geboren 1937).

Luistervoorbeeld 72 (cd 2 track 32)

Steve Reich, *Music for Mallet Instruments, Voices and Organ*, 1973

Een mooi voorbeeld van minimal music is dit werk van Reich, dat bij beluistering van de volle lengte (zo'n 17 minuten) een onmiskenbaar trance-effect sorteert. De componist beschreef *Music for Mallet Instruments, Voices and Organ* aldus: 'Het stuk behelst twee simultane en samenhangende muzikale processen. Het eerste is de opbouw, tel voor tel, van een duplicaat van een vooraf gegeven repeterend marimba- of klokkenspelpatroon, met het duplicaat één of meer tellen uit fase met het origineel. Dit vormt de aanzet tot het tweede proces van vergroting of verlenging van opeenvolgende akkoorden in de vrouwenstemmen en het orgel. Het eerste proces van ritmische opbouw in de marimba's en klokkenspellen schept een snellere bewegingsactiviteit, die de stemmen en het orgel aanzet de duur van de tonen die zij zingen en spelen te verdubbelen, te verviervoudigen of nog verder te verlengen. Als de marimba's en klokkenspellen hun maximale activiteit bereiken, hebben de tonen in de stemmen en het orgel eveneens hun maximale lengte en traagheid verkregen. Dan verdubbelt een derde vrouwenstem enkele van de korte melodische patronen in het samenspel van de vier marimba's, waarbij de stem gebruikt wordt om de klank van deze instrumenten exact te imiteren.'

Het is onmogelijk om het vervoerende trance-effect middels dit korte luisterfragment te ervaren. Wel kun je goed horen hoe doorzichtig en 'tijdloos' deze muziek klinkt.

CITATIONISME

Sommige componisten neigden ertoe aan andere muziek te refereren door citaten en allusies (verwijzingen) in hun werken op te nemen. Niet zelden gaat het daarbij om tonale referenties binnen atonale composities. Deze citaten en allusies kunnen leiden tot een web van uitgesproken en niet-uitgesproken betekenissen, want er ontstaat immers een zekere, 'betekenisvolle' spanning tussen de nieuwe compositie en het geleende materiaal. Alfred Schnittke (1934-1998) citeerde bijvoorbeeld in het begin van zijn *Derde Strijkkwartet* (1983) kort na elkaar fragmenten uit muziek van Orlando di Lasso, Beethoven en Sjostakovitsj (1906-1975).

Luistervoorbeeld 73 (cd 2 track 33)

Alfred Schnittke, *Eerste deel* van *Strijkkwartet nr. 3*, 1983

Gedurende de gehele muziekgeschiedenis hebben componisten mogelijkheden benut om naar andere muziek (stijlen, werken, technieken) te verwijzen. Door in een muziekstuk aan een ander werk te refereren, ontstaat immers een extra betekenislaag. Denk bijvoorbeeld aan de citaten van Alban Berg in zijn *Vioolconcert*: Karinthische liedjes en een koraal van Bach. Minder direct dan citaten, maar daarom in potentie niet minder betekenisvol, zijn meer algemene allusies, verwijzingen in stilistische of technische zin. Componisten die met tonale citaten in atonale muziek experimenteerden, zijn onder meer Arvo Pärt (*Collage over B-A-C-H* uit 1964) en Luciano Berio (het derde deel van *Sinfonia* uit 1968).

In zijn *Derde Strijkkwartet* uit 1983 heeft Schnittke drie grondelementen bij elkaar gebracht: 1. de eenvoud van diatonische drieklanken en cadensformules, zoals die in Orlando di Lasso's *Stabat mater* voorkomen; 2. de tonaal-chromatische complexiteit van het fugathema van Beethovens *Grosse Fuge*, en 3. het D-S-C-H-monogram, dat niet alleen naar Sjostakovitsj verwijst (**D**mitrij **Sch**ostakovitsch in de Duitse spelling), maar als intervalstructuur ook verwantschap vertoont met Beethovens fugathema. Die grondelementen hoor je meteen op het luistervoorbeeld.

Schnittke's *polystilistiek* behelst echter méér dan een spel op basis van citaten en allusies, want aan dat principe zijn zowel de psychologische dynamiek van muziek als de filosofische idee van continuïteit in de muziek verbonden. Polystilistiek richt zich tot een veelheid van bronnen die vanwege hun contrast bij elkaar gebracht worden. Later voelde Schnittke zich meer aangetrokken tot *monostilistiek*, die zich juist concentreert op het versmelten en homogeniseren van onderling verschillende materialen.

Afbeelding 54. Arvo Pärt met pet.

Een dergelijke krasse opeenvolging van muziekfragmenten die niets met elkaar te maken lijken te hebben, is zeer intrigerend en roept allerlei vragen bij de luisteraar op. Als verklaring voor dit citationisme worden gewoonlijk twee overwegingen aangevoerd. Enerzijds zou die refereerwoede bedoeld zijn om de ontsporing van de hedendaagse muziek in de muziek zelf ter discussie te stellen, anderzijds zou het verschijnsel een gevolg zijn van het besef van discontinuïteit in ons 'moderne' denken. Andere componisten van deze stroming zijn Luciano Berio, Arvo Pärt (geboren 1935) (afbeelding 54) en Otto Ketting (geboren 1935). Bij de laatstgenoemde componist functioneert het principe van citeren en verwijzen overigens vaak binnen een veelomvattende collagetechniek, die Ketting toepaste om een groot aantal muzikale stijlen en technieken binnen één compositie samen te brengen.

Ik bespreek hieronder nog een luistervoorbeeld van Arvo Pärt. Op het eerste gehoor lijkt bij *Summa* ook sprake van allusie; de muziek verwijst immers overduidelijk naar Renaissancemuziek. Mijn bedoeling is echter te illustreren waarom het lastig kan zijn om twintigste-eeuwse composities eenduidig te 'classificeren'. *Summa* is namelijk evenzeer een voorbeeld van 'Nieuwe Eenvoud' of van 'Nieuwe Spiritualiteit', typeringen van twintigste-eeuwse trends waartoe Pärts muziek zeker ook gerekend kan worden.

Luistervoorbeeld 74 (cd 2 track 34)

Arvo Pärt, *Summa voor vier stemmen*, 1980

In *Summa*, geschreven voor vier stemmen a capella, gaat Pärt op een heel andere manier met het muzikale verleden om dan Schnittke in het vorige luistervoorbeeld. De eenvoud van middelen en klank in deze muziek verwijst onmiddellijk naar Renaissancemuziek, maar Pärt vervalt geen moment in een eenvoudige stijlimitatie. 'Het is voldoende als één enkele toon mooi gespeeld wordt', heeft Pärt eens gezegd, en het lijkt inderdaad alsof hij geen noot te veel schrijft. Deze muziek kent geen franje, maar is slechts kern, vooral elementair contrapunt en veel klokachtige klanken.

Pärt componeert om zijn Russisch-Orthodoxe geloofsovertuiging te belijden en hij gebruikt dan ook vaak liturgische teksten, in dit geval het Credo van de Latijnse mis. Zijn terugblikken naar het verleden is een oriëntatie op het innerlijk, op eenvoud, een zoeken naar een onpersoonlijke eeuwigheid.

Het meest opvallende aspect van *Summa* is de ogenschijnlijk eenvoudige techniek. Twee stemmen tegen twee stemmen (sopraan en alt tegen tenor en bas), een verschijnsel dat in de muziek van Middeleeuwen en Renaissance bekend staat als stempaartechniek, draaien rond elkaar met als voornaamste melodische intervallen de grote terts en de kwint afgewisseld met de kwart en de sext. In de samenklank is de kwint essentieel; de tonen schuiven vaak in dissonanten langs elkaar. Dat is al in de eerste maat te horen. De lengten van de tonen zijn al even simpel: overwegend één tel en twee tellen. De tonen lijken geen verband te hebben met de natuurlijke cadans van het Latijn van de tekst. Die ogenschijnlijke onafhankelijkheid, de traagheid van de muziek, de herhalingen en de constante klank van de intervallen en samenklanken verschaffen de muziek een tijdloos karakter. De vierstemmigheid ontstaat door het kruisen van de melodische verlopen van de twee stemparen. (Alleen in de laatste maten is het patroon anders, namelijk telkens één maat sopraan en alt, één maat vierstemmig, één maat tenor en bas; vervolgens eerst één maat tenor en bas, dan weer vierstemmigheid en vervolgens één maat sopraan en alt.) De tekstzetting is syllabisch (één toon per lettergreep) of eenvoudig melismatisch (twee tonen per lettergreep).

VERMENGING MET ANDERE MUZIEKSOORTEN

In sommige composities zien wij een opvallende vermenging van kunstmuziek en muzieksoorten als jazz en pop. George Gershwin (1898-1937) zocht een verbinding tussen jazz en symfonische muziek. Zijn opera *Porgy and Bess* is duidelijk op 'zwarte' Amerikaanse muziek geïnspireerd. Darius Milhaud was de eerste componist die jazzelementen op overtuigende wijze in een klassiek werk incorporeerde, namelijk in *La Création du Monde* (1923) (afbeelding 55). Een integratie van kunstmuziek en popmuziek komt sterk naar voren in composities van bijvoorbeeld Louis Andriessen (geboren 1939).

Afbeelding 55. Fernand Léger, La Création du Monde, *1922.*

Luistervoorbeeld 75 (cd 2 track 35)

Darius Milhaud, *La Création du Monde*, 1923

Milhaud had tijdens zijn bezoek aan de Verenigde Staten in de winter van 1922 nader kennisgemaakt met jazz in de wijk Harlem in New York. Hij was opgetogen over de melodische lijnen, de opwindende ritmen en de prominente rol van het slagwerk. Hij probeerde zijn indrukken te integreren in het ballet *La Création du Monde*, het eerste door jazz geïnspireerde werk van een klassieke componist dat als 'cross-over' overtuigt. Componisten hadden wel eerder gebruik gemaakt van jazzelementen, maar slechts om 'bijzondere effecten' te sorteren.

Ook de samenstelling van zijn orkest werd ingegeven door Milhauds ontmoeting met jazz: 'Mijn orkest bestond net als die in Harlem uit 17 solomusici en ik gebruikte op haast onbeschaamde wijze de jazzstijl die ik vermengde met een klassieke benadering. De uitgebreide saxofoonmelodie wordt gevolgd door een ritmisch thema en de fuga genereert agitatie in het hele ensemble. De muziek, die de verschijning van planten en dieren illustreert, is heel grillig. Verder is daar het klarinetconcertino dat de komst van de wensdans aankondigt en daarna de opeenstapeling van concertino en fuga die de climax van het ballet, de paringsdans, markeert.'

Dit ballet op een scenario van Blaise Cedrars en met decors en kostuums van de kubistische schilder Fernand Léger is geïnspireerd op een Afrikaans scheppingsverhaal. Het werk verbeeldt reusachtige goden, magische toverkrachten, zichzelf ontwortelende bomen die de grond met hun fruit bevruchten zodat nieuwe bomen opgroeien met bladeren die in dieren veranderen, met dansers van beide geslachten die vanuit het midden van het toneel opkomen en hun wens- en paringsdans uitvoeren, daarna weer verdwijnen met achterlating van één paar dat in de liefde verenigd op de bühne achterblijft.

La Création du Monde is een geslaagde synthese van gesyncopeerde jazzelementen met klassieke procedures. Op het luistervoorbeeld hoor je veelvuldig syncopen, afwijkingen van een regelmatige metrische voortgang. De polymetrische aanpak van Milhaud is echter veel ingewikkelder dan in de jazz. De ritmische gelaagdheid van jazz (een melodielaag, een metrumlaag en een pulslaag) is in *La Création* op een complexe manier ook aanwezig. De veelheid van stemmen zorgt voor een schijnpolyfonie die enigszins doet denken aan de heterofonie van de New Orleans jazzstijl. Maar een centrale melodiestem (die door andere stemmen omspeeld wordt) ontbreekt, want de stemmen zijn in *La Création du Monde* gelijkwaardig.

ANDERE TRENDS

De besproken stijlbewegingen geven naar mijn mening een representatief beeld van de meest invloedrijke stromingen in de kunstmuziek van de twintigste eeuw. Maar de opsomming is niet uitputtend, want de pluriformiteit is groter dan ik in dit bestek kan behandelen. Daarom wijs ik in algemene termen nog op enkele andere trends.

Zo was er de niet te onderschatten invloed van volksmuziek. Bela Bartók (1881-1945) maakte grondig studie van de volksmuziek van de Balkan en legde talloze voorbeelden vast middels de fonograaf. Hij verwerkte die volksmuziek in een zeer oorspronkelijk idioom; Bartóks kenmerkende synthese van de klassiek-romantische traditie, moderne technieken en volksmuziek wees een weg voor vele andere componisten.

Een enigszins verwant verschijnsel is het exotisme, de invloed van muziek van andere culturen, bijvoorbeeld muziek uit Japan, China, India, Indonesië en Afrika.

Ik heb in de context van het Neoclassicisme al gewezen op Les Six. Deze groep Franse componisten streefde naar muzikale eenvoud, ironie en directheid, waarbij populaire muziek (cabaret, music-hall en Amerikaanse dansmuziek) als stilistisch wapen werd ingezet tegen muzikale gewichtigheid. Messiaen en zijn medestanders riepen later daarentegen op tot een bekering van de frivoliteit van Les Six en pleitten voor een meer lyrische en religieus-humanistische muziek.

Vanaf 1948 ontstaat de 'bandmuziek', mogelijk gemaakt door de ontwikkeling van de taperecorder en studio-elektronica. Zo komt enerzijds de 'musique concrète' ('concrete' geluiden worden op band opgenomen en omgewerkt tot klankstructuren) naar voren, anderzijds de elektronische muziek (in de studio geconstrueerde klanken worden op band vastgelegd en bewerkt tot klankstructuren). De computer bood later natuurlijk veel geavanceerdere mogelijkheden om klanken te creëren en te bewerken.

De experimenten van een componist als John Cage zijn sterk conceptueel en filosofisch van aard. Zij zijn minder gericht op de ontwikkeling van nieuwe muzikale technieken, meer op het ter discussie stellen van muzikale opvattingen en op het doorbreken van grenzen tussen muzikale disciplines. Cage stelde feitelijk alle facetten van de muziek aan de kaak: het componeren, de notatie, de concertpraktijk, luistergewoonten, enzovoort.

Rond ongeveer 1975 zien wij dat het 'post-serialisme' tonaler gericht raakt. De meer melodisch georiënteerde stukken *Rituel* (1974) en *Répons* (1981) van Boulez zijn daarvan voorbeelden, maar ook bij Berio en Stockhausen komt meer nadruk te liggen op hoorbare processen en minder op abstracte materiaalkenmerken.

De terugkeer van de tonaliteit ('neo-tonaliteit') in het minimalisme van Steve Reich en Philip Glass resulteerde in een zeker herstel van de band tussen 'moderne' klassieke muziek en het grote publiek.

In het laatste kwart van de twintigste eeuw bedienden sommige componisten zich van verrassend simpele middelen om een eenvoudige klank te scheppen ('Nieuwe Eenvoud'). Soms werden zij daarbij geleid door de wens om een nieuwe geestelijke inhoud of orde te vinden ('Nieuwe Spiritualiteit'). Anderen gingen zeer eclectistisch te werk en schreven composities die een bonte mengeling van uiteenlopende muzieksoorten en stijlen vertonen.

Ten slotte zijn er uiterst experimentele componisten die met behulp van computers en randapparatuur alle mogelijke digitale geluiden (*samples*) in hun elektronisch gegenereerde, bewerkte en samengestelde klankconstructies vervatten. In het laatste geval zijn een pen, notenpapier, akoestische instrumenten en uitvoerende musici niet meer nodig. Wij zien niet zelden dat deze composities (in welke staat van voltooiing zij ook mogen verkeren) via het Internet aangeboden worden aan een ieder die behoefte voelt ze 'verder te ontwikkelen'.

Ongetwijfeld heb ik ook na de imposante opsomming van 'stijlbewegingen' in dit hoofdstuk nog wel een trend over het hoofd gezien. In ieder geval is het duidelijk dat pogingen om de twintigste-eeuwse kunstmuziek nu al in generaliserende termen in kaart te brengen tot mislukken gedoemd zijn. Daarom nog een enkel woord over de behoedzaamheid waarmee men de classificatie van twintigste-eeuwse muziek in 'stijlen' tegemoet dient te treden.

Soms is het moeilijk om composities uit de twintigste eeuw eenduidig te associëren met al dan niet welbepaalde stijlbewegingen. Ik zou er ook niet voor willen pleiten om een 'absolute' systematisering na te streven. Om recht te doen aan de enorme veelzijdigheid van de hedendaagse muziek, is het wenselijk om schijnordeningen te vermijden. Om dat te illustreren een laatste luistervoorbeeld. In de toelichting schets ik de kenmerken van het idioom van Judith Weir, maar niet met de vooropgezette bedoeling om haar muzikale taal in een 'stijlcategorie' onder te brengen. Integendeel, wat mij in haar muziek vooral treft, is juist het eigenzinnig individuele.

Het lijkt mij overigens goed om met muziek van een vrouwelijke componist af te sluiten. In de reeks van 76 luistervoorbeelden moeten wij terug naar de twaalfde eeuw, naar Hildegard von Bingen (luistervoorbeeld 2), om nog een componiste aan te treffen! De muziekgeschiedenis is inderdaad sterk gedomineerd door mannen, maar in de eenentwintigste eeuw zal die wonderlijke onbalans hoogstwaarschijnlijk sterk verminderen.

Luistervoorbeeld 76 (cd 2 track 36)

Judith Weir, *Mrs Chin's Peroration* uit *A Night at the Chinese Opera*, 1987, opera

Judith Weir (geboren in 1954) is een succesvolle Schotse componiste die in Londen leeft. Haar muziek kenmerkt zich door een glasheldere stemvoering en een even doorzichtig maar zeer persoonlijk harmonisch idioom. Weir heeft een fijn oor voor welluidende en effectvolle klanken, het vermogen om eenvoudige ideeën fris te laten klinken, is vrij van clichés, benaderbaar en communicatief. Van haar muziek is gezegd dat zij hoop geeft aan allen die denken dat moderne muziek nooit melodieus en origineel kan klinken. Weir is vooral bekend om haar opera's en theaterwerken, maar ze heeft ook internationale erkenning verworven met haar orkestwerken en kamermuziek.

A Night at the Chinese Opera (1987), waarvoor Weir zelf het libretto schreef, was meteen een groot succes. De pure technische kwaliteit van haar partituur, de wijze waarop zij een verhaal in muziek vertelt, haar kristalklare zetting van de tekst, haar spaarzame maar buitengewoon kleurrijke instrumentatie, haar gevoel voor dramatische vorm en niet het minst haar humor – alles is indrukwekkend. Weirs tekstbehandeling resulteerde in een vloeiende combinatie van spreken, 'spreekgezang' (ritmisch spreken op toonhoogten), solo- en ensemblezang.

Deze opera in drie akten heeft een 'opera binnen een opera'-structuur, want in de tweede akte brengt Weir haar eigen versie van het oorspronkelijke veertiende-eeuwse Chinese muziekspel *The Chao Family Orphan* van Chi Chun-hsiang. Dat handelt over Chao Sun, een trouwe dienaar van de heerser, die valselijk van verraad beschuldigd wordt door een boosaardige generaal. Chao pleegt zelfmoord en zijn zoon Chao Lin wordt – zonder dat beiden weten dat Lin de zoon van Sun is – door de generaal grootgebracht. Later ontdekt Lin de waarheid en zint hij op wraak. Dit spel kent een happy end als de generaal ter dood veroordeeld wordt. Maar het 'echte' verhaal in de eerste en derde akte, dat grote verwantschap met het tussenspel vertoont, loopt niet goed af. Ook daarin ontdekt Chao Lin zijn ware identiteit, maar zijn voornemen om wraak te nemen kost hem uiteindelijk het leven. Zo kortweg getypeerd lijkt de plot van de opera erg eenvoudig, maar het werk roert diverse serieuze thema's aan, bijvoorbeeld de altijd actuele kwestie van het weerstaan van tirannie.

Je hoort *Mrs Chin's Peroration* (eerste akte, slot tweede scène) waarin het publiek 'bijgezongen' wordt over het vervolg van het verhaal.

Mrs Chin:
With this word, Chao Sun, explorer and mapmaker, left Loyan and with it his wife, his son and his map. He vowed his exile would be short, but it was not; it lasted the whole of his life. His wife, Little Moon, faded away in sadness and died. His son, Chao Lin, was reared by neighbours, in ignorance of his origins. The foreigners' rule was not overthrown: the boy fell under its influence.

(Spoken) *It all began like this...*

Mrs Chin:
Met dit woord verliet Chao Sun, ontdekker en kaartenmaker, Loyan en daarmee zijn vrouw, zijn zoon en zijn kaart. Hij beloofde plechtig dat zijn verbanning van korte duur zou zijn, maar dat was niet zo; die duurde zijn hele leven. Zijn vrouw, Little Moon, kwijnde weg in droefenis en stierf. Zijn zoon, Chao Lin, werd in onwetendheid van zijn afkomst grootgebracht door buren. De wet van de vreemde overheerser werd niet verzet, de jongen viel onder invloed daarvan.

(Gesproken) Het begon allemaal zo...

9

De muzikale stijlgeschiedenis in schema

We hebben de ontwikkeling van de belangrijkste stijlkenmerken van de westerse klassieke muziek in vogelvlucht de revue laten passeren. De elf schematische overzichten geven (met de in hoofdstuk 1 besproken beperkingen) naar mijn mening een adequaat beeld van de muzikale stijlgeschiedenis. Zowel de omringende tekst als de luistervoorbeelden zijn wel nodig om die overzichten tot leven te brengen. Zonder de toelichtende tekst en de klinkende muziek blijven schematische samenvattingen immers abstracte afspiegelingen van de muziekhistorische en muzikale werkelijkheid.

Omdat het nog altijd niet handig is om elf schematische overzichten als geheugensteun op zak te hebben, heb ik de ontwikkelingsgang van de behandelde muzikale stijlkenmerken in één totaalschema samengebracht. Dat zo'n schema de evolutie van stijlkenmerken slechts in summiere termen kan weergeven, spreekt vanzelf. Maar dit schema bleek in de praktijk van het muziekonderwijs toch twee belangrijke verdiensten te hebben. Het totaaloverzicht 'werkte' inderdaad als handzaam middel om het geheugen op te frissen en daarnaast biedt het de mogelijkheid om de ontwikkeling van de afzonderlijke stijlkenmerken over een tijdspanne van vele eeuwen in één oogopslag te overzien. Daarom plaats ik het schema ook in dit boek (zie p. 190-191).

De stijlkenmerken zijn van boven naar beneden in de linkerkolom genoteerd. In de bovenste rij zijn de opeenvolgende stijlperioden van links naar rechts in chronologische volgorde vermeld. Daarbij heb ik het overzicht van de allervroegste meerstemmigheid stilzwijgend verwerkt in de kolom 'Ars antiqua' en zijn de overzichten van het Expressionisme (E) en het Neoclassicisme (N) samengevoegd in de kolom 'Twintigste eeuw'. Als je de afzonderlijke stijlkenmerken nu één voor één in hun chronologische ontwikkeling in ogenschouw neemt, vallen enkele min of meer logische patronen direct op.

STIJLPERIODEN / STIJLKENMERKEN	VROEGE MIDDELEEUWEN (ca. 600-1150) Gregoriaans	ARS ANTIQUA (1150-1300) a) Notre Dame-school b) Troubadours, trouvères en Minnesänger	ARS NOVA (1300-1400) (Uitbloei: Ars Subtilior)	RENAISSANCE (1400-1600)
STEMVOERING	Monofoon. (Eenstemmig vocaal)	a) Ontwikkeling vroege polyfonie (organa). b) Monofoon (soms met begeleiding van een snaarinstrument).	Verdere ontwikkeling van de driestemmige polyfonie. Imitatietechniek. In Italië meer neiging naar homofonie.	Vier- tot zesstemmig polyfoon. Doorimiterende stijl. Grote betekenis van de samenklank. Harmonische polyfonie in plaats van lineaire polyfonie.
TOONOMVANG	In het algemeen niet meer dan een octaaf.	Beperkt a) Niet veel meer dan een octaaf. b) Een octaaf of enkele tonen meer.	Uitgebreider, anderhalf octaaf of meer.	Ruim een octaaf, maar in meerstemmige en instrumentale muziek aanzienlijk ruimer.
TOONSTELSEL	Kerktoonsoorten of -modi (diatonisch toongeslacht, acht toonsoorten).	Kerktoonsoorten. In de wereldlijke muziek is een welbepaalde modus niet altijd vast te stellen.	Kerktoonsoorten. Beperkt gebruik van chromatiek (musica falsa in tegenstelling tot musica vera, de zuivere diatoniek).	Kerkmodi, maar ook een geleidelijke ontwikkeling naar de grote- en kleine tertstoonsoorten wordt hoorbaar.
MELODIEVORMING	Stijgend en dalend in golvende beweging met concentratie op de reciteertoon. Authentieke en plagale melodieën. Kleine intervallen.	a) Symmetrische melodieën b) De frasering is in het algemeen onregelmatiger dan in de geestelijke muziek.	Asymmetrische melodieën. Eerste voorbeelden van expressieve chromatiek in de melodievoering.	Relatief eenvoudige en evenwichtige structuren. Frasen vloeien ineen en zijn meestal symmetrisch van bouw.
RITMIEK	Vrij ritme, dat niet aan een maatsoort gebonden is.	a) Leoninus: vrij ritme, Perotinus: modaal ritme. b) Omstreden: modaal of vrij ritme?	Complexe ritmen. Kleinere notenwaarden. Isoritmiek. Het muzikale ritme wordt losgemaakt van de literaire modi.	Relatief eenvoudige, doorgaans enkelvoudige maatsoorten (2/4 of 3/4).
HARMONIE	Niet van toepassing	Kwarten- en kwintenparallellen, zonder systematische harmonische grondslag (lineaire polyfonie).	Begin ontwikkeling van harmonisch gevoel (akkoordstijl). Sonore samenklanken (geen parallelle kwarten en kwinten meer).	Veel aandacht voor de harmonie. Dichte stemmenweefsels. Volle, welluidende akkoorden. (Harmonische polyfonie.)
STRUCTUUR	De muzikale frasering wordt voornamelijk bepaald door de tekst. Aanpassing aan dictie van het Latijn.	a) Bij Perotinus melodische en ritmische regelmaat. b) Refrein- en strofische vormen.	In Frankrijk complexe structuren, in Italië klare, evenwichtige vormen. Nog weinig thematische of motivische eenheid.	Eenvoudige en evenwichtige structuren. Streven naar thematische eenheid. (Ontwikkeling van de variatietechniek.)
VERHOUDING TEKST-MUZIEK	Zetting syllabisch, melismatisch of neumatisch. Tekstweergave staat voorop, niet de muzikalisering van de tekst.	a) Afwisseling syllabische en melismatische zetting. b) Syllabische zetting. Muzikale frasering in overeenstemming met de versbouw van de tekst.	In het motet vaak nog polytekstualiteit (meerdere teksten in verschillende talen in één compositie).	Aanpassing van de melodie aan de betekenis en het ritme van de tekst. Soms nauwkeurige tekstillustratie.
GENRES EN VORMEN	Mis, tropen en sequentia.	a) Organum, motet en conductus. b) Canso, chansons, dansliederen, rondellus, instrumentale dansen.	Frankrijk: meerstemmige mis, isoritmisch motet, lais, virelais, rondeaux, chace, etc. Italië: madrigaal, ballata, caccia, etc.	Mis, motet, chanson, madrigaal, polyfoon lied, koraal. Instrumentaal: ricercare, canzona, dansvormen.
BETEKENIS	Fundament westerse klassieke muziek. Vanaf de 9de eeuw ontstaan vroegste meerstemmigheid.	Ontwikkeling van de meerstemmigheid. Opkomst wereldlijke muziek.	Ritmische verfijning. Harmonie belangrijker. Eerste geheel polyfone mis. Verschuiving van geestelijke naar wereldlijke muziek.	Muziek heeft esthetische waarde. Harmonische polyfonie. Splitsing kerkmuziek. Verzelfstandiging instrumentale muziek.

AROK (600-1750)	KLASSIEK (1775-1815)	ROMANTIEK (1815-1920)	IMPRESSIONISME (1890-1920)	20STE EEUW (1900-heden) E = Expressionisme N = Neoclassicisme
oege Barok: monodie. aarna: sterk versierde rmonische polyfonie. In ide gevallen met basso ntinuo.	Overwegend homofoon.	Van homofonie naar expressieve polyfonie en schijnpolyfonie.	Homofonie en schijnpolyfonie.	E: Polyfoon. N: Homofoon en polyfoon.
er ruim (uitbreiding zowel de hoge als in de lage gisters).	In het algemeen ruim, maar zonder de extremen van de Barok.	Zeer groot. Enorme, expressieve intervallen.	Wisselend: Fauré: beperkt, Debussy: ruimer, Ravel: soms zeer ruim.	E: Extreem groot. N: Variërend.
stiging 'klassieke' toonorten .	Klassieke toonsoorten.	Klassieke toonsoorten, maar veelvuldige chromatiek leidt tot 'ontwrichting' van de tonaliteit. Grillige modulaties. Veel dissonanten.	Overwegend diatonisch, maar ook gebruik van andere toonladders. Polytonaliteit en aanzetten tot atonaliteit.	E: Atonaliteit en polytonaliteit. N: Tonaal in een modern jasje (soms zwevende tonaliteit).
ymmetrische melodieën, mplex en versierd. Frasen n ongelijke lengte lopen elkaar over. Fortspinnung. j veel chromatiek en disnanten.	Evenwichtige en planmatige frasering. Soberheid in de versiering.	Ingewikkeld, soms quasi-improvisatorisch. Grillige melodieën met veel modulaties, chromatiek en dissonanten.	Korte melodieën, gefragmenteerd, grillig van vorm, sterk modulerend en chromatisch.	E: Hoekige, gebroken melodieën. N: Helder en evenwichtig, soms ook complexere Fortspinnung.
n gedreven, vaste motoriek. mengestelde maatsoorten 8 of 12/8). Expressieve mische accenten.	Gelijkmatige ritmiek. Enkelvoudige maatsoorten. Bij Mozart ook 'gespannen', bij Beethoven zeer gedreven.	Ongelijkmatige ritmiek (samengestelde maatsoorten) met onverwachte accenten. Polyritmiek.	Wisselende en onrustige ritmen.	E: Grillig, veranderlijk. N: Gebaseerd op traditionele ritmen en maatsoorten, maar ook moderne benaderingen daarvan.
ereotiepe progressies met rmonische versieringen. og harmonisch ritme. j veel chromatiek en disnanten.	Rustige diatonische harmonisatie in eenvoudige drieklanken. Desondanks een volle en rijkgekleurde harmonie.	Zware en compacte akkoorden. Sterke chromatische kleuring. Soms dissonant. Colorisme.	Akkoord als autonome klank- en kleurwaarde. Eerst een monochrome –, later een polychrome harmonisatie.	E: Expressieve en sterk dissonante klankagglomeraten. N: Vaak in meer of mindere mate dissonerend.
mplexe vormgeving. erken meestal monothemach. Nummer structuur in era, oratorium, cantate. Da po-aria.	Evenwichtige vormgeving. In plaats van contrapuntische doorwerking komt de thematische of motivische Arbeit. Bithematisch. Contrastthematiek .	Onevenwichtige structuren met ineenvloeiende delen. Soms vrije stijl. Cyclisch principe. Leitmotive.	Vrije, grillige vormgeving. Geen thematische en motivische Arbeit. Bouw op basis van afwisseling, schakering en contrast van klank ('filmische' structuren).	E: Complexe structuren in additieve vorm. N: Vormgeving is gebaseerd op Klassieke en Barokke modellen.
veel toonschildering uzikale illustratie van de st).	Muzikalisering van de tekst in de vorm van beweeglijke melodieën	Dramatisering van de tekst. Betekenis van de tekst ook instrumentaal beklemtoond (tekstsynthese).	Tekstsynthese (weergave algehele stemming van de tekst) naast tekstanalyse (schildering afzonderlijke beelden van de tekst).	E: Beide autonome expressiemiddelen, die elkaar versterken. N: Variërend.
era, oratorium, passie, tate, anthem. Kamer- en ksonate, concerto (grosso), te, ouverture, fuga, tasia, toccata, etc.	Symfonie, strijkkwartet, sonate, serenade, divertimento, notturno, etc. Lied. Opera seria en opera buffa, Singspiel, Opéra comique.	Programmamuziek, symfonisch gedicht, Lied, veel pianomuziek, Musik-Drama, Grand Opera. Verisme.	Orkest- en toneelmuziek, Mélodie, Lied	E: Opera, orkest- en pianostukken. N: Terugkeer Klassieke en Barokke genres en vormen; symfonie, fuga, concerto grosso, suite, etc.
ziek dramatischer. Bloei era en instrumentale ziek. Basso continuo bij wel alle muziek. certatobeginsel.	Muziek van grote helderheid en evenwicht. Symfonisch- i.p.v. concertatobeginsel. Uitbreiding orkest. Opkomst pianoforte.	Strikt persoonlijke expressie. Vernieuwing opera. Gesamtkunstwerk. Relaties met andere kunsten belangrijk. Nationale scholen.	Afwijzing ethische en wijsgerige context. Schakel tussen Romantiek en moderne stromingen. Emancipatie van het akkoord.	E: Emancipatie van de dissonant. Impulsen voor vernieuwing. N: Terugkeer 'objectieve ambachtelijkheid' .

Stemvoering

In de evolutie van de stemvoering zijn drie fasen te onderscheiden:

1. De eeuwenlange ontwikkeling van de monofonie via het organum en de lineaire polyfonie naar de harmonische polyfonie van de Renaissance.
2. Vanaf de Barok is er een afwisseling van homofonie en polyfonie zichtbaar: monodie en polyfonie in de Barok; homofonie in de Klassieke periode; (schijn)polyfonie en homofonie in Romantiek en Impressionisme.
3. In de Twintigste eeuw zijn ten slotte 'alle' stemvoeringen mogelijk, met een accent op de polyfonie.

Toonomvang

Het is duidelijk dat in de muziekgeschiedenis van de vroege Middeleeuwen tot en met de Barok een geleidelijke uitbreiding van de toonomvang heeft plaatsgevonden. In de Klassieke periode mijdt men in het algemeen de extremen van de Barok, die in de Romantiek echter weer ruimschoots overschreden worden. In de twintigste-eeuwse muziek is de toonomvang zo wisselend (denk slechts aan de onbegrensde mogelijkheden van elektronische klankvoortbrenging), dat die niet eenduidig meer getypeerd kan worden.

Toonstelsel

Ook wat betreft het toonstelsel kan men drie fasen onderscheiden:

1. De kerktoonsoorten handhaafden zich eeuwenlang (van de vroege Middeleeuwen tot globaal genomen halverwege de Barok).
2. In de achttiende en negentiende eeuw zijn de 'klassieke' toonsoorten standaard, maar door de steeds verdergaande toepassing van chromatiek en de bijbehorende verwijdering van de 'klassieke' harmonieleer wordt de tonaliteit aan het eind van de negentiende eeuw en in het begin van de twintigste eeuw zwevend.
3. Vroeg in de twintigste eeuw leidt deze ontwrichting van de tonaliteit ten slotte tot de atonaliteit.

Melodievorming

Bij de melodievorming is de tendens van een afwisseling van relatief eenvoudig en evenwichtig enerzijds (A) en complexer en grilliger anderzijds (B) vast te stellen:

A Vroege Middeleeuwen en Ars antiqua
B Ars nova
A Renaissance
B Barok
A Klassieke periode
B Romantiek en Impressionisme

In de twintigste eeuw is de melodievorming te heterogeen om een plaats in dit wisselschema te geven.

Ritmiek

Omdat de graad van complexiteit van de melodie mede verband houdt met de aard van de ritmiek, is het niet verrassend dat in de evolutie van de ritmiek een soortgelijk patroon van relatief eenvoudig en regelmatig enerzijds (A) en complexer en onregelmatiger anderzijds (B) zichtbaar wordt. Na een tijdvak waarin de vrije ritmiek vermoedelijk overheerste, zien wij het volgende patroon:

A Ars antiqua (modale ritmiek)
B Ars nova (isoritmiek)
A Renaissance (enkelvoudige maatsoorten)
B Barok (samengestelde maatsoorten)
A Klassieke periode (enkelvoudige maatsoorten)
B Romantiek en Impressionisme (samengestelde maatsoorten, polyritmiek)

In het algemeen kan men de kunstmuziek van de twintigste eeuw in hoofdzaak onder 'B' scharen.

Harmonie

De evolutie van de harmonie is in de volgende fasen samen te vatten:

1. Van géén harmonie via parallelle samenklanken en de toevallige samenklanken van de lineaire polyfonie naar de dichte stemmenweefsels van de Renaissance.
2. In Renaissance, Barok en Klassieke periode is de harmonie in hoge mate gebaseerd op de drieklank.
3. In de Romantiek wordt de samenklank zwaarder en compacter (met veel vierklanken). Het akkoord wordt door Debussy geëmancipeerd als zelfstandige klank- en kleurwaarde. In de twintigste eeuw is de harmonie in veel composities dissonerend.

Structuur

Ook in de ontwikkeling van structuren is een zekere afwisseling van eenvoudig en doorzichtig enerzijds (A) en complexer en ondoorzichtiger anderzijds (B) vast te stellen:

A Vroege Middeleeuwen en Ars antiqua
B Ars nova
A Renaissance
B Barok
A Klassieke periode
B Romantiek en Impressionisme (en in het algemeen ook de twintigste eeuw)

Verhouding van tekst en muziek

Bij de verhouding van tekst en muziek konden slechts enkele globale waarnemingen gedaan worden, omdat dit complexe onderwerp zich niet in kort bestek laat behandelen. Daarom is de evolutie van dit stijlkenmerk zeer schetsmatig aangeduid aan de hand van algemene begrippen als zettingstype, polytekstualiteit, tekstillustratie of toonschildering, muzikalisering en dramatisering van de tekst, tekstsynthese en tekstanalyse. Het gaat hier om een belangrijk stijlkenmerk, maar dat laat zich niet vangen in een eenvoudig schema, met name omdat binnen de afzonderlijke stijlperioden soms grote verschillen tussen genres, composities en componisten te zien zijn.

Over de niet in het schema opgenomen stijlkenmerken dynamiek en klankkleur kan ten slotte samenvattend het volgende gezegd worden:

Dynamiek

Middeleeuwen	Over de dynamische uitvoering van de muziek tot de Renaissance is weinig met zekerheid te zeggen. Vermoedelijk waren de dynamische verschillen niet groot.
Renaissance	Geen extremen in de dynamiek en geleidelijkheid in dynamische overgangen.
Barok	Terrassendynamiek: dramatische en plotselinge contrasten tussen luid en zacht.
Klassieke periode	Overgangsdynamiek: geleidelijke en beheerste dynamische overgangen zonder extremen. (Het laatste geldt echter niet voor de muziek van Beethoven.)
Romantiek	Van zeer zacht (ppp) tot zeer luid (fff) en alle sterktegraden daar tussenin. Vaak heftige, dramatische en plotselinge dynamische veranderingen.
Impressionisme	In het algemeen vrij zacht met soms korte luide uitschieters.
Twintigste eeuw	Alle sterktegraden komen voor, maar er is een zekere voorkeur voor een gemiddeld geluidsniveau.

Klankkleur

Middeleeuwen	Veelal scherp contrasterende klankkleuren.
Renaissance	Gemengde, homogene, samenvloeiende klankkleuren (a capella-ideaal van de koormuziek, monochrome instrumentenfamilies).
Barok	Contrasterende klankkleuren (heterogeen samengestelde ensembles).
Klassieke periode	Homogeen klankbeeld, echter wel met gebruik van in klankkleur verschillende families binnen het orkest.
Romantiek	Grote klankkleurcontrasten (een enorm orkest, heterogener dan ooit).
Impressionisme	Transparante en veelsoortige klankkleuren.
Twintigste eeuw	Alle mogelijke klankkleuren, mede door het gebruik van de synthesizer en elektronische hulpmiddelen (computers, randapparatuur).

Met deze tien overzichtjes van de eeuwenlange ontwikkeling van afzonderlijke stijlkenmerken besluit ik 'mijn' muzikale stijlgeschiedenis. De vriendelijke reacties op de eerste editie van dit boek geven mij het vertrouwen dat ook deze uitgebreide editie zal beantwoorden aan de wens van lezers die hun passie voor muziek met mij delen. Muziek is een universele taal. Een taal van grote, betekenisvolle schoonheid.

Bibliografie

NASLAGWERKEN, MUZIEKGESCHIEDENISSEN EN ENKELE MONOGRAFIEËN

Abraham, G., *The Concise Oxford History of Music.* Oxford-New York 1985.
Bernstein, J.A. (red.), *Women's voices across musical worlds.* Boston 2004.
Blume, F. en Finscher, L. (red.), *Die Musik in Geschichte und Gegenwart: allgemeine Enzyklopädie der Musik.* Tweede, bewerkte editie. Kassel 1994.
Bossuyt, I., *Beknopt overzicht van de muziekgeschiedenis.* Leuven 1995.
Crawford, R., *America's musical life: a history.* New York 2001.
Eggebrecht, H., *Musik im Abendland. Prozesse und Stationen vom Mittelalter bis zur Gegenwart.* München-Zürich 1991.
Ehrmann-Herfort, S., Finscher, L. en Schubert, G., *Europäische Musikgeschichte.* Twee delen. Kassel 2002.
Fuller, S. en Schindler, A.W., *The European musical heritage, 800-1750.* Herziene editie. Boston 2006.
Griffiths, P., *A concise history of western music.* Cambridge 2006.
Grout, D.J. en Palisca, C.V., *Geschiedenis van de westerse muziek.* Vertaald uit het Engels door F. Brand, R. Vernooy, O. van den Wijngaard, bewerking en eindredactie R. Vernooy. Vijfde druk. Amsterdam 2004.
Grout, D.J., *A Short History of Opera.* Tweede druk. New York 1965.
Grijp, L.P. (hoofdred.), *Een muziekgeschiedenis der Nederlanden.* Amsterdam 2001.
Grijp, L.P. (red.), *Een muziekgeschiedenis der Nederlanden: een vervolg: 2000-2005.* Amsterdam 2006.
Heinemann, M. en Brzoska, M., *Die Musik von den Anfängen bis zum Barock.* Laaber 2001.
Heinemann, M. en Brzoska, M., *Die Musik der Klassik und Romantik.* Laaber 2001.
Heinemann, M. en Brzoska, M., *Die Musik der Moderne.* Laaber 2001.
Honegger, M. en Massenkeil, G. (red.), *Das Grosse Lexicon der Musik.* Acht delen. Freiburg-Bazel-Wenen 1978-1982.

Isacoff, S. M., *Het octaaf: de juiste stemming in de muziek*. Vertaald uit het Engels door H. Moerdijk. Amsterdam 2002.
Lescat, Ph. en Saint-Arroman, J., *Western music: from Gregorian chant to Bela Bartok*. Courlay 1997.
Lobanova, M., *Musical style and genre: history and modernity*. Vertaald uit het Russisch door K. Cook. Amsterdam 2000.
Maes, F., *Geschiedenis van de Russische muziek: van Glinka tot Sjostakovitsj*. Tweede herziene druk. Amsterdam 2006.
Mender, M., *Extraordinary women in support of music*. Lanham 1997.
Meyer, L.B., *Style and music: theory, history and ideology*. Chicago 1996.
Michels, U., (Bewerking Haen, F. de,), *Sesam atlas van de muziek*. Twee delen, vijfde bijgewerkte druk. Baarn 2005.
Nicholls, D., *The Cambridge history of American music*. Cambridge 1998.
Pendle, K., *Women & music: a history*. Tweede editie. Bloomington 2001.
Rasch, R. (red.), *Oosthoek Lexicon klassieke muziek*. Derde druk. Utrecht 1996.
Robijns, J. en Zijlstra, M. (red.), *Algemene Muziekencyclopedie*. Tien delen. Haarlem 1979-1984.
Russano Hanning, B. (red. Payne, M.), *Concise history of Western music*. Tweede druk. New York 2006.
Sachs, C., *Geschiedenis van de muziek*. Vertaald uit het Engels en bewerkt door O. Hamburg. Utrecht 1991.
Sadie, S. (red.), *The New Grove Dictionary of Music and Musicians*. Twintig delen. London 1980.
Samama, L., *Een beknopt overzicht van duizend jaar Britse muziek*. Amsterdam 2003.
Taruskin, R., *Defining Russia musically: historical and hermeneutical essays*. Princeton 1997.
Taruskin, R., *The Oxford history of western music*. Zes delen. New York 2005.
Willemze, T., *Spectrum muzieklexicon*. Vierde herziene en uitgebreide druk. Utrecht 1991.
Wörner, K.H., W. Gratzer en L. Meierott, *Geschichte der Musik*. Göttingen 1993.

HOOFDSTUK 2 DE MIDDELEEUWEN

Alberto Gallo, F., *Music of the Middle Ages*, Vertaald door K. Eales. Cambridge 1985.
Boogaarts, J., *Inleiding tot het gregoriaans en de liturgie*. Muiderberg 1985.
Earp, L., *Guillaume de Machaut. A Guide to Research*. New York-London 1995.
Harper, J., *The Forms and Orders of Western Liturgy from the tenth to the eighteenth century*. Oxford 19932.
Hiley, D., *Western Plainchant. A Handbook*. Oxford 1993.
Holsinger, B.W., *Music, body, and desire in medieval culture: Hildegard of Bingen to Chaucer*. Stanford 2001.
Hoppin, R., *Medieval Music*. New York-London 1978, met de bijbehorende *Anthology of Medieval Music*.
Hughes, A., *Medieval Music: The Sixth Liberal Art*. Toronto 1980.
Montagu, J., *The World of Medieval & Renaissance Musical Instruments*. Newton Abbot 1977.

Munrow, D., *Instruments of The Middle Ages and Renaissance*. London 1976.
Nolthenius, H., *Muziek tussen hemel en aarde*. Amsterdam 1981.
Robijns, J., *Het gregoriaans. Historiek. Techniek. Esthetiek*. Leuven 1987.
Reaney, G., *Guillaume de Machaut*. London 1971.
Smits van Waesberghe, J., *Gregoriaanse muziek*. Amsterdam 1941.
Smits van Waesberghe, J., *Muziekgeschiedenis der Middeleeuwen*. Tilburg 1946.
Valkestijn, J.W.N., *Het Gregoriaans als bron van de Europese muziek: een onderzoek naar sporen van het Gregoriaans in de ontwikkelingsgang van de muziek*. Tweede herziene druk. Heerhugowaard 2001.
Waddell, H., *The Wandering Scholars*. London, 1958. (Nederlandse vertaling van J.H.W. Bouman, *Vaganten in de Middeleeuwen*, tweede druk met een nawoord van O. Weijers. Utrecht 1978.)
Werf, H. van der, *The chansons of the troubadours and trouvères*. Utrecht 1972.
West, M.L., *Ancient Greek Music*. Oxford-New York 1992.
Wilson, D.F., *The Music of the Middle Ages: Style and Structure*. New York-Toronto 1990.
Wright, C., *Music and Ceremony at Notre Dame of Paris, 500-1550*. Cambridge 1989.
Yudkin, J., *Music in Medieval Europe*. Englewood Cliffs 1989.

HOOFDSTUK 3 DE RENAISSANCE

Artikelen over Palestrina en Di Lasso e.a., met bibliografieën, in: *The New Grove High Renaissance Masters*. New York 1984.
Arnold, D., *Giovanni Gabrieli and the music of the Venetian High Renaissance*. New York-London 1979.
Atlas, A.W., *Renaissance music: music in Western Europe, 1400-1600*. New York 1998.
Bent, M., *Dunstable*. London 1980.
Blackburn, B.J., *Composition, printing and performance: studies in Renaissance*. Aldershot 2000.
Blume, F., *Protestant Church Music*. New York 1974. (Herziene en uitgebreide vertaling van *Geschichte der evangelischen Kirchenmusik*. Tweede druk. Kassel 1965.)
Bossuyt, I., *De Vlaamse polyfonie*. Leuven 1994.
Brown, H.M., *Music In the Renaissance*. Englewood Cliffs 1976.
Carter, T., *Music in Late Renaissance & Early Baroque Italy*. London 1992.
Chater, J., *Luca Marenzio and the Italian Madrigal 1577-1593*. Ann Arbor 1981.
Dirksen, P.H., *The keyboard music of Jan Pieterszoon Sweelinck: its style, significance and influence*. Utrecht 1997.
Dirksen, P. (red.), *Sweelinck studies: proceedings of the International Sweelinck Symposium Utrecht 1999*. Utrecht 2002.
Doe, P., *Tallis*. London 1968.
Einstein, A., *The Italian Madrigal*. Aangevulde herdruk. Princeton 1971.
Elders, W., *Componisten van de Lage Landen*. Utrecht-Antwerpen 1985. (Vertaald als *Composers of the Low Countries*. Oxford 1991.)
Fallows, D., *Dufay*. Herziene editie. London 1987.
Fenlon, I. (red.), *The Renaissance: From the 1470s to the End of the 16th Century*. Deel 2. London 1989.

Haar, J, en Corneilson, P., *The science and art of Renaissance music*. Princeton 1998.
Haar, J., *European music 1520-1640*. Woodbridge 2006.
Leuchtmann, H., *Orlando di Lasso I: Sein Leben. II: Briefe*. Wiesbaden 1976 en 1977.
Mayer Brown, H., *Music in the Renaissance*. Englewood Cliffs 1976.
Morbach, B., *Die Musikwelt der Renaissance: neu erlebt in Texten, Klängen und Bildern*. Kassel 2006.
Noske, F., *Sweelinck*. Oxford 1988.
Ongaro, G.M. en Brinkman, D., *Music of the Renaissance*. Westport 2003.
Osthoff, H., *Josquin Desprez*. Twee delen. Tutzing 1962-1965.
Perkins, L.L., *Music in the age of the Renaissance*. New York 1999.
Roche, J., *The Madrigal*. Tweede editie. Oxford-New York 1990.
Roche, J., *Palestrina*. London 1971.
Strohm, R., *The Rise of European Music, 1380-1500*. Cambridge 1993.
Wagner Oettinger, R., *Music as propaganda in the German Reformation*. Aldershot 2001.
Watkins, G., *Gesualdo, The Man and His Music*. Chapel Hill 1973.

HOOFDSTUK 4 DE BAROK

The New Grove Italian Baroque Masters (Monteverdi, Frescobaldi, Cavalli, Corelli, A. Scarlatti, Vivaldi, D. Scarlatti), door D. Arnold e.a. New York 1984.
The New Grove North European Baroque Masters (Schütz, Froberger, Buxtehude, Purcell, Telemann), door J. Rifkin e.a. New York 1985.
The New Grove French Baroque Masters (Lully, Charpentier, Lalande, Couperin, Rameau), door J. Anthony e.a. New York 1986.
Anthony, J.R., *French Baroque Music from Beaujoyeulx to Rameau*. Herziene editie. New York 1978.
Apel, W., *The History of Keyboard Music to 1700*. Vertaald en herzien door H. Tischler. Bloomington 1972.
Arnold, D. en N. Fortune (red.), *The New Monteverdi Companion*. London 1985.
Baron, J.H., *Baroque Music: a Research and Information Guide*. New York 1993.
Boyd, M., *Domenico Scarlatti – Master of Music*. New York 1986.
Donington, R., *Baroque Music: Style and performance*. London 1982.
Donington, R., *The Rise of Opera*. London 1981.
Dent, E.J., *Alessandro Scarlatti*. Tweede druk. Londen 1960.
Fabbri, P., *Monteverdi*. Vertaald uit het Italiaans door T. Carter. Cambridge 1994.
Girdlestone, C., *Jean-Philippe Rameau, His Life and Work*. New York 1969.
Holman, P., *Henry Purcell*. Oxford-New York 1994.
Hutchings, A., *The Baroque Concerto*. Derde druk. London 1973.
Kolneder, W., *Vivaldi*. Vertaald door B. Hopkins. Berkeley 1971.
Koopman, T., *Barokmuziek: Theorie en praktijk*. Utrecht 1985.
Newman, W.S., *The Sonata in the Baroque Era*. Derde druk. New York 1972.
Palisca, Cl., *Baroque Music*. New Jersey 1981.
Picherle, M., *Corelli: His Life, His Music*. Vertaald door H.E.M. Russell. New York 1968.
Robbins Landon, H.C., *Handel and His World*. London 1984.
Robbins Landon, H.C., *Vivaldi: Voice of the Baroque*. London 1993.

Rosand, E., *Opera in Seventeenth-Century Venice: The Creation of a Genre*. Berkeley 1991.
Schulenberg, D. *Music of the Baroque*. New York 2001.
Schwendowius, B. en W. Dömling, (red.), *J.S. Bach, Life, Times, Influence*. Kassel 1976.
Selfridge-Field, E., *Venetian Instrumental Music from Gabrieli to Vivaldi*. Oxford 1975.
Smailman, B., *The Background of Passion Music: J.S. Bach and His Predecessors*. London 1970.
Smither, H.E., *A History of the Oratorio. The Oratoria in the Baroque Era*. Drie delen. Chapell Hill 1977-1987.
Talbot, M., *Venetian music in the age of Vivaldi*. Aldershot 1999.

HOOFDSTUK 5 DE KLASSIEKE PERIODE

Abraham, G. (red.), *The Age of Beethoven, 1790-1830*. New York 1982.
Clive, P., *Beethoven and his world: a biographical dictionary*. Oxfordton 2001.
Cooper, B. (red.), *Het Beethoven compendium: volledig overzicht van leven en muziek van Ludwig van Beethoven*. Vertaald uit het Engels door M.M.C. Mengelberg. Baarn 1999.
Downs, Ph.D., *Classical Music: the Era of Haydn, Mozart and Beethoven*. New York 1992.
Einstein, A., *Mozart: Sein Charakter, sein Werk*. Frankfurt am Main 19772.
Heartz, D., *Haydn, Mozart and the Viennese School 1740-1780*. London 1995.
Heartz, D., *Music in European capitals: the galant style 1720-1780*. New York 2003.
Jones, D.W., *Music in eighteenth-century Austria*. New York 1996.
Jones, D.W., *Music in eighteenth-century Britain*. Aldershot 2000.
Konold, W., *Das Streichquartett. Von den Anfängen bis Franz Schubert*. Wilhelmshaven 1980.
Mann, W., *The Operas of Mozart*. London 1977.
Newman, E., *Gluck and the Opera*. London 1967.
Newman, W.S., *The Sonata in the Classic Era*. Chapel Hill 1983.
Pauly, R., *Music in the Classic Period*. Tweede editie. Englewood Cliffs 1973.
Ratners, L., *Classic Music: Expression, Form, and Style*. New York 1980.
Robbins Landon, H.C. en D. Wyn Jones, *Haydn: his life and music*. London 1988.
Robbins Landon, H.C., *Essays on the Viennese Classical Style: Gluck, Haydn, Mozart, Beethoven*. New York 1970.
Robbins Landon, H.C. (red), *Wolfgang Amadeus Mozart: volledig overzicht van zijn leven en werk*. Vertaling M.M.C. Mengelberg. Baarn 2005.
Rosen, Ch., *The Classical Style: Haydn, Mozart, Beethoven*. Herziene editie. London 1976.
Rosen, Ch., *Sonata Forms*. New York 1980.
Smither, H.E., *A History of the Oratorio. The Oratorio in the Classical Era*. Oxford 1987.
Stedman, P., *The Symphony*. Englewood Cliffs 1992.

HOOFDSTUK 6 EN 7 DE ROMANTIEK EN HET IMPRESSIONISME

The New Grove Masters of Italian Opera (Rossini, Donizetti, Bellini, Verdi en Puccini). New York 1983.

The New Grove Early Romantic Masters, deel 1: Chopin, Schumann and Liszt en deel 2: Weber, Berlioz and Mendelssohn. New York 1985.

The New Grove Turn of the Century Masters (Janácek, Mahler, Strauss en Sibelius), door J. Tyrreil e.a. New York 1985.

Amerongen, M. van, *Wagner: de buikspreker van God.* Amsterdam 2005.

Bent, I., *Music theory in the age of Romanticism.* Cambridge 1996.

Bruls, W., *Godenschemering: een inleiding tot Wagners Ring des Nibelungen.* Tweede, herziene druk. Amsterdam 2003.

Dahlhaus, C., *Richard Wagner's Music Dramas.* Vertaling door M. Whittall. Cambridge 1979.

Dahlhaus, C., *Realism in Nineteenth-Century Music.* Vertaling door M. Whittall. Cambridge 1985.

Danuser, H., *Gustav Mahler und seine Zeit.* Laaber 1991.

Dean, W., *Georges Bizet, His Life and Work.* Derde druk. London 1975.

Deathridge, J. en C. Dahlhaus, *The New Grove Wagner.* New York 1984.

Del Mar, N., *Richard Strauss: A Critical Commentary on His Life and Work.* Drie delen. Philadelphia 1969-1973, gecorrigeerde herdruk 1978.

Dent, E.J., *The Rise of Romantic Opera,* geredigeerd door W. Dean. Cambridge 1976.

Dürr, W. en A. Feil, *Franz Schubert.* Stuttgart 1991.

Erickson, R., *Schubert's Vienna.* New Haven 1997.

Fleury, M., *L'impressionnisme et la musique.* Paris 1996.

Hutcheson, E., *A Musical Guide to Richard Wagner's Ring of the Nibelung.* New York 1972.

Longyear, R.M., *Nineteenth-Century Romanticism in Music.* Tweede druk. Englewood Cliffs 1973.

Martin, G.W., *Verdi: His Music, Life and Times.* New York 1992.

Meurs, J.M.A., *Wagner in Nederland 1843-1914.* Zutphen 2002.

Musgrave, M., *The Music of Brahms.* Oxford 1994.

Newman, W.S., *The Sonata Since Beethoven.* Derde druk. New York 1983.

Orlova, A., *Mussorgsky's Days and Works, A Biography in Documents.* Vertaling en redactie door R.J. Guenther. Ann Arbor 1983.

Orlegde, R., *Gabriel Fauré.* Londen 1979.

Plantinga, L., *Romantic Music.* New York 1984.

Rosen, Ch., *The romantic generation.* Vijfde druk. Cambridge 1998.

Rummenhöller, P., *Romantik in der Musik.* Kassel 1989.

Rushton, J., *The Musical Language of Berlioz.* Cambridge 1983.

Samson, J., *The Music of Chopin.* Oxford 1994.

Samson, J. (red.), *The Cambridge history of nineteenth-century music.* Cambridge 2001.

Steinberg, M. P., *Listening to reason: culture, subjectivity and nineteenth-century music.* Princeton 2004

Walker, A. (red.), *Robert Schumann: the Man and His Music.* London 1976.

Watson, D., *Liszt.* London 1989.

Whittall, A., *Romantic Music. A Concise History.* London 1987.

HOOFDSTUK 8 DE TWINTIGSTE EEUW

The New Grove Second Viennese School (Schoenberg, Webern, Berg). New York 1983.

The New Grove Modern Masters (Bartók, Stravinsky, Hindemith). New York 1984.

The New Grove Twentieth-Century French Masters (Fauré, Debussy, Satie, Ravel, Poulenc, Messiaen, Boulez). New York 1986.

The New Grove Twentieth Century American Masters (Barber, Bernstein, Cage, Carter, Copland, Cowell, Gershwin, Ives, Sessions, Thomson). New York 1988.

Andriessen, L. en E. Schönberger, *Het apollinisch uurwerk. Over Stravinsky.* Amsterdam 1983.

Antokoletz, E., *Twentieth-Century Music*. Englewood Cliffs 1992.

Austin, W.W., *Music in the Twentieth Century from Debussy through Stravinsky.* London 1966.

Bernard, J., *The Music of Edgar Varèse*. New Haven 1987.

Boulez, P., *Boulez on Music Today.* Vertaald door S. Bradshaw en R.R. Bennett. Cambridge 1971.

Burkholder, J.P., *Charles Ives: The Ideas Behind the Music*. New Haven 1985.

Carner, M., *Alban Berg: The Man and the Work*. New York 1983.

Carr, M.A., *Multiple masks: neoclassicism in Stravinsky's works on Greek subjects*. Lincoln 2002.

Cooper, M. (red.), *The Modern Age, 1890-1960*, New Oxford History of Music, volume x. London 1974.

Cope, D.H., *New Directions in Music.* Dubuque 1984.

Danuser, H., *Die Musik des 20. Jahrhunderts.* Laaber 1984.

Dibelius, U., *Moderne Musik i: 1945-1965* en *Moderne Musik ii: 1965-1985*. München 1984 en 1988.

Ford, A., *Illegal harmonies: music in the 20th century*. Alexandria 1997.

Frisch, W., *German modernism: music and the arts*. Berkeley 2005.

Griffiths, P., *Boulez*. London 1979.

Griffiths, P., *Componisten van deze tijd*. Haarlem 1980.

Griffiths, P., *Cage*. London 1981.

Griffiths, P., *Modern Music. The avant garde since 1945*. New York-London 1981.

Griffiths, P., *Olivier Messiaen and the Music of Time*. Cambridge 1985.

Griffiths, P., *Stravinsky*. New York 1993.

Heister, H-W. en Decroupet, P., *Geschichte der Musik im 20. Jahrhundert: 1945-1975*. Laaber 2005.

Jacobson, B., *A Polish Renaissance*. London 1996.

Károlyi, O., *Modern American music: from Charles Ives to the Minimalists*. London 1996.

Kostelanetz, R.C., Darby J. en Santa M., *Classic essays on twentieth-century music: a continuing symposium*. New York 1996.

Lebrecht, N., *The complete companion to 20th century music*. Herziene editie. Londen 2000.

Leeuw, R. de, *Muzikale anarchie*. Amsterdam 1973.

Leeuw, T. de, *Muziek van de Twintigste Eeuw.* Utrecht 1977.

Leeuw, T. de, *Music of the twentieth century: a study of its elements and structure*, (Voorwoord R. de Groot, vertaling S. Taylor). Amsterdam 2005.

Mauser, S., Schmidt, M. en Böggeman, M., *Geschichte der Musik im 20. Jahrhundert: 1900-1925*. Laaber 2005.
Moldenhauer, H., *Anton von Webern*. New York 1979.
Morgan, R.P., *Twentieth-Century Music. A History of Musical Style*. New York 1991.
Motte-Haber, H. de la, en Barthelmes, B., *Geschichte der Musik im 20. Jahrhundert: 1975-2000*. Laaber 2000.
Neumeyer, D., *The Music of Paul Hindemith*. New Haven 1986.
Oliver, M. (red.), *Settling the score: a journey through the music of the twentieth century*. Londen 1999.
Riethmüller, A. en Custodis, M., *Geschichte der Musik im 20. Jahrhundert: 1925-1945*. Laaber 2006.
Rockwell, J., *All American music: composition in the late twentieth century*. New York 1997.
Robinson, H., *Prokofiev: A Biography*. New York 1987.
Saffle, M. (red.), *Perspectives on American music, 1900-1950*. New York 2000.
Salzman, E., *Twentieth-Century Music: An Introduction*. Englewood Cliffs 1974.
Samama, L. en Van Lingen, H., *Nederlandse muziek in de 20-ste eeuw: voorspel tot een nieuwe dag*. Amsterdam 2006.
Scherliess, V., *Neoklassizismus: Dialog mit der Geschichte*. Kassel 1998.
Schwartz, E., *Music since 1945. Issues, Materials, and Literature*. New York 1993.
Simms, B., *Music of the 20th Century: Style and Structure*. New York 1986.
Slonimsky, N., *Music since 1900*. Zesde editie. New York 2001.
Smith Brindle, R., *The New Music. The Avant-garde since 1945*. London 1975.
Smith, J.A., *Schoenberg and His Circle: A Viennese Portrait*. New York 1986.
Vogt, H., *Neue Musik seit 1945*. Stuttgart 1972.
Wenk, A.B., *Claude Debussy and Twentieth-Century Music*. Boston 1983.
Weid, J-N. von der, *Die Musik des 20. Jahrhunderts: von Claude Debussy bis Wolfgang Rihm*. Vertaald uit het Frans door A. Ginhold. Frankfurt am Main 2001.
Whittall, A., *Music since the First World War*. London 1988.
Whittall, A., *Exploring twentieth-century music: tradition and innovation*. Cambridge 2003.
Whitall, A., *Musical composition in the twentieth century*. Oxford 1999.
Wörner, K.H., *Hedendaagse Muziek in de Westerse Wereld*. Nederlandse editie. Utrecht 1966.

Discografie

Onderstaande luistervoorbeelden zijn te vinden op de twee cd's bij dit boek. Ze zijn ook te downloaden op www.nieuwezijds.nl/downloads.

1. (cd 1 track 1) *Tenebrae factae sunt*, responsorium
   Chant grégorien, Choeur Grégorien de Paris onder leiding van François Polgár.
   Erato 4509-91937-2.

2. (cd 1 track 2) Hildegard von Bingen, *O succesores*, geestelijk lied
   Hildegard von Bingen, **Symphoniae**, Sequentia.
   DHM GD 77020.

3. (cd 1 track 3) *Nos qui vivimus*, parallel organum
   L'Heritage des Troubadours, Schola cantorum de Londres onder leiding van Denis Stevens.
   Harmonia Mundi 442.

4. (cd 1 track 4) Perotinus, *Viderunt omnes*, vierstemmig organum
   Gothic Music, The Early Music Consort of London onder leiding van David Munrow.
   DG Archiv 415 292.

5. (cd 1 track 5) Bernart de Ventadorn, *Can vei la lauzeta mover*, troubabourslied
   Troubadours.Trouvères.Minstrels, Studio der frühen Musik onder leiding van Thomas Binkley. Nigel Rogers, tenor.
   Teldec 4509-979938-2.

6. (cd 1 track 6) Guiot de Dijon, *Chanterai por mon corage*, trouvèrelied
   Music of the Crusades, The Early Music Consort of London onder leiding van David Munrow.
   Decca Serenata 430 264-2.

7. (cd 1 track 7) Anoniem, *Hé Dieus, de si haut si bas – Maubatus – Cumque*, motet
Love's illusion. Music from the Montpellier Codex, Anonymous 4.
Harmonia Mundi 907109.

8. (cd 1 track 8) Guillaume de Machaut, *Agnus Dei* uit *Messe de Nostre Dame*, mis
Machaut, **Messe de Nostre Dame**, The Taverner Consort & Choir onder leiding van Andrew Parrott.
EMI Reflexe 47949.

9. (cd 1 track 9) Francesco Landini, *Ecco la primavera*, ballata
Landini and Italian Ars Nova, Alla Francesca.
Opus 111 OPS 60-9206.

10. (cd 1 track 10) John Dunstable, *Quam pulchra es*, motet
Dunstable, **Motets**, The Hilliard Ensemble onder leiding van Paul Hillier.
Virgin Edition 7243 5 61342 2 5.

11. (cd 1 track 11) Guillaume Dufay, *J'atendray tant qu'il vous playra*, chanson
The Garden of Zephirus: Courtly Songs of the Early Fifteenth Century, Gothic Voices onder leiding van Christopher Page.
Hyperion CDA 66144.

12. (cd 1 track 12) Josquin des Prez, *Ave Maria*, motet
Des Prez, **Motets et chansons**, The Hilliard Ensemble onder leiding van Paul Hillier.
Virgin Classics 5 61302 2.

13. (cd 1 track 13) Palestrina, *Kyrie* uit de *Missa brevis*, mis
Palestrina, Masses, The Tallis Scholars onder leiding van Peter Phillips.
Gimell, CDGIM 008.

14. (cd 1 track 14) Orlando di Lasso, *Fleur de quinze ans*, chanson
Lassus, **Motets & Chansons**, The Hilliard Ensemble onder leiding van Paul Hillier.
Veritas Edition 7243 5 61166 2 7.

15. (cd 1 track 15) Thomas Tallis, *If ye love me*, anthem
Thomas Tallis, **The complete English Anthems**, The Tallis Scholars onder leiding van Peter Phillips.
Gimell CDGIM 007.

16. (cd 1 track 16) Giovanni Gabrieli, *Canzon XIII* uit *Sacrae symphoniae*, canzona
Das Cambridge Buch der Musik 1, The London Cornett and Sackbut Ensemble onder leiding van Andrew Parrott.
Star Pool 0019941.

17. (cd 1 track 17) Claudio Monteverdi, *Sfogava con le stelle*, madrigaal
Monteverdi, **Quarto Libro dei Madrigali**, Concerto Italiano onder leiding van Rinaldo Alessandrini.
Opus 111 OPS 30-81.

18. (cd 1 track 18) William Byrd, *Fantasia a 4*, consortmuziek
Music of the Spheres: English consort songs and instrumental music from the late 16th century. BRISK Recorder Quartet.
Globe GLO 5163.

19. (cd 1 track 19) Jan Pietersz Sweelinck, *Est-ce Mars*, variatiereeks
Sweelinck, **Keyboard Works**. Anneke Uittenbosch, klavecimbel.
Globe GLO 6035.

20. (cd 1 track 20) John Dowland, *The most sacred Queene Elizabeth, her galliard* / gaillarde
John Dowland, **Complete Lute Works, Vol. 3**. Paul O'Dette, luit.
Harmonia Mundi 907162.

21. (cd 1 track 21) Antonio Vivaldi, *Allegro* uit *Concert voor fluit, twee violen en basso continuo* in a klein, concert
Vivaldi, **The Flute Concertos**, Jean-Pierre Rampal (fluit), I Solisti Veneti onder leiding van Claudio Scimone.
CBS 45623.

22. (cd 1 track 22) Johann Sebastian Bach, *Allegro* uit *Brandenburgs concert nr. 4* in G, BWV 1049, concerto grosso
J.S. Bach, **Brandenburg Concertos Nos. 2, 4 & 6**, Simon Standage (viool), Philip Pickett en Rachel Beckett (blokfluiten), The English Concert onder leiding van Trevor Pinnock.
Archiv Produktion 435 082.

23. (cd 1 track 23) Giulio Caccini, *Amarilli mia bella*, monodisch lied
Giulio Caccini, **Le Nuove Musiche,** Figueras, Smith, Clancy, Savall, Schindler. Montserrat Figueras, sopraan. Hopkinson Smith, luit.
Deutsche Harmonia mundi 82876 70038 2.

24. (cd 1 track 24) Claudio Monteverdi, Twee fragmenten uit *L'Orfeo* (tweede akte), opera
Monteverdi, **L'Orfeo**, Johnson, Baird, Von Otter e.a., The Monteverdi Choir, The English Baroque Soloists onder leiding van John Eliot Gardiner.
Archiv Produktion 419 250-2.

25. (cd 1 track 25) Jean-Baptiste Lully, *Enfin il est en ma puissance* uit *Armide*, tragédie lyrique
Lully, **Les divertissements de Versailles**, Les Arts Florissants onder leiding van William Christie. Rinat Shaham, mezzosopraan.
Erato 0927-44655-2.

26. (cd 1 track 26) Georg Friedrich Händel, *O thou that tellest good tidings* (koor) uit *Messiah*, oratorium
Händel, **Messiah**, Choir of The English Concert, The English Concert onder leiding van Trevor Pinnock.
Archiv Produktion 427 664-4.

27. (cd 1 track 27) Alessandro Scarlatti, Aria *Con battaglia fiero tormento* uit *Il Giardino d'Amore*, serenata
Alessandro Scarlatti, **Il Giardino d'Amore**, Clemencic Consort onder leiding van René Clemencic. Lina Åkerlund, sopraan.
Accord 456 943-2.

28. (cd 1 track 28) Johann Sebastian Bach, *Wachet auf! ruft uns die Stimme*, cantate nr. 140, cantate
J.S. Bach, **St. John Passion, BWV 245, Cantata Nr. 140 'Wachet auf...', BWV 140**, London Voices, English Chamber Orchestra onder leiding van Raymond Leppard.
Philips 462173.

29. (cd 1 track 29) Henry Purcell, Slot van *O sing unto the Lord*, Z. 44, anthem
Purcell, **Choral Works**, Choir of Christ Church Cathedral Oxford, The English Concert onder leiding van Simon Preston.
Archiv Produktion 459 487-2.

30. (cd 1 track 30) Johann Sebastian Bach, *Fuga* uit *Prelude en fuga in c* (*Das wohltemperierte Klavier*, deel 1), fuga
J.S. Bach, **The Well Tempered Clavier Book 1 & 2**. Kenneth Gilbert, klavecimbel.
Archiv Produktion 413 439.

31. (cd 1 track 31) Arcangelo Corelli, Tweede deel *Allegro* uit *Sonate op. 3, no.1 in F*, triosonate
Corelli, **Sonatas for Strings, Vol. 3 from opp. 3 & 4**, The Purcell Quartet met Jakob Lindberb, theorbo.
Chandos Chan 0526.

32. (cd 1 track 32) Jean-Philippe Rameau, Trio met koor *Sortez, sortez d'esclavage* uit *Castor et Pollux* (derde acte, vierde scène), tragédie lyrique
Rameau, **Castor et Pollux. Choeurs et danses**, Les Arts Florissants onder leiding van William Christie.
Harmonia Mundi HMA 1951501.

33. (cd 1 track 33) Domenico Scarlatti, *Sonate in Es*, K. 252/253, klaviersonate
Domenico Scarlatti, **Harpsichord Sonatas**, Gustav Leonhardt, klavecimbel.
Seon SBK 60099.

34. (cd 1 track 34) Joseph Haydn, *Finale* (presto) uit het *Strijkkwartet opus 33, nr. 2*, strijkkwartet
J. Haydn, **Quators a cordes opus 76 nr. 3 et opus 33, nr. 2**, Quartetto Italiano.
Disques Adès 13.281-2.

35. (cd 1 track 35) Johann Wenzel Stamitz, *Presto* uit *Symfonie in D, op. 4/1*, symfonie
Klangkultur mit Tradition, Kurpfälzisches Kammerorchester onder leiding van Jiří Malát.
RBM CD 463 092.

36. (cd 1 track 36) Ludwig van Beethoven, *Andante con moto* uit *Symfonie nr. 5 in c*, opus 67, symfonie
Beethoven, **9 Symphonies**, The Chamber Orchestra of Europe onder leiding van Nikolaus Harnoncourt.
Teldec 2292-46452-2.

37. (cd 1 track 37) Wolfgang Amadeus Mozart, *Allegro vivace assai* uit *Pianoconcert nr. 21 in C*, KV 467, pianoconcert
Mozart, **Piano Concertos Nos. 21 & 24**, Robert Casadesus, piano, Members of the Cleveland Orchestra onder leiding van George Szell.
CBS MYK 42594.

38. (cd 1 track 38) Wolfgang Amadeus Mozart, *Adagio* uit het *Strijkkwartet in C*, KV 465, strijkkwartet
Mozart, **Complete Mozart Edition, Vol. 12 String Quartets**, Quartetto Italiano.
Philips 422 512-2.

39. (cd 1 track 39) Ludwig van Beethoven, *Adagio* uit *Pianosonate nr. 29 in Bes*, op 106 'Hammerklavier', pianosonate
Beethoven, **The last 5 Piano Sonatas**, Vladimir Ashkenzy, piano.
Decca 452 176-2.

40. (cd 1 track 40) Wolfgang Amadeus Mozart, Duet *Là ci darem la mano* uit *Don Giovanni*, opera
Mozart, **Don Giovanni**, Elizabeth Gale (sopraan), Thomas Allen (bariton), London Philharmonic Orchestra onder leiding van Bernard Haitink.
EMI Classics 47036.

41. (cd 2 track 1) Gustav Mahler, *Nun will die Sonn' so hell aufgehn* uit *Kindertotenlieder*, orkestlied
Mahler, **Orchestral Songs**, Royal Concertgebouw Orchestra onder leiding van Bernard Haitink. Hermann Prey, bariton.
Philips 454 014-2.

42. (cd 2 track 2) Edvard Grieg, *In de hal van de bergkoning* uit *Peer Gynt Suite I*, opus 46, toneelmuziek
Grieg, **Peer Gynt Suiten**, Het Residentieorkest onder leiding van Willem van Otterloo.
Philips G 05312 R.

43. (cd 2 track 3) Hector Berlioz, *Marche au supplice* uit *Symphonie fantastique*, op. 14, symfonie
Berlioz, **Symphonie fantastique**, Orchestre révolutionnaire et romantique onder leiding van John Eliot Gardiner.
Philips 434 402-2.

44. (cd 2 track 4) Richard Wagner, Voorspel tot de derde akte van *Lohengrin*, opera
Wagner, **Orchestral Music from the Opera's**, The New York Philharmonic onder leiding van Leonard Bernstein.
Sony 47643.

45. (cd 2 track 5) Franz Liszt, *Hunnenschlacht*, symfonisch gedicht nr. 11, symfonisch gedicht
Liszt, **Symphonic Poems, Dante-Symphony**, Chor der Thomaskirche, Gewandhausorchester Leipzig onder leiding van Kurt Masur.
EMI 5 68598-2.

46. (cd 2 track 6) Modest Moessorgski, *Bydlo (De ossenkar)* uit *De schilderijententoonstelling*, pianocyclus
Modest Moessorgski, **Pictures at an Exhibition**. Vladimir Ashkenazy, piano.
Decca 414 386-2.

47. (cd 2 track 7) Felix Mendelssohn, *Allegro molto appassionato* uit *Vioolconcert in e, op.* 64, vioolconcert
Mendelssohn / Brahms: Violinkonzerte. Anne-Sophie Mutter, viool. Berliner Philharmoniker onder leiding van Herbert von Karajan.
DG 445 515-2.

48. (cd 2 track 8) Johannes Brahms, *Ballade in g*, opus 118, pianostuk
Brahms, **Piano Pieces opus 116, 118, 119**, Dinorah Varsi, piano.
Mediaphon Med 72.162.

49. (cd 2 track 9) Robert Schumann, *Carnaval nr. 6 'Florestan'*, pianocyclus
Schumann, **Davidsbündlertänze, Carnaval, Papillons**. Charles Rosen, piano.
Sony SBK 683 45.

50. (cd 2 track 10) Frédéric Chopin, *Mazurka in g*, opus 67 nr. 2, pianostuk
Chopin, **57 Mazurkas**, Eugen Indjic, piano.
Claves cd 50-8812/13.

51. (cd 2 track 11) Johannes Brahms, *Allegro con brio* uit *Hoorntrio in Es, op. 40*, kamermuziek
Brahms, **Horn Trio & Piano Quintet**, The Nash Ensemble, Lloyd, Crayford, Brown.
Brilliant Classics 99649.

52. (cd 2 track 12) Franz Schubert, *Erlkönig*, Lied
Schubert, **An die Musik. Berühmte Schubert-Lieder**, Bryn Terfel, bariton. Malcolm Martineau, piano.
DG 445 294-2.

53. (cd 2 track 13) Gabriel Fauré, *Les Berceaux, op. 23, nr. 1*, Mélodie
Fauré, **Mélodies.** Barbara Hendricks, sopraan. Michel Dalberto, piano.
EMI CDC 7 49841 2.

54. (cd 2 track 14) Gaetano Donizetti, Sextet *Chi me frena* uit *Lucia di Lammermoor*, opera
Donizetti, **Lucia di Lammermoor**, Montserrat Caballé, José Carreras, Claes H. Ahnsjö, Vicente Sardinero, Samuel Ramey, Ann Murray, New Philharmonia Orchestra onder leiding van Jesús López Cobos.
Philips 426563.

55. (cd 2 track 15) Guiseppe Verdi, Aria *Addio del passato* uit *La Traviata*, opera
Verdi, **La Traviata**, Te Kanawa, Kraus, Hvorostovsky, Borodina. Orchestra e coro del Maggio Musicale Fiorentino onder leiding van Zubin Metha.
Philips 464 982-2.

56. (cd 2 track 16) Georges Bizet, *Habañera* uit *Carmen*, opera
Opera, Beroemde aria's uit (...), Jessye Norman, Choeurs de Radio France, Orchestre National de France onder leiding van Seiji Ozawa.
Philips 438 824-2 27.

57. (cd 2 track 17) Richard Wagner, *Isolde's eindmonoloog uit Tristan und Isolde*, derde akte, opera
Wagner, **Tristan und Isolde**, Price, Kollo, Fassbaender e.a., Rundfunkchor Leipzig, Staatskapelle Dresden onder leiding van Carlos Kleiber.
DG 413 315-2.

58. (cd 2 track 18) Modest Moessorgski, Slot van de aria *Skorbit dusha* en koor *Slava! Slava! Slava!* uit *Boris Godoenov*, opera
Moussorgski, **Boris Godounov**, R. Raimondi, bariton. National Symphony Orchestra onder leiding van M. Rostropovitch.
Erato 2292 45418-2.

59. (cd 2 track 19) Claude Debussy, *Prélude à L'après-midi d'un faune*, orkestwerk
Debussy, **Debussy Orchestral Music**, Concertgebouw Orkest onder leiding van Bernard Haitink.
Philips 438742.

60. (cd 2 track 20) Claude Debussy, *Nuages* uit *Trois Nocturnes*, symfonisch gedicht
Debussy, **The Orchestral Music**, New Philharmonia Orchestra onder leiding van Pierre Boulez.
CBS Maestro M2YK 45620.

61. (cd 2 track 21) Arnold Schönberg, *Prelude* van de *Suite voor piano*, opus 25, pianostuk
Schönberg, **Dodecaphony 1920-1936**, Glenn Gould, piano.
Sony SMK 62 021.

62. (cd 2 track 22) Igor Stravinsky, Twee fragmenten uit *Le Sacre du Printemps*, balletmuziek
Stravinsky, **Pétrouchka. Le Sacre du Printemps**, The Cleveland Orchestra onder leiding van Pierre Boulez.
DG 435 769-2.

63. (cd 2 track 23) Edgar Varèse, *Très vif et nerveux* uit *Octandre*, orkestwerk
Varèse, **Arcana. Amériques. Ionisation. Octandre(...)**, Ensemble Intercontemporaine onder leiding van Pierre Boulez.
Sony SKM 45844.

64. (cd 2 track 24) Arnold Schönberg, *Erwartung*, opus 17, vierde scène, opera
Schönberg, **Pierrot Lunaire. Lied der Waldtaube. Erwartung**, Janis Martin (sopraan), BBC Symphony Orchestra onder leiding van Pierre Boulez.
Sony SKM 48 466.

65. (cd 2 track 25) Sergei Prokofiev, *Allegro* uit *Symfonie nr. 1 in D*, op. 25, symfonie
Prokofiev, **Symfonies No. 1 "Classical" & No. 5**, Berliner Philharmoniker onder leiding van Herbert von Karajan.
DG 437 253-2.

66. (cd 2 track 26) Paul Hindemith, *Fuga Quinta* in E uit *Ludus Tonalis*, pianowerk
Hindemith, **Ludus Tonalis. Suite '1922'**, John McCabe, piano.
Hyperion CDA 68824.

67. (cd 2 track 27) Igor Stravinsky, *Gavotta con due Variazione* uit de *Pulcinella Suite*, suite
Stravinsky, **Pulcinella – Le Chant du Rossignol**, Ensemble Intercontemporain onder leiding van Pierre Boulez.
Erato ECD 88107.

68. (cd 2 track 28) Olivier Messiaen, *Mode de valeurs et d'intensités* uit *Quatre études de rythme*, pianostuk
Messiaen, **Petites Esquisses d'oiseaux. Huit Préludes. Quatre études de rythme.** Yvonne Loriod, piano.
Erato ECD 71589.

69. (cd 2 track 29) Pierre Boulez, *Constellation-miroir* uit de *Derde pianosonate*, pianosonate
Pierre Boulez, **Trois sonates pour piano**. Claude Helffer, piano.
Astrée Auvidis E 7716.

70. (cd 2 track 30) György Ligeti, *Atmosphères*, orkestwerk
György Ligeti, **Kammerkonzert. Ramifications. Lux aeterna. Atmosphères**, Sinfonie-Orchester des Südwestfunks onder leiding van Ernest Bour.
Wergo 60162-50.

71. (cd 2 track 31) Luciano Berio, *Sequenza III für Stimme solo*
Luciano Berio, **Circles. Sequenza I. Sequenza III. Sequenza V**. Cathy Berberian, stem.
Wergo WER 6021-2 286 021-2.

72. (cd 2 track 32) Steve Reich, *Music for Mallet Instruments, Voices and Organ*
Steve Reich, **The Four Sections. Music for Mallet Instruments, Voices and Organ**. Steve Reich and musicians.
Elektra Nonesuch 7559-79220-2.

73. (cd 2 track 33) Alfred Schnittke, *Eerste deel* van *Strijkkwartet nr. 3*, strijkkwartet
Schnittke: String Quartet no. 3, Yun: String Quartet no. 5, Keuris: Clarinet Quintet, Orlando Quartet & Georg Pieterson.
Emergo EC 3955-2.

74. (cd 2 track 34) Arvo Pärt, *Summa voor vier stemmen*
Arvo Pärt, **Arbos**. The Hilliard Ensemble
ECM 1325 (78118-21325-2).

75. (cd 2 track 35) Darius Milhaud, *La Création du Monde*, orkestwerk
Darius Milhaud, **La Création du Monde (...)**, Orchestre National de France onder leiding van Leonard Bernstein.
EMI CDC-7 47845 2.

76. (cd 2 track 36) Judith Weir, *Mrs Chin's Peroration* uit *A Night at the Chinese Opera*, opera
Judith Weir, **A Night at the Chinese Opera.** Soloists, Scottish Chamber Orchestra onder leiding van Andrew Parrott.
NMC D060.

Verklarende woordenlijst

A capella (It. 'in de kapel') Aanvankelijk de aanduiding voor liturgische koormuziek zonder instrumentale begeleiding, later de term voor koormuziek zonder instrumentale begeleiding in het algemeen.

Absolute muziek Muziek die niet gebonden is aan buitenmuzikale inhouden. Het tegengestelde van programmatische muziek of programmamuziek.

Additieve vorm Een vorm die niet gebaseerd is op een vastgelegd structuurschema, maar waarin nieuwe bouwelementen (die van zeer verschillende aard kunnen zijn) verschijnen zonder herhaling van eerder gepresenteerde delen. Schema: abcd... et cetera. De additieve vorm werd zeer veel toegepast in twintigste-eeuwse muziek, maar strikt doorgecomponeerde liederen uit de negentiende eeuw hebben in feite ook een additieve vorm.

Affect Hartstocht of gemoedstoestand. Affectuitdrukking is dus de muzikale weergave van hartstochten en gemoedstoestanden.

Akkoord Een samenklank ontstaat door twee of meer tertsen op elkaar te stapelen. Een akkoord dat uit drie tonen bestaat, heet drieklank. De opeenvolgende akkoorden in een toonladder worden met Romeinse letters aangegeven. De drieklank op de eerste trap I (de eerste toon van de ladder) wordt tonicadrieklank genoemd, de drieklank op IV subdominantdrieklank en de drieklank op V dominantdrieklank.

Akkoordprogressie Opeenvolging van akkoorden.

Akkoordligging De volgorde en plaats van de tonen van akkoorden op de notenbalk. De ligging van een akkoord kan variëren. Een drieklank bestaat uit een grondtoon, een terts en een kwint op de grondtoon. De onderste toon heet bastoon. Dit kan de grondtoon zijn, maar ook de terts of de kwint. Is de grondtoon de bastoon, dan hebben wij te maken met een akkoord in de grondligging (drieklank in grondligging). In alle andere gevallen is er sprake van 'omkering' (drieklank in omkering). Als de terts de bastoon is, spreken wij van een akkoord in tertsligging. Is de kwint de bastoon dan wordt dat kwintligging genoemd (zie afbeelding 56).

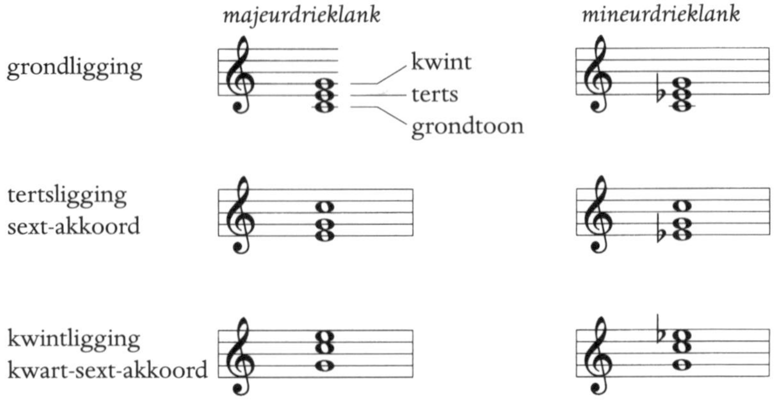

Afbeelding 56. Drieklanken.

Albertibas of **Albertijnse bas** Naar de Italiaanse klaviercomponist Domenico Alberti (1710-1740) genoemde begeleidingsfiguur van gebroken akkoorden in de linkerhand.

Aleatoriek (Lat. *alea*, 'dobbelsteen') Een twintigste-eeuwse stroming waarbij het toeval zowel bij het componeren als bij het uitvoeren van muziek een belangrijk structuurprincipe is. De componist kan in principe allerlei muzikale elementen door het toeval laten bepalen, maar in de praktijk wordt het toevalsprincipe meestal op de volgorde van de verschillende muzikale segmenten toegepast.

Allemande Van oorsprong een Duitse dans uit de zeventiende en achttiende eeuw in een tweedelige maatsoort en een matig snel tempo.

Anthem (Gr. anathema, 'hymne') Sinds de tweede helft van de zestiende eeuw een compositie voor solisten en/of koor met of zonder orkestbegeleiding. De Engelse tekst is meestal aan de bijbel ontleend. De anthem maakte geen deel uit van de officiële liturgie van de Anglicaanse kerk, maar werd desondanks vaak tijdens de dienst uitgevoerd.

Antifonaal Eén van de manieren waarop gregoriaanse gezangen uitgevoerd kunnen worden: door twee koren in afwisseling, dus in wissel- of beurtzang.

Antimetrische patronen Afwijkingen van het gangbare metrum in een compositie doordat noten 'tegen het metrum' opgesplitst worden. Een voorbeeld is de triool, een antimetrische figuur die ontstaat doordat drie noten op een plaats genoteerd worden waar je er volgens het metrum eigenlijk twee of vier zou verwachten.

Aria Een zangstuk dat door één persoon met instrumentale begeleiding wordt voorgedragen in een opera, oratorium en cantate of als zelfstandig concertstuk. De aria was oorspronkelijk bedoeld als tegenhanger van het verhalende recitatief. De aria is meer beschouwend van aard en dient om gedachten en gevoelens muzikaal tot uitdrukking te brengen.

Arpeggio (It. 'als op de harp') Een versiering die bestaat uit het na elkaar, van laag naar hoog, spelen van een reeks noten die als akkoord genoteerd staan.

Asymmetrische maatsoorten Eeuwenlang werden in de muziek groeperingen van een vast aantal teleenheden met een vaste accentuering als metrische eenheden gebruikt. Om die strikte metrische regelmaat te 'versoepelen', wisselden componisten in de negentiende eeuw binnen één compositie soms herhaaldelijk van maatsoort ('maatwisseling'), maar binnen de afzonderlijke maatsoorten behield je toch de metrische eenheid. Ingrijpender was al het tegelijkertijd combineren van verschillende maatsoorten ('polymetriek'), maar in twintigste-eeuwse werken gingen componisten vaak nog een forse stap verder. Met het doel hun muziek uit het keurslijf van gelijkblijvende metrische verhoudingen te bevrijden, voegden zij noten toe om maten te verlengen. Daardoor kon een grillige voortgang van asymmetrische maatsoorten ontstaan. Een onregelmatige verdeling van accenten vindt je bijvoorbeeld in de $\frac{7}{4}$-maat, waarin de verdeling 3+2+2 leidt tot accenten op de eerste, vierde en zesde tel. Zo kon ook een $\frac{8}{8}$-maat door de verdeling 2+3+3 tot een onregelmatige accentuering leiden (accenten op de eerste, derde en zesde tel). In die gevallen spreek je van asymmetrische maatsoorten.

Atonaliteit De aanduiding voor muziek waarin de twaalf chromatische tonen van het octaaf allemaal even belangrijk zijn en de betrokkenheid op een tooncentrum ontbreekt. In atonale muziek is gebroken met de traditionele diatoniek en de tonale functies van tonica, dominant en subdominant. Door deling van de vijf heletoonafstanden van een diatonische toonladder ontstaan naast de twee reeds bestaande halvetoonafstanden nog eens vijf halvetoonafstanden. De opeenvolging van de twaalf halve tonen van het octaaf heet de chromatische toonladder.

Augmentatie Vergroting van notenwaarden, bijvoorbeeld van kwartnoten naar halve noten of hele noten.

Authentieke modi *Zie* **Kerktoonsoorten**.

Bagatelle (Fr. 'kleinigheid') Een klein, licht of intiem muziekstuk, veelal in de liedvorm en meestal voor piano.

Ballad opera Een operavorm in Engeland, vaak met een satirische inslag, die bestond uit gesproken dialogen, liederen ontleend aan Engelse, Schotse en Ierse volksmelodieën en liederen uit destijds (hoofdzakelijk de eerste helft van de achttiende eeuw) bekende opera's.

Ballade (Oudfrans *balar*, 'dansen') In de Middeleeuwen de verzamelnaam voor dansliederen met een verhalende inhoud, maar een episch lied met instrumentale begeleiding zonder danskarakter werd ook een ballade genoemd. In de negentiende eeuw zowel een verhalend lied als een pianostuk.

Ballata (It. ballo, 'dans') Italiaans danslied dat vooral in de veertiende eeuw gezongen werd.

Basso continuo (It. 'steeds doorlopende bas') Basbegeleiding van toetsinstrument (klavecimbel, orgel) en/of snaarinstrument (gamba, luit) in akkoorden. De gewenste akkoorden werden op de notenbalk slechts met cijfers genoteerd. Vandaar de alternatieve naam 'becijferde bas'. De cijfers verwijzen naar bepaalde akkoorden; de uitvoering daarvan werd overgelaten aan de improvisatiekunst van de uitvoerder.

Becijferde bas *Zie* Basso **continuo**.

Bel canto (It. 'mooie zang') Zangvoordracht die vooral gericht is op fraaie toonvorming en het zingen van versieringen en coloraturen. De virtuositeit van de zangstem is vaak belangrijker dan de expressie van de tekstinhoud.

Bi- en polytonaliteit Het gelijktijdig optreden van twee of meer verschillende toonsoorten.

Caccia (It. 'jacht') Italiaanse tweestemmig vocale canon uit de veertiende en vijftiende eeuw met een instrumentale baslijn. De tekst handelde vaak over de jacht, maar kon bijvoorbeeld ook betrekking hebben op een veldslag.

Cadens (It. 'cadenza')

1. Een opeenvolging van akkoorden of een enkel akkoord waarmee de toonsoort wordt vastgesteld of bevestigd. Meer specifiek de term voor de afsluitingen (de slotakkoorden) van een (deel van een) werk.
2. In het soloconcert heeft de term een andere betekenis, namelijk van een vrije, meestal virtuoze improvisatie van de solist aan het eind van het eerste deel van het werk.

Canon *Zie* **Canonische stijl**.

Canonische stijl Een muziekstuk (of een deel daarvan) in de stijl van een canon. Een canon is een twee- of meerstemmig zangstuk waarin alle partijen hetzelfde zingen maar niet gelijktijdig beginnen. De melodie wordt door de eerste partij ingezet, even later door een tweede partij, daarna door een derde partij, et cetera.

Cantate (It. *cantare*, 'zingen') Oorspronkelijk een compositie voor zangstemmen (solisten, koor of een combinatie van koor en solisten) met of zonder instrumentale begeleiding. De latere cantates worden altijd door een instrumentaal ensemble begeleid.

Cantus Benaming voor de hoogste zangstem in een meerstemmige compositie.

Canzona Italiaanse benaming voor 'lied' of 'chanson', maar het is een instrumentaal genre.

Capriccio (It. 'gril') Een instrumentaal muziekstuk zonder vast vormschema. In het begin van de zeventiende eeuw was het nog een fugatisch instrumentaal stuk (dat ook ricercare of fantasia genoemd werd), later kreeg het een vrije vorm en vertoonde het onverwachte en grillige wendingen.

Cassation Instrumentale compositie met een licht, soms humoristisch karakter. Verwant aan de serenade en het divertimento.

Castraat (castraatzanger) Een mannelijke sopraan- of altzanger die als gevolg van castratie de hoogte van zijn jongensstem behouden heeft.

Celesta (It. 'de hemelse') Een klavierinstrument met gestemde stalen platen in plaats van snaren, waardoor een klokjesachtige toon ontstaat.

Chaconne Een vorm van instrumentale (soms ook vocale) muziek waarin op een steeds terugkerend basmotief (basso ostinato) nieuwe variaties worden aangebracht. Dit genre staat vaak in mineur en in gedragen driekwartsmaat en werd in de zeventiende en achttiende eeuw vaak onder de naam passacaglia gecomponeerd.

Chitarrone Een instrument dat in de zestiende eeuw in Italië ontwikkeld werd en tot de familie van de luiten behoort. Hij onderscheidt zich van de luit onder andere door zijn omvang (het instrument is één tot twee meter hoog), de extra bassnaren en een tweede schroevenkast. De chitarrone diende in de Barok vooral als basinstrument in het continuospel.

Chromatiek De toepassing van verhogingen en verlagingen van de stamtonen van de diatonische toonladder.

Cluster Een chromatische samenklank van dicht bij elkaar liggende tonen.

Coda *Zie* **Sonatevorm**.

Coloratuur Strikt genomen een lange reeks korte noten die op één lettergreep van de tekst in een snelle beweging wordt gezongen. De term wordt vaak (ten onrechte) gebruikt voor virtuoze passages en versieringen in een zangpartij in het algemeen.

Coloristisch Wanneer een componist in een compositie op een geraffineerde en overtuigende manier met klankkleuren 'schildert' en de fijne kleurnuances van het instrumentarium weet te benutten, noem je deze componist een 'colorist' en het werk 'coloristisch'. Het fenomeen als zodanig heet 'colorisme'.

Concert Een muziekstuk voor één of meer solo-instrumenten met orkestbegeleiding dat meestal uit drie delen (snel-langzaam-snel) bestaat.

Concertatostijl Stijl van met elkaar 'wedijverende' groeperingen in de Barok. Koren, vocale solisten, instrumentale ensembles, solo-instrumenten en zelfs de twee handen op een klavier konden 'de strijd' met elkaar aanbinden.

Concertino *Zie* **Concerto grosso**.

Concerto De aanduiding concerto verwees aanvankelijk naar het harmonisch samenklinken van heterogene instrumentgroepen. Later kreeg de term de specifiekere betekenis van een genre: het concert.

Concerto grosso Een instrumentaal werk uit de Barok waarin het contrast en de levendige dialoog tussen een groter ensemble (aangeduid met 'ripieno' of 'tutti') en een kleine groep solisten (aangeduid met 'concertino') centraal staat.

Concertouverture *Zie* **Ouverture**.

Consonant en **dissonant** Als de tonen van een interval gelijktijdig klinken, geven sommige intervallen een gevoel van rust, terwijl andere intervallen juist spanning oproepen. Intervallen die welluidend klinken, noem je consonant. Intervallen die 'scherp' klinken en die als het ware om een 'oplossing' vragen, worden dissonant genoemd. Voor de bepaling van de mate van welluidendheid bestaat geen objectieve norm. De grens tussen consonant en dissonant verlegde zich in de loop van de muziekgeschiedenis nogal eens.

Consortium of **consort** Een ensemble dat samengesteld is uit instrumenten van dezelfde familie, bijvoorbeeld een familie van gamba's of van blokfluiten. Door deze samenstelling wordt een grote homogeniteit van klankkleur verkregen.

Contrafact Een vocale compositie waarvan de originele tekst vervangen is door een nieuwe tekst.

Contrapunt De term is afgeleid van *punctus contra punctum*, wat 'noot tegen noot' betekent. Contrapunt is de techniek die gebruikt wordt om polyfone muziek (muziek met melodisch en ritmisch onderling onafhankelijke stemmen) te schrijven.

Contratenor De zangstem die doorgaans tussen de cantus en de tenor ligt.

Cori spezzati (It. 'gedeelde koren') Positionering van koren en/of instrumentale ensembles op verschillende plaatsen in de uitvoeringsruimte. Vooral bedoeld om bijzondere echo-effecten te sorteren.

Courante Van oorsprong een Franse dans in een driedelige maatsoort en een matig snel tempo.

Crescendo (It. 'sterker wordend') Dynamische aanwijzing voor het geleidelijk toenemen van de toonsterkte.

Da capo-vorm Vorm van een aria in drie secties, waarin de eerste wordt herhaald. Schema: A-B-A. De derde sectie kan ten opzichte van de eerste geïntensiveerd zijn met versieringen en coloraturen. In dat geval is het schema: A-B-A'.

Decrescendo (It. 'zwakker wordend') Dynamische aanwijzing voor het geleidelijk afnemen van de toonsterkte.

Diatonische toonladder *Zie* **Toonsoort**.

Diminuendo (It. 'zachter wordend') Dynamische aanwijzing voor het geleidelijk verminderen van de toonsterkte. *Zie* ook Decrescendo.

Diminutie Verkleining van notenwaarden, bijvoorbeeld door de hele noot onder te verdelen in twee halve noten of vier kwartnoten.

Dissonant *Zie* **Consonant**.

Divertimento Een gelegenheidscompositie die bestaat uit een reeks lichtvoetige delen. Het genre is verwant aan de serenade en de cassation.

Dodecafonie *Zie* **Twaalftoontechniek**.

Dominant of **repercussa** *Zie* Kerktoonsoort.

Doorgecomponeerd De muzikale vorm van een doorgecomponeerd werk is aangepast aan de vorm en inhoud van de tekst. Dat betekent dat alle verzen van een strofelied in principe een eigen melodie krijgen (in tegenstelling tot het coupletlied, waarin alle strofen op dezelfde melodie gezongen worden).

Doorimitatie of **doorimiterende stijl** Bij imitatie wordt een melodie over enkele partijen van het stemmenweefsel verdeeld doordat die stemmen de melodie na elkaar inzetten. Als dat consequent in alle stemmen gebeurt, spreken wij van doorimitatie.

Drieklank In een toonladder komen verschillende soorten tertsen voor, zodat er ook verschillende soorten drieklanken bestaan. Een drieklank die uit een opeenstapeling van een grote en een kleine terts bestaat heet grote drieklank, een drieklank uit een opeenstapeling van een kleine en een grote terts heet kleine drieklank. Een drieklank die uit twee grote tertsen bestaat, heet overmatige drieklank en een drieklank opgebouwd uit twee kleine tertsen heet verminderde drieklank.

Drieklanken in grondligging *Zie* Akkoordligging.

Drieklanken in omkering *Zie* Akkoordligging.

Dynamiek De leer van de schakeringen van de toonsterkte. Een muziekstuk wordt meestal niet op gelijkblijvende geluidssterkte gespeeld. Om aan te geven hoe zacht of hoe luid een stuk gespeeld moet worden, wordt sinds de zeventiende eeuw gebruik gemaakt van dynamische tekens en termen die afgeleid zijn van de Italiaanse termen piano (zacht) en forte (sterk).

ppp	= pianissimo possibile	: uiterst zacht (zo zacht mogelijk)
pp	= pianissimo	: zeer zacht
p	= piano	: zacht
mp	= mezzo piano	: half (tamelijk) zacht
mf	= mezzo forte	: half (tamelijk) sterk
f	= forte	: sterk
ff	= fortissimo	: zeer sterk
fff	= fortissimo possibile	: uiterst sterk (zo sterk mogelijk)

Daarnaast zijn er tekens en termen voor dynamisch accenten, die aangeven dat een toon of groep tonen dynamische versterking behoeft.

^ of >		: met een accent
fp	= forte piano	: sterk en meteen weer zacht
fz	= forzando	: met een sterk accent
ffz	= forzatissimo	: met een zeer sterk accent
sf of sfz	= sforzando	: accentueren van één toon of akkoord
rfz of rinf	= rinforzando	: accentueren van een groep tonen

Eenstemmigheid De oudste muziek in de christelijke eredienst was het eenstemmige gezang. Eenstemmigheid wil zeggen dat de muziek wordt voorgedragen door één stem of door meerdere stemmen die tezamen als één stem klinken.

Empfindsamer Stil Pre-Klassieke stijl die vooral verband houdt met gevoeligheid (soms overgevoeligheid) en een verfijnde emotionaliteit. De uitdrukking van het persoonlijke gevoel staat centraal, wat onder andere tot uiting komt in een expressieve melodiek.

Enharmonische equivalenten (gelijken) Tonen die in de gelijkzwevende stemming wel in klank maar niet in naam gelijk zijn, bijvoorbeeld fis en ges of cis en des.

Etude Instrumentaal muziekstuk dat in eerste instantie bedoeld is om een bepaald technisch probleem onder de knie te krijgen.

Fantasia Een instrumentale compositie met een (quasi-)improvisatorisch karakter in vrije vorm.

Fauxbourdon (Fr. 'valse bas') Een van de oudste technieken om eenvoudige liturgische gezangen meerstemmig te zetten. *Drieklanken in omkering* werden onder de melodie in de bovenstem gezet. De bas loopt daardoor met een interval van een sext parallel aan de bovenstem.

Finalis *Zie* **Kerktoonsoorten**.

Fortissimo *Zie* **Dynamiek**.

Fortspinnung De gestage ontplooiing en uitspinning van een thema, veelal in frasen van onregelmatige lengte. Fortspinnung is zeer karakteristiek voor Barokmuziek.

Frasen Een muziekstuk bestaat uit verschillende muzikale frasen (zinnen) en groepen van frasen, die tezamen de vorm van het stuk bepalen. De muzikale zinsbouw wordt 'frasering' genoemd.

Frets Dunne metalen of houten stripjes op de hals van tokkelinstrumenten (luit, gitaar), die aangebracht zijn om de juiste greep van de hand op de hals aan te geven.

Fuga Een polyfone compositie, die meestal op één thema is gebouwd. Een fuga die op twee thema's is gebouwd, heet dubbelfuga, op drie thema's tripelfuga, op vier thema's quadrupelfuga. Het wezenskenmerk van de fuga is dat de verschillende, gelijkwaardige stemmen hetzelfde thema na elkaar inzetten. De fuga kan een willekeurig aantal stemmen hebben, maar de meeste fuga's zijn drie- of vierstemmig.

De grondvorm van de fuga is driedelig en ziet er als volgt uit:

1. Expositie. Eén stem begint met het thema, dat daarna achtereenvolgens in de andere stemmen wordt ingezet. Een vrije doorvoering van het thema besluit de expositie in de paralleltoonsoort.
2. Ontwikkeling of doorwerking. In dit deel van de fuga komt het thema diverse malen terug, meestal in een andere toonsoort. Het thema kan daarbij op allerlei

wijzen gepresenteerd worden: in vergroting (doorgaans met een verdubbeling van de oorspronkelijke notenwaarden), in verkleining (met een halvering van de oorspronkelijke notenwaarden), in omkering (alle stijgende intervallen zijn omgezet in dalende intervallen van dezelfde soort en omgekeerd), of in de kreeft (het oorspronkelijke thema wordt van achter naar voren gespeeld). De verschillende thema-inzetten zijn vaak door tussenspelen verbonden.

3. Slotdeel. Het thema keert terug in de hoofdtoonsoort. In veel fuga's wordt in dit laatste deel 'stretto' of 'Engführung' ('samenpersing') toegepast, dat wil zeggen dat het thema in een bepaalde stem optreedt voordat het in een andere stem is afgelopen. In het slotdeel komt ook nogal eens een orgelpunt voor, een lang aangehouden bastoon waarboven de andere stemmen zich bewegen.

Galliarde Een vrolijke, speelse en snelle paardans in een driedelige maatsoort. De galliarde stamt uit Italië. Deze dans kwam vooral in de zestiende en zeventiende eeuw veel voor. De galliarde werd meestal voorafgegaan door de pavane.

Gelijkzwevende stemming Stemmingswijze van muziekinstrumenten waarbij het octaaf verdeeld wordt in twaalf gelijke afstanden van een halve toon, dus in twaalf identieke secunden. Hoewel alleen het octaaf strikt genomen echt zuiver is, heeft deze stemming het grote voordeel dat onbelemmerd naar alle toonsoorten gemoduleerd kan worden.

Gesamtkunstwerk Richard Wagners idee van het Gesamtkunstwerk behelst een totale verwevenheid van de verschillende kunstvormen: muziek, literatuur, architectuur, schilderkunst, toneel en dans.

Gigue Franse naam voor een snelle dans, vaak in $3/8$-, $6/8$- of $6/4$-maat, die uit Ierland en Schotland stamt en daar 'jig' genoemd werd.

Glissando (It. 'verglijdend') Met de vinger van de ene toon naar de andere glijdend op een strijkinstrument. Glissando spelen is ook mogelijk op bijvoorbeeld trombone, piano en harp.

Grand Opéra In de zeventiende eeuw aanvankelijk een term voor opera's die in de Koninklijke Opera in Parijs werden opgevoerd, maar in de negentiende eeuw de aanduiding voor een groots romantisch operaspektakel met massale koor- en balletscènes en een voorkeur voor heroïsche drama's in verre, exotische oorden.

Gregoriaans Eenstemmige Latijnse cultuszang die sinds de zesde eeuw als officiële liturgische zang bij mis en getijden geldt.

Grondtoon of tonica De eerste toon van een toonladder heet de grondtoon of tonica, de vijfde toon van een toonladder de dominant. Bij tonale muziek hebben de tonica en de dominant een centrale functie. *Zie* ook Toonladder en Toonsoort.

Grotetertstoonladder *Zie* Toonsoort.

Harmonie Heeft zowel betrekking op de samenklank en de opeenvolging van samenklanken in het algemeen als (in specifieke zin) op de verbinding van gelijktijdig klinkende tonen volgens de regels van de harmonieleer.

Heletoonstoonladder Toonladder van zes tonen die geen halve toonschreden en geen duidelijke steuntonen heeft.

Heterofonie Een eenvoudige vorm van meerstemmigheid waarbij een bepaalde melodie omspeeld wordt met kleine variaties van dezelfde melodie.

Homofonie In de homofonie domineert één stem die de melodie voert. Meestal ligt die melodie in de bovenstem. De andere stemmen hebben een begeleidende, harmonische functie, maar zijn in melodisch opzicht van geen of slechts ondergeschikte betekenis. Homofone muziek staat tegenover polyfone muziek.

Idée fixe Bij Berlioz een motief dat in de verschillende delen van een symfonie terugkeert en een gevoel of gedachte representeert.

Impromptu Een muziekstuk met een quasi-improviserend karakter, dat meestal echter hecht gestructureerd is.

Interlude Overgangspassage of tussenspel.

Intermezzo In het algemeen: tussenspel. Als genreaanduiding verwijst de term naar een kort muziekstuk, een vrolijk en snel muzikaal tafereeltje van humoristische of parodistische aard.

Interval (Lat. 'tussenruimte') In de muziek de afstand in hoogte tussen twee tonen. Die afstanden kunnen in grootte verschillen. We onderscheiden de volgende intervallen. De afstand van een toon tot zichzelf heet prime, bijvoorbeeld de afstand van c tot c. De afstand van c tot d heet secunde, van c tot e terts, van c tot f kwart, van c tot g kwint, van c tot a sext, van c tot b septiem, en van c tot c' (de eerstvolgende c in stijgende lijn) octaaf. Intervallen kunnen uiteraard op elke toon gebouwd worden.

De intervallen zijn als volgt nader te verdelen:

Prime	In een toonladder komt maar één soort prime voor; we noemen dit de reine prime.
Secunde	Twee naast elkaar gelegen tonen in een toonladder noemen we een secunde. Deze tonen kunnen zowel op een hele- als op een halvetoonafstand van elkaar liggen, zodat er twee soorten secunden zijn. De secunde met de halvetoonafstand heet kleine secunde (bijvoorbeeld e-f), de secunde met de heletoonafstand heet grote secunde (bijvoorbeeld c-d).

Terts	De terts bestaat uit twee secunden. Zijn dat twee grote secunden, dan spreek je van een grote terts. Is de terts samengesteld uit een grote en een kleine secunde, dan is het een kleine terts.
Kwart	Is de kwart samengesteld uit twee grote secunden en een kleine secunde, dan is het een reine kwart. Is hij opgebouwd uit drie grote secunden, dan is het een overmatige kwart.
Kwint	Als de kwint is samengesteld uit drie grote secunden en een kleine secunde, dan is er sprake van een reine kwint. Is de kwint samengesteld uit twee grote en twee kleine secunden, dan is het een verminderde kwint.
Sext	Een grote sext is opgebouwd uit vier grote secunden en een kleine secunde. Een kleine sext bestaat uit drie grote en twee kleine secunden.
Septiem	De grote septiem is samengesteld uit vijf grote secunden en een kleine secunde, terwijl de kleine septiem bestaat uit vier grote en twee kleine secunden.
Octaaf	Het grootste en laatste interval van de toonladder is het octaaf. In de toonladder komt maar één soort octaaf voor. Dit noemen we het reine octaaf.

Wanneer de tonen van een interval na elkaar klinken, spreken we van een *melodisch* interval. Klinken de tonen van een interval gelijktijdig, dan is er sprake van een *harmonisch* interval.

Intervalsprongen Als een melodie zich niet in kleine toonschreden voortbeweegt maar in grote intervallen voorwaarts 'springt', spreek je van intervalsprongen.

Isoritmiek In meerstemmige muziek het terugkeren van een ritmische lijn of ritmische patronen in alle stemmen.

Jig *Zie* **Gigue.**

Kamermuziek Instrumentale muziek voor een klein aantal instrumenten (trio's, kwartetten, kwintetten, et cetera), die uitgevoerd wordt in een niet te grote ruimte. Elke bezetting tot ongeveer tien uitvoerenden reken je tot de kamermuziek.

Kamersonate (It. sonata da camera) Een compositie in de Barok voor instrumentale kamermuziekbezetting (vaak die van de triosonate) die uit een onbepaald aantal dansdelen bestaat. Na 1700 werden ook de aanduidingen partita, suite en ordre gangbaar.

Karakterstuk Een kort muziekstuk voor een kleine bezetting, meestal alleen voor piano. Karakterstukken hebben soms een programmatische 'inhoud'. In andere gevallen wordt in de titel een bepaalde stemming gesuggereerd. De eerste karakterstukken ontstonden aan het begin van de negentiende eeuw.

Kerksonate (It. sonata da chiesa) Een compositie in de Barok voor instrumentale kamermuziekbezetting die uit vier, afwisselend snelle en langzame delen bestaat. De bezetting is meestal die van de triosonate.

Kerktoonladders *Zie* Kerktoonsoorten.

Kerktoonsoorten (andere benamingen: **kerktoonaarden** en **modi**) De toonladders waarin de melodieën van het gregoriaans gecomponeerd zijn, heten de kerktoonsoorten. De ontwikkeling van het middeleeuwse modale systeem (het systeem van kerktoonsoorten) was een geleidelijk proces. Aanvankelijk kende men alleen de toonladders op d, e, f en g, maar in zijn volgroeide staat telde het systeem acht kerktoonsoorten. Die verschillen van elkaar in de opeenvolging van hele en halve tonen binnen een diatonisch octaaf. Elke toonladder is gebaseerd op een bepaalde finalis (Lat. 'eindtoon'), in het modernere spraakgebruik de 'grondtoon' of 'tonica' genoemd. Daarnaast is er in elke modus een tweede kenmerkende toon, de tenor (of repercussa), in het modernere spraakgebruik 'dominant' genoemd. De tenor heeft in het gregoriaanse gezang een centrale functie, omdat het de toon is waarop gereciteerd wordt. De finalis en de tenor zijn dus de hoofdtonen van een kerktoonsoort. De rangschikking en de benaming van de acht kerktoonsoorten geschiedt op basis van de melodieomvang en de finalis. Wanneer een gregoriaanse melodie zich tussen finalis en octaaf beweegt, hebben wij te maken met een authentieke (Lat. 'oorspronkelijke') modus. Veel gregoriaanse melodieën hebben echter een andere omvang dan die van de finalis tot het octaaf, omdat zij zich zowel boven als onder de finalis bewegen. In dat geval hebben wij te maken met een plagale (Lat. 'afgeleide') modus. De plagale toonladders lopen van onderkwart (een kwartinterval onder de finalis) tot bovenkwint (een kwintinterval boven de finalis).

Kistorgel Een klein orgel met de grootte van een dekenkist, waardoor het gemakkelijk te vervoeren was. In de zeventiende en achttiende eeuw was het een populair instrument bij de uitvoering van huismuziek.

Klankkleur (ook wel 'timbre' genoemd) Een van de karakteristieke eigenschappen van een toon (naast hoogte, duur en sterkte). De klank van een toon wordt bepaald door de boventonen. Als een willekeurig muziekinstrument een toon voortbrengt, klinkt deze toon nooit alleen maar altijd samen met andere tonen. Deze meeklinkende tonen worden 'boventonen' of 'natuurtonen' genoemd. De gespeelde grondtoon wordt de eerste natuurtoon of eerste boventoon genoemd. De klank van een toon wordt bepaald door het aantal, de sterkte en de onderlinge verhouding van de boventonen. Elk muziekinstrument en elke zangstem heeft zijn eigen frequentie en zijn eigen aantal boventonen. Ook de sterkteverhouding tussen de boventonen varieert per instrument en stem. Een toon met relatief veel lage boventonen heeft een volle en ronde, soms ook matte klank. Een toon met relatief veel hoge boventonen klinkt scherp.

Kleinetertstoonladder *Zie* Toonsoort.

Koraal Kerklied van de Duits-protestante gemeente.

Koraalcantate Cantate die gebaseerd is op de tekst en melodie van een koraal.

Koraalmotet Vocale compositie waarin de koraalmelodie polyfoon gezet is.

Kreeftengang Omkering van een muzikale lijn door de noten van achter naar voren te spelen.

Lai In de Middeleeuwen een wereldlijk verhalend lied, waarin verschillende teksten op eenzelfde melodie werden gezongen. De meeste lais zijn afkomstig van troubadours.

Leidmotief Een belangrijk motief (grondthema) dat in opera's en symfonische programmamuziek wordt gespeeld om aan bepaalde symbolen, emoties, attributen, locaties of personen te refereren.

Leidtoon *Zie* Toonsoort.

Libretto (It. 'boekje') Het tekstboek van een opera.

Liederkreis Duitse term voor een cyclus van liederen.

Liedvorm De eendelige liedvorm is een van de eenvoudigste muzikale vormen, die bestaat uit één enkele muzikale zin, volzin genaamd. Een volzin bestaat uit een voorzin en een nazin, die in de eenvoudigste vorm elk vier maten beslaan. De tweedelige liedvorm is opgebouwd uit twee muzikale volzinnen (A-B-vorm). De driedelige liedvorm heeft zich ontwikkeld uit de tweedelige liedvorm en heeft een A-B-A- of A-B-C-vorm. De eenvoudigste driedelige liedvorm telt 24 maten (drie volzinnen van elk acht maten). De liedvorm is niet alleen toegepast op liederen, maar ook op dansen en delen van grotere composities.

Liturgie De volgorde van de onderdelen van de verschillende godsdienstoefeningen van een eredienst (gebeden, gezangen en schriftlezingen).

Lyrische opera In de Franse opera smolten de opéra comique en de Grand Opéra na 1850 min of meer samen in een operavorm die vol pracht en praal was: de lyrische opera.

Maat In het moderne muziekschrift wordt de maatindeling aangegeven door verticale lijnen op de notenbalk, de maatstrepen. De ruimte tussen deze maatstrepen heet 'maat'. Een muziekstuk is aldus ingedeeld in maten. In principe duren alle ma-

ten even lang en heeft elke maat hetzelfde aantal tellen, waarbij het hoofdaccent op de eerste tel valt. Het aantal tellen van iedere maat wordt aan het begin van een stuk aangegeven door twee onder elkaar staande cijfers, het maatteken. Het bovenste cijfer geeft aan hoeveel tellen er in één maat komen, het onderste cijfer geeft aan hoe lang een tel duurt (bijvoorbeeld een halve noot of een achtste noot). In een 2/2-maat bestaat elke maat dus uit twee tellen en correspondeert één tel met een halve noot. In een 3/4-maat bestaat elke maat uit drie tellen en duurt elke kwartnoot één tel.
Uit het maatteken is af te lezen met welke maatsoort we te maken hebben. We onderscheiden twee- en driedelige maatsoorten, die enkelvoudig of samengesteld kunnen zijn. Bij enkelvoudige maatsoorten onderscheiden we één hoofdaccent. Bij samengestelde maatsoorten onderscheiden we één hoofdaccent en één of meer nevenaccenten.

De meest voorkomende maatsoorten zijn (zie ook afbeelding 57):

- Tweedelige maatsoorten, enkelvoudig: 2/2 , 2/4 of 2/8, samengesteld: 4/2, 4/4 of 4/8.
- Driedelige maatsoorten, enkelvoudig: 3/4 of 3/8, samengesteld: 9/4 of 9/8.

Tweedelige maatsoorten

enkelvoudig
hoofdaccent op de eerste tel +

2/2 of
2/4
2/8

samengesteld
hoofdaccent op de eerste tel +
nevenaccent op de derde tel –

4/2
4/4 of C
4/8

Driedelige maatsoorten

enkelvoudig
hoofdaccent op de eerste tel +

3/4
3/8

samengesteld
hoofdaccent op de eerste tel +
nevenaccenten op de vierde en zevende tel

9/4
9/8

Maatsoort *Zie* Maat.

Manuaal Klavier om met de handen te bespelen (in tegenstelling tot pedaalspel).

Mazurka Een Poolse dans in een niet te snel tempo en in een driedelige maat met gepuncteerde ritmen. (Een gepuncteerde noot wordt gevolgd door een noot die de halve waarde van de voorgaande noot heeft.) Chopin bracht de mazurka als pianocompositie in de kunstmuziek.

Meerstemmigheid Bij meerstemmigheid zijn er meerdere zangers en/of instrumentalisten die naast elkaar en gelijktijdig verschillende zelfstandige melodielijnen ten gehore brengen. Er bestaan verschillende vormen van meerstemmigheid, die kunnen variëren van zeer eenvoudig (bijvoorbeeld het parallel organum) tot zeer ingewikkeld (bijvoorbeeld de fuga). *Zie* ook Polyfonie.

Melismatisch Eén van de manieren om de teksten van gezangen te toonzetten. Als meerdere tonen per lettergreep gezongen worden, hebben wij te maken met een melismatische toonzetting.

Mélodie Het Franse equivalent van het Duitse Lied.

Menuet Een Oudfranse, sierlijke dans in een rustige ¾-maat. Het menuet werd rond het midden van de zeventiende eeuw aan het Franse hof geïntroduceerd en werd later in heel Europa bekend.

Metronoomgetallen *Zie* **Tempo**.

Mixolydisch Naam van één van de acht kerktoonsoorten.

Mobiele structuur Structuurprincipe in de aleatoriek. Als een compositie een mobiele structuur heeft, kunnen muzieksegmenten in een min of meer vrije volgorde uitgevoerd worden.

Modaal Een compositie die geschreven is in een kerktoonsoort (in een modus) noem je modaal. Je spreekt in dat geval dan ook niet van 'tonaliteit' maar van 'modaliteit'.

Modulatie Overgang van de ene naar de andere toonsoort.

het modi) *Zie* **Kerktoonsoort**. *Zie* **Ritmische modi**.

') Onder monodie versta je tot in de negende eeuw het
eleiding in Griekse tragedies. Rond 1600 verschijnt
ming voor het eenvoudige sologezang met

een instrumentale begeleiding in akkoorden. De verstaanbaarheid van de tekst staat voorop. De monodische stijl is een reactie op de ingewikkelde polyfonie uit de Renaissance, waarin de tekst door de dichte stemmenweefsels moeilijk verstaanbaar was geworden.

Monofonie Naast heterofonie, homofonie en polyfonie kennen wij de monofonie, een begrip dat staat voor de eenvoudigste vorm van eenstemmigheid. Monofone muziek kenmerkt zich door één lange, eenstemmige melodische lijn zonder begeleiding. (Niet te verwarren met de monodie die rond 1600 in zwang kwam.)

Monostilistiek Vooral in twintigste-eeuwse muziek refereren componisten soms aan andere muziek middels citaten en allusies. In luistervoorbeeld 73 kun je bijvoorbeeld citaten van heel verschillende stijlen in één compositie horen. Zo ontstaat polystilistiek, die ontspringt aan een veelheid van contrasterende bronnen. Wanneer de componist zich echter juist concentreert op het versmelten en homogeniseren van onderling verschillende materialen spreken wij van monostilistiek.

Motet Meerstemmige vocale compositie. Aanvankelijk op geestelijke Latijnse tekst, later ook op wereldlijke tekst in de taal van de componist. Ook de combinatie kwam veelvuldig voor: meertaligheid en verschillende teksten binnen één motet.

Motivische Arbeit *Zie* **Thematische Arbeit**.

Musik Drama De naam die Wagner gaf aan zijn opera's, die hij met een geheel eigen visie op het genre en met nieuwe technieken ontwikkelde.

Natuurtonen *Zie* **Klankkleur**.

Neumatisch Eén van de manieren om de teksten van gezangen te toonzetten. Als meerdere tonen per lettergreep gezongen worden, hebben wij te maken met een *melismatische* toonzetting. Als elke lettergreep van de tekst correspondeert met één toon van de melodie, spreken wij van een *syllabisch* gezang. Beide vormen kunnen samenkomen in één gezang, dat dan *neumatisch* genoemd wordt.

Niet-programmatisch *Zie* **Programmamuziek**.

Niet-verwante toonsoorten *Zie* **Verwante toonsoorten**.

Nocturne Kort, dromerig of elegisch pianowerk, meestal in driedelige liedvorm. In de muziek van de nocturne tracht de componist een nachtelijke sfeer op te roepen.

None Interval van een octaaf en een secunde.

Noot-tegen-nootstijl *Zie* **Contrapunt**.

Notenwaarden Hoe lang een toon duurt, wordt aangegeven door de vorm van de noot (zie afbeelding 58). In de moderne muzieknotatie kennen we de volgende notenwaarden. Een hele noot heeft dezelfde duur als twee halve noten, een halve heeft dezelfde duur als twee kwarten, et cetera. De vorm van de noot vertelt iets over de relatieve waarde van een noot, hij geeft aan hoe lang een toon in vergelijking met een andere duurt. De absolute duur wordt bepaald door het tempo.

Afbeelding 58. Notenwaarden.

Notturno In de achttiende eeuw synoniem voor divertimento, een compositie die bestaat uit een reeks lichtvoetige delen.

Octaaf De achtste diatonische toontrap, geteld vanaf de grondtoon, die dezelfde naam draagt als de grondtoon. *Zie* ook Interval.

Octotonische toonladder Toonladder van acht tonen met om en om hele en halve toonafstanden.

Omkering Verandering van stijgende intervallen in dalende intervallen en omgekeerd.

Opera Theatervorm waarin muziek (zangstemmen en orkest), tekst (libretto), toneelspel, (soms) dans en beeldende middelen samengaan.

Opera buffa Italiaanstalige komische opera uit de achttiende eeuw die hoofdzakelijk handelt over 'gewone' mensen. Dit in tegenstelling tot de opera seria, de gelijktijdige Italiaanse 'ernstige' opera waarin voornamelijk adellijke personen optreden.

Opéra comique De Franse komische opera, tegenhanger van de Italiaanse opera buffa, waarin geen gezongen recitatieven maar gesproken dialogen voorkomen.

Opera seria Italiaanstalige ernstige opera met een mythologisch of historisch onderwerp, die in de achttiende eeuw in de Europese hoftheaters werd opgevoerd.

Kenmerkend is de voortdurende afwisseling van vlotte recitatieven en bespiegelende aria's.

Oratorium Een niet-geënsceneerd muzikaal drama voor zangstemmen, koor en orkest, dat meestal een religieus onderwerp heeft.

Organum Oudste manier van meerstemmig (tweestemmig) zingen. In zijn vroegste verschijningsvorm behelst de term 'organum' de toevoeging van een tweede stem (vox organalis) aan de originele stem (vox principalis). Deze tweede stem bewoog zich met een interval van een kwart onder de eerste stem of een kwint boven de eerste stem. Zo ontstond een eenvoudige vorm van meerstemmigheid, waarin de tweede stem parallel loopt aan de oorspronkelijke melodie.

Orkestratie
1. De partijen van een compositie uitwerken voor de verschillende instrumenten van een orkest (orkestreren).
2. De bepaling van de orkestbezetting voor het uitvoeren van een compositie.

Ouverture Een eendelig werk voor orkest dat vaak als inleiding voor een opera of oratorium dient. In de negentiende eeuw ontstaat de concertouverture als een geheel op zichzelf staand orkestwerk.

Parodiemis Meerstemmige miscompositie waarin gebruik gemaakt is van materiaal van reeds bestaande meerstemmige composities, bijvoorbeeld een motet of een andere mis.

Partituur De volledige notatie van alle partijen (precies onder elkaar) van een compositie.

Passacaglia Van oorsprong een Spaanse dans uit de zestiende eeuw. Later krijgt deze dans als instrumentale compositie bekendheid over heel Europa. De passacaglia bestaat uit een reeks variaties boven een basso ostinato (een voortdurend herhaald en niet-veranderend baspatroon). Het stuk staat in een driedelige maatsoort, heeft een langzaam tempo en is ernstig van karakter. De passacaglia is verwant aan de chaconne.

Passie Muziekdrama over het passieverhaal van het lijden en de kruisiging van Christus, zoals dat in de evangeliën van Mattheüs, Marcus, Lukas en Johannes verteld is.

Pavane Een hofdans in een tweedelige maatsoort die oorspronkelijk uit Italië stamt, maar in de loop van de zestiende en de hele zeventiende eeuw in heel Europa geliefd was. De pavane heeft een ernstig en statig karakter. Deze rustige dans werd vaak gevolgd door een uitbundige galliarde.

Pentatonisch Toonladder van vijf tonen waarin geen halve toonafstanden voorkomen.

Periodebouw Term die gebruikt wordt voor de wijze waarop de Klassieke componisten muzikale volzinnen bouwden. Een volzin bestaat doorgaans uit verscheidende deelfrasen, die in voor- en nazinnen ingedeeld zijn. De frasestructuur is doorzichtig en logisch door de regelmatige lengte van de deelfrasen (gewoonlijk vier of acht maten lang) en door het karakteristieke 'vraag- en antwoordspel' in voor- en nazinnen.

Pianissimo *Zie* **Dynamiek**.

Pianoforte De uitvinding van de pianoforte wordt toegeschreven aan de Italiaanse klavecimbelbouwer Bartolomeo Christofori. Rond 1710 ontwikkelde hij een klavierinstrument waarbij de snaren niet worden getokkeld (zoals bij het klavecimbel) maar aangeslagen. De toonsterkte kon door de aanslag worden beïnvloed, waardoor je zowel piano (zacht) als forte (sterk) kon spelen. Daarom noemde Christofori het instrument *clavicembalo col piano e forte* (klavecimbel met piano en forte) of kortweg pianoforte. Het woord pianoforte werd later tot piano afgekort.

Pianotranscripties Het overzetten van partituren van bijvoorbeeld symfonieën in een versie voor piano.

Plagale modi *Zie* **Kerktoonsoorten**.

Polonaise Van oorsprong een matig snelle dans in ¾-maat uit Polen. Later ook een zelfstandige pianocompositie waar niet noodzakelijk op gedanst hoefde (of kon) worden.

Polyfonie Je spreekt van polyfonie als de verschillende stemmen in een meerstemmige compositie melodisch en ritmisch onafhankelijk van elkaar zijn. Dat wil zeggen dat de diverse stemmen elk een eigen melodische lijn volgen en elk een eigen ritme hebben. In polyfone muziek zijn de stemmen volkomen gelijkwaardig. Polyfone muziek staat tegenover homofone muziek.

Polymetriek Het gelijktijdig optreden van twee of meer verschillende maatsoorten. Alle polymetriek is in feite polyritmiek.

Polyritmiek Het gelijktijdig optreden van twee of meer onderling verschillende ritmen.

Polystilistiek *Zie* **Monostilistiek**.

Polytekstualiteit Het gebruik van verschillende teksten in de stemmen van een meerstemmige compositie. *Zie* ook Motet.

Polytonaliteit Het gelijktijdig optreden van verschillende toonsoorten.

Postlude Naspel.

Prelude of preludium (Lat. 'praeludium') Tot ongeveer 1750 een voorspel van een fuga of suite. Vanaf de negentiende eeuw komt de prelude ook als een zelfstandige compositie voor.

Prepared piano Piano waarvan toonhoogte, toonduur en klankkleur worden 'bewerkt' doordat tussen de snaren voorwerpen worden bevestigd: gummetjes, lepels, bierviltjes, schroeven, wasknijpers, et cetera.

Programmamuziek Instrumentale muziek waaraan een bepaald programma, een buitenmuzikaal gegeven, ten grondslag ligt. De programmatische 'inhoud' kan ontleend zijn aan de natuur, de beeldende kunsten, persoonlijke ervaringen, een belangrijke gebeurtenis, et cetera. Imitaties van natuurgeluiden (zoals het kabbelen van een beekje of het kwinkeleren van vogels) komen vaak voor in programmamuziek. Hoewel in de Renaissance al programmamuziek wordt toegepast, komt zij pas rond 1800 tot volle bloei. Veel componisten verwijzen in de titel van een compositie naar het programma dat eraan ten grondslag ligt. Programmamuziek wordt ook programmatische muziek genoemd en is het tegengestelde van absolute muziek.

Psalm (Gr. *psalmos*, 'lofzang') Elk van de 150 liederen en gedichten die in het Oude Testament zijn verzameld in het boek Psalmen. Het zingen van psalmen vormt een belangrijk onderdeel van de liturgie, niet alleen in de rooms-katholieke kerk maar ook in de protestantse en Grieks-orthodoxe kerk.

Psalmodie Een manier om psalmteksten 'zingend voor te dragen'. Het voornaamste kenmerk van psalmodie is het reciteren op één toon, dat wil zeggen dat de tekst wordt voorgedragen op een manier die het midden houdt tussen spreken en zingen.

Quintus De 'vijfde stem', de zangstem die in vijfstemmige vocale composities tussen de cantus en de altus ligt.

Rebec Een snaarinstrument waarvan de drie snaren met een strijkstok bespeeld worden.

Recitatief (Lat. *recitare*, 'vertellen') Kortweg: een spraakgezang of gereciteerd gezang. Reciteren is een wijze van tekstvoordracht die het midden houdt tussen spreken en zingen. De muziek is aangepast aan de toonval en het ritme van het gesproken woord. Recitatieven komen voor in alle grote vocale composities, zoals opera's, oratoria, passies en cantates.

Refrein Net als in de dichtkunst is een refrein in de muziek een deel van de vorm dat regelmatig terugkeert. Dat deel bestaat uit een of meer versregels die bij elke herhaling doorgaans dezelfde tekst en melodie hebben.

Register

1. Aanduiding voor een gebied van tonen met hetzelfde timbre op een instrument of binnen een stemsoort. Segment van de totale toonomvang van een instrument of zangstem.
2. In de orgelbouw een rij pijpen van dezelfde vorm en mensuur, die je door middel van een registerknop of -schuif kunt in- en uitschakelen.

Repercussa *Zie* **Kerktoonsoorten**.

Requiem (Lat. requies, 'rust') Dodenmis, mis voor de zielerust van een overledene. Ontleend zijn naam aan de eerste zin van de tekst 'Requiem aeternam dona eis, Domine' ('Geef hun eeuwige rust, o Heer'). Het requiem heeft de structuur van de gewone mis, maar met weglating van het Gloria en het Credo en met toevoeging van het Dies Irae.

Responsoriaal Eén van de manieren waarop gregoriaanse gezangen uitgevoerd kunnen worden: als een wisselzang tussen voorzanger en koor.

Ricercare (It. 'zoeken') Een in de zestiende eeuw ontstane instrumentale compositie, afgeleid van het motet. Net als bij het motet worden in de ricercare een of meer motieven in alle stemmen geïmiteerd. De meeste ricercari werden geschreven voor luit of orgel. De ricercare kan beschouwd worden als de voorloper van de fuga. In de zeventiende eeuw noemde men de ricercare ook wel capriccio.

Ripieno *Zie* **Concerto grosso.**

Ritme en metrum Naast de melodie zijn het ritme en het metrum bepalend voor de wijze waarop een muziekstuk moet worden uitgevoerd. Ritme is de ordening van de muziek in de tijd door de duur van de tonen te variëren. Onder metrum (Lat. 'maat') wordt in de muziek 'afstand in tijd' verstaan. Om dat te illustreren, moeten we ons het regelmatig tikken van een klok voorstellen. Wij zijn geneigd om de tikken in groepen te tellen: 1-2, 1-2, of 1-2-3, 1-2-3, of 1-2-3-4, 1-2-3-4 of nog anders. Bij het tellen laten we de eerste tik steeds wat harder klinken dan de andere tikken, maar in werkelijkheid klinken de tikken van de klok allemaal even hard. Door de eerste tikken van de groepjes van een accentje te voorzien, verdelen wij iets wat volkomen gelijkmatig is in kleinere eenheden. Deze regelmatig terugkerende groepering wordt in de muziek het metrum genoemd. Het metrum is dus de maatindeling, waarbij op regelmatige afstand geaccentueerde tonen terugkeren.

Ritmische modi Kwamen in de twaalfde eeuw in zwang om de duur van de tonen (en daarmee het ritme) eenduidiger te kunnen bepalen. De ritmische modi stemmen overeen met Griekse literaire metra en Latijnse versvoeten.

Ritornello (It. 'terugkeer') In Barokmuziek een steeds terugkerend instrumentaal gedeelte, dat met de vocale gedeelten afgewisseld wordt.

Romance Een lyrische instrumentale compositie van beperkte duur, soms nostalgisch-sentimenteel van aard.

Rondeau Een meerstemmige compositie met een strofische bouw. Het onderwerp is meestal de (hoofse) liefde. Het rondeau behoort van de dertiende tot en met de vijftiende eeuw tot de meest gecomponeerde wereldlijke muziekvormen in Frankrijk.

Rondovorm De rondovorm bestaat net als de liedvorm uit aaneengeschakelde volzinnen. Een wezenlijk verschil is echter dat bij een rondovorm de eerste volzin (of groep volzinnen) steeds als refrein terugkeert en wordt afgewisseld met nieuwe volzinnen (de coupletten). Er bestaan eenvoudige en uitgebreide rondovormen. De rondovorm wordt ook kortweg rondo genoemd.

Rubato Vrije behandeling van het tempo en de maat.

Samples Geluiden die ofwel registraties van bestaande geluiden zijn (een blaffende hond of glasgerinkel of een muziekfragment) ofwel elektronisch gegenereerd zijn. In beide gevallen worden de geluiden met een computer digitaal opgeslagen, zodat zij op elk gewenst moment gereproduceerd kunnen worden, bijvoorbeeld voor inpassing in een vocale of instrumentale compositie. Het werken met samples wordt sampling genoemd.

Sarabande Van oorsprong een Spaanse dans in een driedelige maatsoort met een statig en langzaam karakter. In de zeventiende en achttiende eeuw was de sarabande ook buiten Spanje zeer populair.

Scherzo Een muziekstuk met een schertsend, lichtvoetig karakter in een snel tempo. Bij Beethoven was het scherzo een deel van een sonate of symfonie, dat in de plaats van het menuet kwam.

Senza battuta (It. 'zonder maatslag') Term die gebruikt wordt als een deel van een compositie uitgevoerd moet worden zonder een welbepaald ritme.

Septiem *Zie* **Interval**.

Sequentie *Zie* **Trope**.

Serenade Vanaf de tweede helft van de zestiende eeuw een diverterend muziekstuk dat 's avonds in de open lucht werd uitgevoerd. Maar de serenade kon ook een liefdeslied zijn, dat onder het venster van de geliefde ten gehore werd gebracht en waarbij de zanger zichzelf op een tokkelinstrument (luit of gitaar) begeleidde. Later werden serenades eveneens voor de concertzaal gecomponeerd. In de achttiende eeuw was het een zeer populair genre.

Serenata Italiaans voor serenade, maar in dit boek meer specifiek de betekenis die Alessandro Scarlatti eraan gaf: een kort dramatisch werk dat in opdracht van vorsten of aristocraten geschreven werd om een feestelijke aangelegenheid aan het hof of in de (adellijke) familie luister bij te zetten.

Serialisme Een compositietechniek die beschouwd kan worden als een uitbreiding van de twaalftoontechniek of dodecafonie. Bij de seriële techniek ga je niet alleen uit van een reeks van twaalf toonhoogten, maar worden ook ritme, metrum, dynamiek, klankkleur, articulatie en andere muzikale parameters in reeksen geordend. Seriële muziek valt onder de absolute muziek; zij is puur abstract.

Sforzando *Zie* **Dynamiek**.

Sinfonia In de Barok de naam van en driedelig instrumentaal stuk ter opening van een opera, cantate of suite.

Singspiel Duitstalige opera met liederen en gesproken dialogen, die halverwege de achttiende eeuw ontstond. Kenmerkend zijn de vrolijke, komische handeling en het gebruik van melodieën van bekende volksliedjes.

Sonata da camera of **kamersonate** Vanaf de zeventiende eeuw een wereldlijke sonate (in tegenstelling tot de sonata da chiesa, de kerksonate). De delen van de kamersonate hebben een danskarakter en wisselen in aantal.

Sonata da chiesa of **kerksonate** Vanaf de zeventiende eeuw een sonate die bedoeld is om (in tegenstelling tot de sonata da camera) in de kerk te worden uitgevoerd. De sonata da chiesa bestaat meestal uit vier delen.

Sonate (It. *suonare*, 'spelen') Oorspronkelijk (in de zestiende eeuw) een muziekstuk dat geschreven is voor instrumenten, in tegenstelling tot de cantate waarmee een zangstuk werd aangeduid. Aanvankelijk waren de vorm en structuur van een sonate vrij; het aantal delen lag nog niet vast en de delen konden ook (vrijwel) zonder onderbreking in elkaar overgaan. Tegen het eind van de zeventiende eeuw komt daar verandering in. Dan verwijst de term 'sonate' meestal naar een vierdelige compositie voor een of meer solo-instrumenten. De delen zijn dan: langzaam – snel – langzaam – snel.

Sonatevorm Sinds de tweede helft van de achttiende eeuw dé geijkte vorm van het eerste deel van een sonate, symfonie, concert, kwartet, trio, et cetera. De sonatevorm bestaat uit drie onderdelen:

1. De expositie, die uit twee thema's bestaat. Het eerste thema staat in de hoofdtoonsoort en wordt gevolgd door een overgangszin, waarin de modulatie naar het tweede thema plaatsvindt. Als het eerste thema in een majeurtoonsoort staat, dan verschijnt het tweede thema meestal in de dominanttoonsoort. Staat het eerste thema in een mineurtoonsoort, dan is het tweede thema in de regel in een parallelle toonsoort geschreven.
2. In de doorwerking worden thema's, motieven en figuren van de beide thema's uit de expositie uitgewerkt, 'doorgewerkt'. Er wordt vaak naar andere toonsoorten uitgeweken, maar uiteindelijk wordt naar de hoofdtoonsoort teruggekeerd.
3. De reprise is in grote lijnen een herhaling van de expositie, maar de thema's verschijnen nu allebei in de hoofdtoonsoort.

Meestal wordt het geheel besloten met een naspel, coda (It. 'staart') geheten.

Sprechstimme Een voordrachtsvorm die het midden houdt tussen spreken en zingen. Er wordt op toonhoogte gesproken, maar deze toonhoogte mag niet onwrikbaar gefixeerd worden, zoals bij zingen. De ritmes van de gesproken woorden zijn wel precies genoteerd.

Staccato Eén van de technieken van de muzikale articulatie. Bij staccatospel worden de tonen gescheiden van elkaar, niet-gebonden gespeeld. Vaak wordt gezegd dat de term 'gestoten' betekent, maar dat is onjuist. Het Italiaanse woord staccare betekent 'losmaken' ; het gaat er dus om de tonen los van elkaar te spelen.

Stamtonen *Zie* **Toonsoort**.

Stemkruisen Van stemkruisen is sprake wanneer de stemmen in een meerstemmig muziekstuk elkaar in hun verloop kruisen, waardoor ze afwisselend boven of onder elkaar liggen.

Stemming De wijze waarop de tonen in een toonladder zijn verdeeld ofwel waarop de onderlinge verhoudingen van de intervallen binnen het octaaf vastgelegd zijn. Het cruciale probleem bij alle stemmingen is dat reine tertsen en reine kwinten niet gelijktijdig in dezelfde toonladder kunnen voorkomen. Alle stemmingen zijn terug te voeren op vier stemmingsstelsels:

1. De stemming van Pythagoras (rond 550 voor Christus), waarin alle grote secunden gelijk zijn.
2. De reine stemming (van Zarlino, rond 1550), waarbij uitgegaan wordt van de eerste vijf natuurtonen. In deze stemming zijn de grote secunden niet allemaal gelijk.
3. De middentoonstemming (van Aron, rond 1523), waarin de reine terts in twee even grote secunden verdeeld is.

4. De gelijkzwevende stemming (van Werckmeister, 1691), waarin het octaaf in twaalf gelijke afstanden verdeeld is. Het enige echt zuivere interval in deze stemming is het octaaf. Anders dan bij de voorafgaande stemmingen wordt bij de gelijkzwevende stemming geen onderscheid gemaakt tussen enharmonische equivalenten (bijvoorbeeld cis en des). Gekozen is voor één gemiddelde van beide tonen. Een groot voordeel van de gelijkzwevende stemming is dat in alle toonsoorten met een gelijkblijvende zuiverheidsgraad kan worden gemusiceerd.

Stempaartechniek Een vooral in de Renaissance veel voorkomende techniek waarbij twee stemmen samen optrekken (bijvoorbeeld superius en contratenor) in confrontatie of afwisseling met een ander stempaar (bijvoorbeeld tenor en bassus). Een 'modern' voorbeeld hoor je in luistervoorbeeld 74.

Stemvoering De term *stemvoering* wordt gebruikt voor de voortschrijding van de diverse stemmen in een meerstemmige compositie. In dit boek heeft het begrip de wat ruimere betekenis van de voortgang en de aard van de stem of stemmen en de onderlinge verhouding van de stemmen. Deze omschrijving omvat dan ook de *eenstemmige* muziek (het gregoriaans bijvoorbeeld kenmerkt zich door een *monofone* stemvoering). Voor de wijze waarop de stemmen in hun onderlinge verhouding in een compositie gezet zijn, is ook de term 'textuur' gangbaar.

Strijkkwartet Een ensemble van vier strijkinstrumenten: twee violen, altviool en cello.

Strijkkwintet Een ensemble met de bezetting van het strijkkwartet met een toegevoegd vijfde strijkinstrument (een tweede altviool of een tweede cello).

Strijktrio Een ensemble voor drie strijkinstrumenten: viool, altviool en cello.

Strofische liederen Als een lied een strofische bouw heeft, wil dat zeggen dat het gedicht is opgebouwd uit een aantal strofen, die elk een eigen tekst hebben. De vorm van de verschillende strofen is echter steeds dezelfde. Zo wordt in alle strofen hetzelfde rijmschema toegepast en is de verslengte identiek.

Sturm und Drang De literaire pendant van de muzikale Empfindsamer Stil wordt de Sturm und Drang-beweging genoemd. Maar die term wordt in de muziek ook wel gebruikt en heeft dan vooral betrekking op dramatische gepassioneerdheid, zwaar aangezette emotionaliteit, veel vaart en grote contrasten. Enkele vroege symfonieën van Haydn worden wel aangeduid als Sturm und Drang-werken.

Suite (Fr. 'vervolg') Een reeks van vier of meer opeenvolgende stukken, die in de regel eenvoudig van vorm zijn. De delen bestaan of uit dansen of uit muziekstukken met een programmatische inhoud. De eerste suites verschenen in de zestiende eeuw en werden voornamelijk op de luit uitgevoerd. Later worden er ook suites voor toetsinstrumenten en ensembles geschreven, zoals de orkestsuite. In de Barok is de suite een van de belangrijkste vormen van de instrumentale muziek.

De belangrijkste zeventiende-eeuwse danssuite (de Franse suite) bestaat uit vier vaste dansen: de allemande, de courante, de sarabande en de gigue, waartussen echter vaak andere dansen gevoegd werden. De verschillende delen zijn in dezelfde of een verwante toonsoort geschreven. Een suite met een groot aantal delen noemde men in Frankrijk 'ordre'. Naast de Franse suite bestonden andere danssuites. Een suite kon ook uit instrumentale gedeelten van opera-, ballet- of toneelmuziek zijn samengesteld. Deze suite wordt de samengestelde suite genoemd. De negentiende- en twintigste-eeuwse suite is soms in de stijl van de barokke danssuite geschreven, maar meestal is dat een vrije compositie. Die bestaat uit een reeks karakterstukken, die een expliciete programmatische inhoud kunnen hebben.

Superius De hoogste zangstem in een meerstemmige compositie.

Syllabisch Eén van de manieren om de teksten van gezangen te toonzetten. Als elke lettergreep van de tekst correspondeert met één toon van de melodie, spreken wij van een *syllabische toonzetting.*

Symfonieorkest Een orkest van dat afhankelijk van de uit te voeren compositie wisselend bezet kan zijn, maar in het algemeen bestaat uit strijkers (eerste violen, tweede violen, altviolen, cello's, contrabassen), houtblazers (fluiten, hobo's, klarinetten, fagotten), koperblazers (hoorns, trompetten, trombones, tuba), slagwerkers (o.a. pauken), een harpist, en eventueel nog andere instrumenten.

Symfonie Een meerdelige compositie voor een compleet orkest van strijkers, blazers, slagwerk, et cetera.

Symfonisch gedicht Eéndelige compositie voor symfonieorkest gebaseerd op een buitenmuzikaal gegeven (gedicht, verhaal, visuele voorstelling of een geheel 'programma'). Het symfonische gedicht behoort dus tot de programmamuziek. De term werd voor het eerst in 1854 door Franz Liszt gebruikt.

Symfonische suite Compositie voor symfonieorkest samengesteld uit een niet vastgesteld aantal delen. Symfonische suites zijn in het algemeen niet gebaseerd op dansen, wat in vroegere suites wel het geval was. Zij bestaan meestel uit verschillende korte, programmatische karakterstukken. Soms werden suites als balletmuziek geschreven en dan werden dansvormen gerespecteerd. *Zie* ook Suite.

Syncopen Verschuiving van het metrisch accent naar een licht maatdeel.

Tabulatuur (Lat. 'tafel, schema') Een notatiesysteem dat vooral in de zestiende en zeventiende eeuw werd toegepast. De muziek werd in dit systeem met cijfers, letters en andere tekens genoteerd; in tegenstelling tot het gewone notenschrift werden bij de tabulatuur geen toonhoogten maar grepen aangegeven. Tabulaturen werden grotendeels voor solistisch bespeelde instrumenten (in het bijzonder orgel en luit) geschreven.

Te Deum (Lat. voluit: Te Deum laudamus, 'U God, loven wij') De beginwoorden van een van de bekendste hymnen in de westerse liturgie. Deze hymne is getoonzet in gregoriaanse melodieën maar is later ook vaak polyfoon gezet.

Tempo De snelheid waarmee een compositie wordt uitgevoerd. Vanaf de zeventiende eeuw wordt het tempo aangeduid, aanvankelijk met Italiaanse termen maar in de negentiende- en twintigste-eeuwse muziek vaak met termen in de landstaal van de componist. Deze tempoaanduidingen zijn nogal globaal en worden dan ook niet altijd eenduidig geïnterpreteerd. In 1815 werd door Diederik Nicolaas Winkel uit Amsterdam een instrument uitgevonden waarmee het tempo van een muziekstuk wel nauwkeurig kon worden aangegeven. De instrumentmaker Mälzel uit Wenen verbeterde het instrument, dat de naam Mälzels Metronoom (afgekort: M.M.) kreeg (afbeelding 59). Het instrument heeft een slinger, die door een gespannen veer in beweging wordt gebracht. Elke keer als de slinger uitslaat, hoor je een tik. Aan de slinger zit een verschuifbaar gewichtje dat langs een schaalverdeling met getallen kan worden geschoven. Plaats je het gewichtje bij een bepaald getal, dan laat de slinger precies dat aantal tikken per minuut horen. Dit noem je het metronoomgetal. Staat boven een compositie M.M. (kwartnoot) = 120, dan is het tempo 120 kwartnoten per minuut. Het midden van de schaal ligt tussen de 72 en 80 tikken per minuut, de uitersten van de schaalverdeling zijn ongeveer 40 en 200 tikken per minuut.

Afbeelding 59. Metronoom van Mälzel, die in het bezit van Beethoven was.

Terrassendynamiek Een kenmerk van de concertatostijl in de Barok was dat de afwisseling van groepen van verschillende grootte contrasten in dynamiek veroorzaakte. Het principe van plotselinge veranderingen van luid naar zacht (en omgekeerd) wordt terrassendynamiek genoemd.

Tessituur *Zie* Toonomvang.

Textuur *Zie* Stemvoering.

Thematische Arbeit Het uitwerken van één of meer thema's als structuurprincipe om een muziekstuk (of deel daarvan) op te bouwen. Als van een thema één of meerdere motieven voor de uitwerking gebruikt worden, spreek je ook wel van motivische Arbeit. De essentie van deze techniek is het vermogen om de thema's die als uitgangspunt van een compositie dienen, voortdurend verder te ontwikkelen, harmonisch te combineren of juist contrasterend tegen elkaar uit te spelen, et cetera. De motieven kunnen daarbij op allerlei manieren uitgewerkt worden: door ze anders te groeperen, uit te breiden, in verschillende gedaanten te presenteren (in verkleining, vergroting, omkering of kreeftengang).

Toccata (It. *toccare*, 'aanraken') Een uit de zestiende eeuw stammende compositie voor toetsinstrument met een improviserend karakter. Vaak worden snelle, virtuoze passages afgewisseld met brede akkoorden.

Tonaal Muziek is tonaal als ze in een bepaalde toonsoort is geschreven. Bij tonale muziek hebben de tonica, de subdominant en de dominant (respectievelijk de eerste, de vierde en de vijfde toontrap van de grote- en de kleinetertstoonladder) een centrale functie. De andere tonen van de toonladder spelen een ondergeschikte rol. Tonale muziek staat tegenover atonale muziek.

Tonica *Zie* **Toonsoort.**

Toonladder *Zie* Toonsoort.

Toonladderfiguren Snel en beweeglijk uitgevoerde reeksen van opeenvolgende tonen van een toonladder in een doorgaans eenvoudig ritme.

Toonomvang Deze term heeft in dit boek niet zozeer betrekking op het toonbereik van vocale stemmen of instrumenten (ook wel 'tessituur' genaamd) als wel op het toonbereik van de melodieën in de compositie.

Toonsoort of **toonaard** Bij dit begrip is een wat uitvoeriger toelichting dan bij andere termen in deze verklarende woordenlijst nodig, omdat wij te maken hebben met een samenhangend 'systeem'. Achtereenvolgens worden behandeld:
1. de toonladder,
2. de grotetertstoonladder,

3. de oorspronkelijke kleinetertstoonladder,
4. de harmonische en melodische kleinetertstoonladder,
5. het begrip toonsoort,
6. de termen hoofdtoonsoort en paralleltoonsoort,
7. vaste voortekens.

1. Een *toonladder* is een vaste reeks van opeenvolgende toonafstanden binnen de omvang van een octaaf, bijvoorbeeld de toonladder van C: c-d-e-f-g-a-b. Deze zeven tonen heten de stamtonen van de toonladder. De stamtonen staan in een bepaalde relatie tot de eerste toon van een toonladder, de grondtoon of tonica, die gewoonlijk als begin- en eindtoon functioneert. De toonladder van zeven tonen, die in de westerse muziek van de laatste vier eeuwen verreweg het meest voorkomt, is een heptatonische toonladder (Gr. hepta = zeven). De gangbare benaming is echter 'diatonische toonladder' (Gr. diatoniek 'door de hele tonen') vanwege de karakteristieke opeenvolging van zeven secunde-intervallen, waarvan de vijf heletoonafstanden en twee halvetoonafstanden (kleine secunden) steeds in dezelfde orde gerangschikt zijn. De afstanden tussen de opeenvolgende stamtonen binnen een diatonische toonladder zijn dus niet overal gelijk. De verschillende tonen van een ladder noemen we toontrappen. In de toonladder van C is c dus de eerste toontrap, d de tweede toontrap, et cetera. De zevende toontrap, die voorafgaat aan de eerste toontrap van het volgende octaaf, wordt 'leidtoon' genoemd.

2. Elke *majeur- of grotetertstoonladder* is opgebouwd uit de volgende toonafstanden:
   2 × hele afstand
   1 × halve afstand
   3 × hele afstand
   1 × halve afstand

   De toonladder van C grote terts bijvoorbeeld ziet er zo uit:

   c d e f g a b c
   1 1 ½ 1 1 1 ½

   Omdat de afstand tussen de eerste en de derde toon (in dit geval c-e) een grote terts is, noemen we deze toonladder een grotetertstoonladder. In dit geval C grote terts of C groot of C majeur.
   Als wij de grotetertstoonladder bij G laten beginnen, dan moet de toon f tot fis verhoogd worden om dezelfde reeks vaste toonafstanden te behouden. De halve afstanden moeten zich immers bevinden tussen de tweede en derde noot en tussen de zevende en achtste noot. De toonladder van G groot heeft dus 1 kruis (verhogingsteken) en ziet er als volgt uit:

g		a		b		c		d		e		fis		g
	1		1		½		1		1		1		½	

Laten wij de reeks bij F beginnen, dan moet de toon b tot bes verlaagd worden. F majeur heeft dus 1 mol (verlagingsteken) en ziet er als volgt uit:

f		g		a		bes		c		d		e		f
	1		1		½		1		1		1		½	

Een grotetertstoonladder kan beginnen op elk van de twaalf tonen van een octaaf en krijgt de naam van de eerste toon van de toonladder. Als wij steeds de vijfde toon van een toonladder als grondtoon van een volgende toonladder nemen, ontstaat de volgende reeks met kruisen (verhogingstekens):

C	geen voortekens	c d e f g a b c
G	1 kruis	g a b c d e fis g
D	2 kruisen	d e fis g a b cis d
A	3 kruisen	a b cis d e fis gis a
E	4 kruisen	e fis gis a b cis dis e
B	5 kruisen	b cis dis e fis gis ais b
Fis	6 kruisen	fis gis ais b cis dis eis fis
Cis	7 kruisen	cis dis eis fis gis ais bis cis

Als wij steeds de vierde toon van een toonladder als grondtoon van een volgende toonladder nemen, ontstaat de volgende reeks met mollen (verlagingstekens):

C	geen voortekens	c d e f g a b c
F	1 mol	f g a bes c d e f
Bes	2 mollen	bes c d es f g a bes
Es	3 mollen	es f g as bes c d es
As	4 mollen	as bes c des es f g as
Des	5 mollen	des es f ges as bes c des
Ges	6 mollen	ges as bes ces des es f ges
Ces	7 mollen	ces des es fes ges as bes ces

3. *De mineur- of kleinetertstoonladder* is opgebouwd uit de volgende toonafstanden:

1 × hele afstand
1 × halve afstand
2 × hele afstand
1 × halve afstand
2 × hele afstand

Indien we deze reeks toepassen te beginnen op a, ziet die er als volgt uit:

a	b	c	d	e	f	g	a
1	½	1	1	½	1	1	

De afstand tussen de eerste en de derde toon (a-c) is dus een kleine terts. Deze toonladder heet de 'oorspronkelijke' toonladder van a kleine terts of a klein of a mineur.

4. De oorspronkelijke kleinetertstoonladder wordt maar zelden gebruikt vanwege de heletoonafstand tussen de zevende en de achtste trap. Daardoor ontbreekt de leidtoon, die wel aanwezig is bij de grotetertstoonladder. Om de leidtoon in de kleinetertstoonladder te krijgen, wordt de zevende trap verhoogd. Dan ontstaat de zogenaamde 'harmonische' mineurtoonladder:

a	b	c	d	e	f	gis	a
1	½	1	1	½	1+½	½	

Nu is echter een nieuw probleem gecreëerd, want tussen de zesde en de zevende trap is anderhalvetoonafstand ontstaan, die voor zangers moeilijk te zingen is. Dit probleem wordt opgelost door ook de zesde trap te verhogen. Dan ontstaat de zogenaamde 'melodische' mineurtoonladder:

a	b	c	d	e	fis	gis	a
1	½	1	1	1	1	½	

Omdat deze toonladder veel op een grotetertstoonladder lijkt, is besloten de melodische mineurtoonladder alleen in stijgende lijn te gebruiken. Voor de dalende lijn wordt de oorspronkelijke mineurtoonladder gebruikt. De melodische mineurtoonladder van a ziet er achtereenvolgens stijgend en dalend dus zo uit:

a b c d e fis gis a g f e d c b a

Afbeelding 60 geeft de drie gedaanten van a kleine terts weer.

Ook de kleinetertstoonladder kan op elke willekeurige toon beginnen. Als je de vijfde toon van een toonladder als eerste toon van een nieuwe toonladder neemt, komt er een kruis bij (net als bij de grotetertstoonladders). Nemen we de vierde toon van een toonladder als eerste toon voor een nieuwe toonladder, dan ontstaat een reeks met mollen. Ook bij de kleinetertstoonladders ligt de volgorde van de voortekens vast: ieder volgend kruis ligt een kwint hoger dan het vorige, en iedere volgende mol ligt een kwint lager dan de vorige.

a oorspronkelijke toonladder van a kleine terts

b harmonische toonladder van a kleine terts

c melodische toonladder van a kleine terts

Afbeelding 60. De oorspronkelijke, harmonische en melodische toonladder van a kleine terts.

5. Het begrip *toonsoort* of *toonaard* is verbonden aan de grondtoon van een toonladder. De toonsoort van een compositie wordt immers bepaald door de toonladder die voor dat stuk gebruikt wordt. Een compositie in F grote terts staat in de toonsoort F en heeft de toon f als grondtoon. Een compositie in d kleine terts staat in de toonsoort d en heeft de toon d als grondtoon.

6. De *hoofdtoonsoort* is de basistoonsoort van een compositie; de compositie begint en eindigt ermee. Als een grotetertstoonladder en een kleinetertstoonladder dezelfde vaste voortekens hebben (dezelfde kruisen of mollen aan de sleutel), dan spreek je van *parallelle toonladders* of *paralleltoonsoort*.
Voorbeelden: de majeurtoonladder van C en de mineurtoonladder van a (beide zonder vaste voortekens) of de majeurtoonladder van D en de mineurtoonladder van b (beide twee kruisen aan de sleutel). De toonafstand tussen de grondtonen van de parallelle toonladders is telkens een kleine terts.

7. Het aantal kruisen en mollen als *vaste voortekens* van een toonsoort breidt zich volgens een regelmatige reeks uit:

C	geen kruis		C	geen mol	
G	1 kruis	fis	F	1 mol	bes
D	2 kruisen	fis cis	Bes	2 mollen	bes es
A	3 kruisen	fis cis gis	Es	3 mollen	bes es as
E	4 kruisen	fis cis gis dis	As	4 mollen	bes es as des
B	5 kruisen	fis cis gis dis ais	Des	5 mollen	bes es as des ges
Fis	6 kruisen	fis cis gis dis ais eis	Ges	6 mollen	bes es as des ges ces
Cis	7 kruisen	fis cis gis dis ais eis bis	Ces	7 mollen	bes es as des ges ces fes

De vaste voortekens staan bij de sleutel op de balk genoteerd.
Het systeem van de 24 grote- en kleinetertstoonsoorten wordt grafisch voor-

gesteld door de kwintencirkel (afbeelding 61). Daarop kun je ook aflezen hoe verwant of verwijderd toonsoorten onderling zijn.

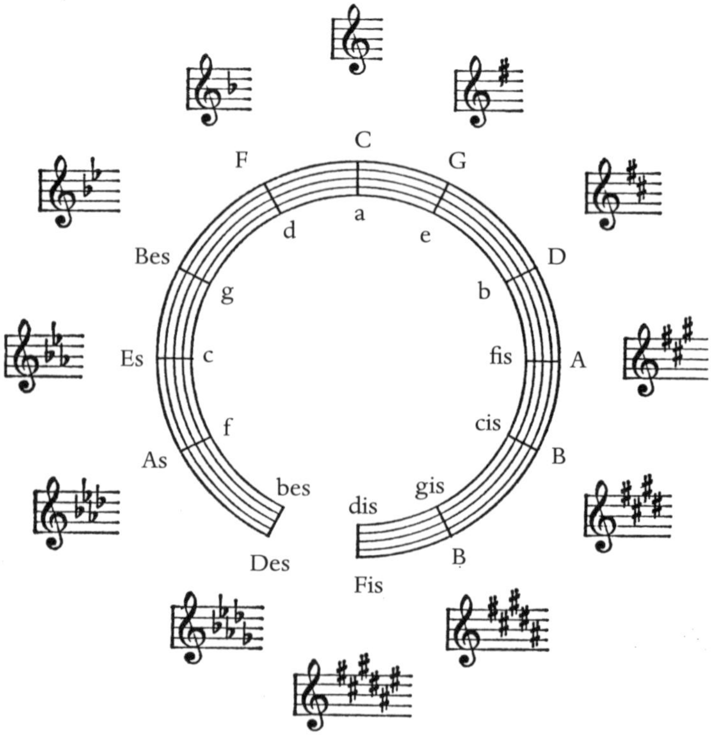

Afbeelding 61. Kwintencirkel.

Toonstelsel Het toonstelsel (of toonsysteem) is de systematische indeling van het gebruikte klankgebied. Toonstelsels berusten op een bepaalde indeling van het octaaf. Door de stamtonen van het octaaf naar toonhoogte te rangschikken ontstaan toonladders en toonsoorten. In de West-Europese muziekgeschiedenis verdrongen de grote- en kleinetertstoonladders (de klassieke toonsoorten) in de loop van de zeventiende eeuw de eeuwenoude kerktoonladders (kerktoonsoorten), maar de klassieke tonaliteit stond in het begin van de twintigste eeuw zodanig onder druk dat de weg vrij kwam voor geheel nieuwe behandelingen van het toonmateriaal: atonaliteit en dodecafonie.

Toonsysteem *Zie* **Toonstelsel.**

Toonschildering Van toonschildering is sprake als beelden, gevoelens of andersoortige indrukken, meestal afkomstig uit de buitenmuzikale wereld, in een muziekstuk worden verklankt. Deze indrukken worden als het ware in tonen geschilderd.

Voorbeelden daarvan zijn vogelgeluiden, paardengetrappel of wapengekletter, maar ook angst en opgewektheid. Toonschildering speelt een belangrijke rol in programmamuziek.

Tragédie lyrique De ernstige Franse opera die in de zeventiende eeuw onder invloed van Lully tot ontwikkeling kwam. De onderwerpen van deze opera's hebben een tragisch-heroïsche of mythologische strekking. Doorgaans bestaat de tragédie lyrique uit een ouverture gevolgd door een proloog en vijf akten. Meestal zijn er veel balletten in opgenomen.

Transponeren In het algemeen: overzetten in een andere toonsoort. In de context van atonale muziek: een melodische reeks in een andere ligging (hoger of lager) spelen.

Tredecimen Interval van een octaaf en een sext.

Trio Een muziekstuk voor drie partijen. Omdat het middendeel van sommige muziekstukken (zoals de mars en het menuet) oorspronkelijk driestemmig werd uitgevoerd, noem je dat eveneens trio. Hoewel dit deel later vaak niet meer driestemmig was, bleef het toch trio heten.

Trope Toevoeging van tekst en melodie aan gregoriaanse gezangen. De aanvullingen werden meestal bij belangrijke tekstpassages geplaatst. Tropering is dus het uitbreiden van het gregoriaanse gezang met de bedoeling om de bestaande tekst en muziek aan te vullen of te intensiveren. Een *sequentie* is een specifieke trope aan het slot van een gregoriaans gezang, die met name aan het Alleluia (een bij uitstek melismatisch gezang) toegevoegd werd.

Tutti *Zie* **Concerto grosso**.

Troubadours en **trouvères** hebben in de Middeleeuwen een belangrijke bijdrage geleverd aan de eenstemmige wereldlijke liedkunst. Zowel de naam troubadour als de naam trouvère is waarschijnlijk afgeleid van het Oudprovençaalse 'trobare', dat 'vinden' of 'uitvinden' betekent. Zij zijn dus de 'uitvinders' van nieuwe teksten en melodieën. Een troubadour of trouvère was dichter en meestal ook componist. Soms bracht hij bovendien zijn eigen liederen ten gehore. De kunst van de troubadours en trouvères werd in adellijke kringen zeer gewaardeerd. Sommigen van hen behoorden zelf ook tot de adel, maar zeker niet allemaal. Zij waren de eerste dichters in de westerse literatuurgeschiedenis die in plaats van in het Latijn in hun eigen volkstaal dichtten. De troubadours waren in de twaalfde en dertiende eeuw actief in Zuid-Frankrijk. Hun taal was de langue d'oc (het Provençaals). Zij werden in de tweede helft van de twaalfde eeuw in Noord-Frankrijk opgevolgd door trouvères, die in de langue d'oil spraken. De rivier de Loire vormde de taalgrens. In Duitsland werden de troubadours nagevolgd door de Minnesänger.

Twaalftoontechniek of **dodecafonie** Een compositietechniek waarbij wordt uitgegaan van alle twaalf tonen van de chromatische toonladder. De volgorde van de reeks van twaalf tonen kiest de componist zodanig dat elke toon slechts eenmaal in de reeks voorkomt. Daarmee wordt de gelijkwaardigheid van de tonen bevestigd en het ontstaan van een tonaal centrum vermeden. Op deze grondreeks van twaalf tonen kan de componist variëren door toepassing van de kreeft, de omkering of de omkering van de kreeft. De zo verkregen reeksen kunnen bovendien worden getransponeerd. De twaalftoontechniek werd in 1919 voor het eerst door de Duits-Oostenrijkse componist Jozef Hauer geformuleerd, maar hij werd vooral toegepast en gepropageerd door Schönberg en diens leerlingen.

Undecimen Interval van een octaaf en een kwart.

Unendliche Melodie Een term die van toepassing is op de opera's van Richard Wagner, die de traditionele opvolging van afgesloten 'nummers' in de opera verving door veel omvangrijkere eenheden te scheppen. Die realiseerde hij door afsluitende cadensen voortdurend te vermijden, waardoor de indruk gewekt werd dat de muzikale stroom 'eindeloos' doorging.

Unisono Het samenklinken van verschillende zangstemmen of instrumenten op dezelfde toonhoogte.

Variatie Een gewijzigde herhaling van een motief, thema of melodie. De variatie kan worden aangebracht in melodie, ritme, harmonie, vorm, ligging, instrumentatie, et cetera. Strikt genomen is er pas sprake van een variatie als de nieuwe 'versie' de totale lengte van het oorspronkelijke uitgangsgegeven (motief, thema of melodie) heeft.

Variatievorm In deze vorm wordt een thema als uitgangspunt genomen en daarop wordt vervolgens gevarieerd, bijvoorbeeld door wijzigingen in het ritme, de harmonie, het metrum, de toonsoort, of door tonen toe te voegen of weg te laten. Het uitgangsthema is meestal eenvoudig van structuur, maar het moet een grote 'potentie' voor ontwikkeling en uitwerking hebben.

Verwante toonsoorten In de klassieke tonaliteit (het systeem van majeur- en mineurtoonladders) zien wij in het algemeen vaste gebruiken als het gaat om modulaties van de hoofdtoonsoort naar andere toonsoorten. De meest voorkomende modulaties zijn:

1. van de hoofdtoonsoort naar de dominanttoonsoort (bijvoorbeeld van C majeur naar G majeur);
2. van de hoofdtoonsoort naar de subdominanttoonsoort (bijvoorbeeld van C majeur naar F majeur);
3. van de hoofdtoonsoort naar de paralleltoonsoort (bijvoorbeeld van C majeur naar a mineur).

Wat betreft de laatstgenoemde modulatie: je spreekt van parallelle toonladders als die geen verschil in voortekening hebben, maar wel een verschillende tonica. Van tonale verwantschap is ten slotte sprake als toonladders dezelfde tonica hebben, bijvoorbeeld G majeur en g mineur. Als bij modulaties geen verwantschap tussen toonsoorten in bovengenoemde zin bestaat (dus op grond van tonale relaties, een parallelle voortekening en gemeenschappelijke grondtonen), spreek je in het algemeen van modulaties naar 'verre', niet-verwante toonsoorten.

Vierklank Een akkoord van vier tonen, ofwel een opeenstapeling van drie tertsen. Omdat het interval tussen de eerste en de vierde toon een septiem is, worden vierklanken meestal septiemakkoorden genoemd. De twee belangrijkste septiemakkoorden zijn het dominant septiemakkoord en het verminderd septiemakkoord. Het dominant septiemakkoord bestaat uit een opeenstapeling van een grote terts, een kleine terts en nog een kleine terts en wordt zo genoemd omdat dit akkoord voorkomt op de vijfde trap van zowel de grote- als de kleinetertstoonladder. Het verminderd septiemakkoord bestaat uit een opeenstapeling van drie kleine tertsen.

Virelai (Fr. *virer*, 'draaien') Een meerstemmig lied met een strofische bouw dat in de veertiende eeuw in Frankrijk ontstond. De virelai is afgeleid van een dans. Karakteristiek voor de virelai is de abba'-vorm, waarbij de a voor het refrein staat, de b voor het eerste deel van de strofe (dat wordt herhaald) en de a' voor het tweede deel van de strofe, dat dezelfde melodie als het refrein heeft.

Wals Een draaidans in driedelige maat van Duits-Oostenrijkse oorsprong, die in de negentiende eeuw zeer populair was. De wals werd toen ook een instrumentaal voordrachtsstuk voor piano, bijvoorbeeld bij Chopin en Brahms.

Weense Klassieken (Ook wel: Weense School) Aanduiding voor de componisten Mozart, Haydn en Beethoven, die de Klassieke stijl vorm gaven. Zij vestigden zich in respectievelijk 1781, 1790 en 1792 in de Oostenrijkse hoofdstad.

Zwevende tonaliteit Deze manifesteert zich vanaf het midden van de negentiende eeuw onder meer in muziek van Richard Wagner en Richard Strauss. Bij zwevende tonaliteit is nog wel sprake van een tonale hiërarchie, maar de vele modulaties en uitwijkingen verhinderen dat je je op één vaste tonica kan richten. In feite volgen diverse grondtonen elkaar achtereen op. Daardoor 'zweeft' de muziek als het ware tussen de diverse toonsoorten, maar de tonicawerking blijft wel aanwezig.

Index